기업법실무강의 III
(회사소송)

기업법실무강의 III
(회사소송)

발행일 2020년 3월 5일 **지은이** 정웅기 **발행인** 이진숙
펴낸곳 충남대학교출판문화원 **주소** 대전광역시 유성구 대학로 99
전화 042-821-6045 **홈페이지** www.cnupress.co.kr **E-mail** cnupress@cnu.ac.kr

ISBN 979-11-6503-032-2 93360
정가 15,000원

기업법실무강의 III

(회사소송)

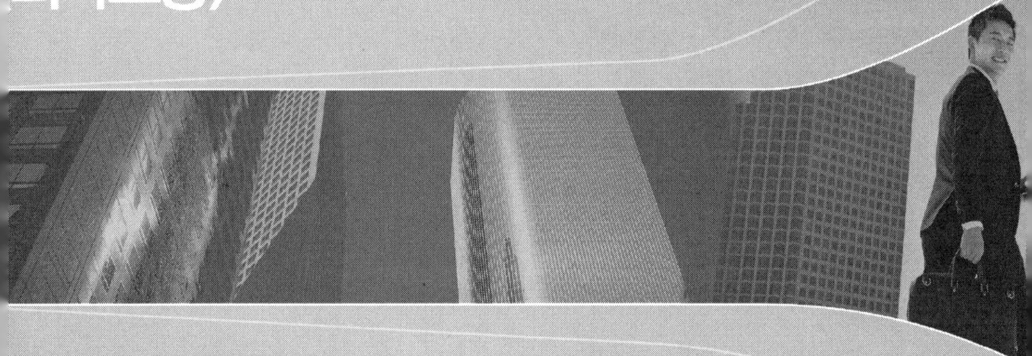

정응기

충남대학교출판문화원

머리말

충남대학교 법학전문대학원에서 수년간 '기업소송의 법과 실무' 등 기업법 실무 과목들을 강의하면서 사용하였던 자료를 모아 작은 책을 냅니다. 회사법의 주요 쟁점을 회사소송의 유형에 따라 살펴보았습니다. 당사자와 청구취지를 통하여 당해 쟁점이 문제되는 맥락을 생각해 보고, 청구원인에서 이론과 실무상의 구체적인 쟁점과 법리를 공부할 수 있을 것입니다. 최근의 판례를 중심으로 주요 판례도 소개하였습니다. 적은 분량이지만 회사를 둘러싼 상법상의 분쟁 유형과 중요한 쟁점들을 모두 담으려고 노력하였습니다.

기존의 회사법 교과서와는 다른 체계로 작성된 이 책을 읽어 나가면서 회사법을 새로운 시각으로 바라보는 참고서로 삼기를 바랍니다. 본문에 표시된 조문에 특별한 언급이 없으면 상법의 조문을 말하는 것입니다. 그리고 편의상 "자본시장법", "공정거래법" 등 일반적으로 사용되는 축약된 법 이름을 사용하였습니다. 곳곳에서 대법원 판결들을 많이 인용하면서 그 내용을 다치지 않는 선에서 축약하는 등의 변경을 가하기도 하였는데, 그 변경 내용을 문장마다 일일이 밝히지 못한 부분도 있습니다.

이 책은 충남대학교 자체연구과제 지원사업의 도움을 받았습니다. 김건식 교수님을 비롯한 서울대학교의 은사님들, 늘 배려해 주시는 충남대학교 법학전문대학원의 교수님들과 학생들, 그리고 겨울 동안 이 책을 위해 애써 주신 충남대학교 출판문화원 분들께 감사드립니다.

2020년 2월

Boden See를 바라보며

저자 정응기

목차

제5장. 이사와 이사회 91

제6장. 법률행위와 법정책임 111

제7장. 이사의 의무와 책임 151

제8장. 기업금융 195

제1장

총론

제1장

총론

Ⅰ. 법인격부인 관련 소송

1. 당사자와 청구취지

가. 당사자

회사와 거래한 자, 예를 들면 회사의 채권자 등이 원고가 된다.

회사의 ① 배후자(주로는 지배주주)를 피고로 하는 경우와, ② 채무면탈을 위하여 설립된 회사 또는 채무면탈을 위하여 이용된 기존의 다른 회사 등을 피고로 하는 경우가 있다. 거래 상대방인 회사를 공동피고로 할 수 있다.

나. 청구취지

예를 들면, 금전의 지급을 구하는 소의 경우에는 아래와 같이 기재한다.

1. 피고는(또는 피고들은 연대하여) 원고에게 10,000,000 원 및 이에 대한 2020. 3. 4.부터 소장 송달일까지는 연 6%, 그 다음날부터 다 갚는 날까지는 연 15%의 각 비율에 의한 돈을 지급하라.
2. 소송비용은 피고가 부담한다.
3. 제1항은 가집행할 수 있다.

라는 판결을 구합니다.

2. 청구원인

당해 소송상 청구의 요건사실과 함께 법인격부인의 요건사실을 주장 · 입증해야 한다. 즉, ① 회사가 법인격의 본질적 속성을 갖지 못하고 배후자의 개인기업에 불과한 사실("법인격의 형해화"), 또는 ② 채무자가 법률의 적용을 회피하거나 위법 · 부당한 목적을 위하여 회사의 법인격을 남용한 사실("법인격의 남용") 등이 요건사실이다.

가. 배후자를 피고로 하는 경우

원고는 회사가 법인격의 속성을 갖추지 못하고 배후자의 '개인기업'에 불과한 사실을 주장 · 입증해야 한다("법인격의 형해화").[1] 즉, 문제가 되고 있

1 법인격의 중요한 2가지 속성으로는, ① 기관의 분리(회사의 의사결정과 그 실행은 회사의 기관인 주주총회, 이사회, 대표이사 등이 담당함), ② 재산의 분리(회사의 재산과 주주의 재산은 분리되므로 주주의 채권자가 회사의 재산을 또는 회사의 채권자가 주주의 재산을 책임재산으로 할 수 없음)를 들 수 있다.

는 법률행위나 사실행위를 한 시점을 기준으로 하여, "회사가 외형상으로는 법인의 형식을 갖추고 있으나 법인의 형태를 빌리고 있는 것에 지나지 아니하고 실질적으로는 완전히 그 법인격의 배후에 있는 사람의 개인기업에 불과하다"는 사실을 증명해야 한다.

이러한 요건사실을 추정하는 간접사실로는, ① 재산과 업무의 혼용(commingling), ② 의사결정절차의 결여와 완전한 지배(complete dominion), ③ 과소하고 부실한 자본(undercapitalization) 등을 들 수 있다. 즉, 회사와 배후자 사이에 재산과 업무가 구분이 어려울 정도로 혼용되었는지 여부, 주주총회나 이사회를 개최하지 않는 등 법률이나 정관에 규정된 의사결정절차를 밟지 않았는지 여부, 회사 자본의 부실 정도, 영업의 규모 및 직원의 수 등에 비추어 볼 때, 회사가 이름뿐이고 실질적으로는 개인기업에 지나지 않는 상태로 될 정도로 형해화되어야 한다.[2]

형해화 된 정도에 이르지 않더라도 배후자가 당해 회사의 법인격을 남용한 사실을 입증해도 된다. 법인격의 남용을 인정하려면, 회사의 배후에 있는 사람이 회사를 자기 마음대로 이용할 수 있는 지배적 지위에 있고, 그와 같은 지위를 이용하여 법인 제도를 남용하는 행위를 할 것이 요구되며, 위와 같이 배후자가 법인 제도를 남용하였는지 여부는 법인격 형해화의 정도(지배력, 업무와 재산의 혼용, 과소자본 등) 및 거래상대방의 인식이나 신뢰 등 제반 사정을 종합적으로 고려하여 개별적으로 판단하여야 한다.[3]

---

2 대법원 2001. 1. 19. 선고 97다21604 판결(매매대금)에서, 원고는 A주식회사로부터 오피스텔 일부를 분양받고 중도금까지 납부하였는데 입주가 지연되자 분양계약을 해제하고 A회사와 그 대표이사를 공동피고로 하여 계약금 및 중도금의 반환을 구하는 소를 제기하였다. 법원은, 피고가 실질적으로 A회사 주식의 대부분을 소유하고 있었고, 주주총회나 이사회 등 법적 절차 없이 피고 개인의 의사대로 회사를 운영하였으며, A회사의 재산과 피고의 개인 재산이 제대로 구분되어 있지 않았고, 사업 규모가 수백억 원에 이르는 데에 반하여 A회사의 자본금은 명목상으로 5천만원에 불과하였던 점 등을 근거로, A회사의 법인격의 형해화와 피고의 대금반환책임을 인정하였다(법인격의 형해화 Leading Case).

3 대법원 2016. 4. 28. 선고 2015다13690 판결(대여금)에서, 피고 甲은 2007년 1월경부터 자신이 보유한 특허권을 제공하여 대표이사로서 H회사를 운영하여 왔다. 원고는 2008년 7월경 H회사에 돈을 빌려주었다가 변제받지 못하자 H회사에 대여금소송을 제기하여 2011년 7월경 승소판결을 받았다. 이후 원고는 피고 甲도 변제책임이 있다고 주장하면서 소를 제기하였다. 법원은, H회사의

이러한 객관적 징표와 함께, 법률적용의 회피나 채무면탈 등을 위하여 법인격을 남용하려는 주관적인 의도 또는 목적이 인정되어야 한다(대법원 2006. 8. 25. 선고 2004다26119 판결).[4]

나. 별개의 회사를 피고로 하는 경우

'채무면탈' 등의 위법하거나 부당한 목적을 위하여 다른 회사의 법인격을 '남용'한 사실을 주장 · 입증해야 한다. 우리 대법원은, 도산이 임박한 회사가 채무면탈을 위하여 회사 자산을 출자하여 실질적으로 동일한 영업을 하는 새로운 회사를 설립한 경우, 또는 다른 회사에 영업 또는 자산을 양도하여 실질적으로 동일한 영업을 하게 한 경우 등에서 법인격의 남용을 인정한 바 있다(대법원 2019. 12. 13. 선고 2017다271643 판결 등).

이 경우 채무면탈을 위하여 회사의 법인격을 남용하려는 의사 또는 목적이 인정되어야 한다('남용요건' 또는 '불공정요건'). 이는 "기존회사의 폐업 당시 경영상태나 자산상황, 기존회사에서 다른 회사로 유용된 자산의 유무와 정도, 기존회사에서 다른 회사로 이전된 자산이 있는 경우 정당한 대가가 지급

주식 대부분을 피고 甲과 그의 처 A가 보유하고 있고 부부가 대표이사 및 감사로 재직하였지만 나머지 이사들은 甲과 친인척 관계에 있지 않은 점, H회사의 주주총회나 이사회가 명목상의 것이고 일부 계좌의 혼용이 있기도 하였지만 형해화 될 정도로 심각한 재산의 혼용이 있었다고 보기는 어려운 점 등을 고려하면, 甲이 지배주주로서 상당한 영향력을 행사하여 왔다는 사정만으로는 H회사의 법인격이 형해화 되었다고 보기는 어렵고, 또한 피고 甲이 H회사의 법인격을 남용하였다고 보기도 어렵다고 판단하였다.

4 대법원 2004다26119 판결은 모자회사 사이의 법인격남용이 문제되었는데, 모자회사는 상호간에 상당한 정도의 인적·자본적 결합관계가 존재하는 것이 당연하므로, 법인격의 남용이 인정되려면, ① 재산과 업무 및 대외적인 기업거래활동 등이 명확히 구분되어 있지 않고 양자가 서로 혼용되어 있다는 등의 객관적 징표가 있어야 하며, ② 자회사의 법인격이 모회사에 대한 법률 적용을 회피하기 위한 수단으로 사용되거나 채무면탈이라는 위법한 목적 달성을 위하여 회사제도를 남용하는 등의 주관적 의도 또는 목적이 인정되어야 한다고 보았다. 이 사안에서는 모회사의 제401조의 책임도 문제되었는데, 모회사도 제401조의2 제1항 제1호의 '업무집행지시자'에 포함될 수 있으나, 통상의 거래행위로 부담하는 회사의 채무를 이행할 능력이 있었음에도 단순히 그 이행을 지체하였다는 사실만으로는 제401조에서 말하는 임무를 해태한 위법한 경우라고 할 수 없다고 보았다.

되었는지 여부 등 제반 사정을 종합적으로 고려하여 판단"한다.[5]

특히, 기존의 회사로부터 신설회사나 다른 회사에게 영업이나 자산을 양도하여 '실질적으로 동일한 영업'을 하게 하면서도, '아무런 대가를 받지 않거나' 그 '대가가 현저히 불공정한 경우' 등의 사정이 인정되는지 여부를 중요한 요소로 고려하고 있다. 그 외에도 "두 회사의 주식 소유관계(주주 구성)"도 중요한 판단요소가 된다.[6]

다. 법인격부인론의 보충성

법인격부인론은 그 요건을 입증하기가 쉽지 않으므로 명문의 규정에 따른 책임을 묻을 수 있는지를 먼저 검토할 필요가 있다.

배후자의 책임을 묻는 경우에는, ① 지배주주 등 배후자가 이사라면 이사의 제3자에 대한 책임(제401조)을, ② 배후자가 이사가 아닌 경우에는 업무집행지시자의 책임(제401조의2 제1항 제1호, 제401조)을 묻는 것을 생각할 수 있다(대법원 2006. 8. 25. 선고 2004다26119 판결).

별개의 회사에 대하여 책임을 묻는 사안에서는, 영업의 양도 또는 출자 후 '상호의 속용'이나 '채무인수의 광고'가 있었던 경우 영업양수인의 변제책임

5 위 대법원 2015다13690 판결(각주3)에서, Y주식회사는 2010년 3월경 H회사와 동일한 소재지에서 설립되었는데, 설립 후 곧 H회사로부터 주요자산을 양수하였고 H회사가 사용하던 甲의 특허권을 사용하여 H회사와 동일한 영업을 시작하였다. H회사는 이후 영업이 축소되어 사실상 폐업상태가 되었다. 원고는 Y회사도 H회사의 대여금채무에 대한 변제책임이 있다고 주장하면서 소를 제기하였다. 법원은, Y회사가 자산양수에 대한 대금을 지급하였다는 객관적인 자료가 없고, Y회사 설립 당시 주식 전부를 甲의 처인 A가 취득하였으며, Y회사의 대표이사는 甲의 집에 거주하는 H회사의 이사 B였고, H회사가 사용하던 甲의 특허권을 Y회사가 사용하면서 대가가 지급되었다는 자료가 없으며, Y회사의 설립 전후 H회사의 상황 변화 등에 비추어 보아, H회사와 Y회사는 甲이 사실상 지배하는 동일한 회사로서 H회사의 채무를 면탈할 목적으로 Y회사를 설립한 것으로 볼 수 있으므로, Y회사의 변제책임이 인정된다고 판단하였다.

6 대법원 2010. 1. 14. 선고 2009다77327 판결(물품대금)은, 신설회사가 기존회사로부터 공장 건물, 기계 및 인력 대부분을 그대로 인수하여 종전과 동일한 영업을 하고 있는 사실 등은 인정되지만, 기존회사의 주주와 신설회사의 주주가 완전히 다르고, 기존회사로부터 무상으로 이전받은 자산이 없는 점 등으로 보아 법인격의 남용이 인정되지 않았다. 다만, 신설회사는 영업양수 후에도 기존회사의 거래처와 거래를 계속하던 중 상호를 변경한다는 취지의 개별통지를 하였는바, 이는 제44조의 채무인수를 광고한 것에 해당하여 영업양수인으로서 변제책임이 있다고 보았다.

(제42조, 제44조)을 묻는 것을 고려할 수 있다(대법원 2010. 1. 14. 선고 2009다77327 판결 등).

3. 판결의 효력

회사를 상대로 한 판결의 효력(기판력, 집행력 등)은 배후자 또는 법인격을 남용한 다른 회사에게 미치지 않는다(대법원 1995. 5. 12. 선고 93다44531 판결).[7] 따라서 배후자 또는 다른 회사의 재산에 대하여 강제집행을 하려면 별도의 집행권원이 필요하다. 이를 위하여 거래 상대방 회사와 배후자 등을 공동피고로 하여 소를 제기할 수 있으며, 이는 통상의 공동소송에 해당한다.

한편, 원고가 회사를 피고로 하여 소를 제기하였다가 소송계속 중에 피고를 배후자로 교체할 수 있는가? 이는 이른바 '임의적 당사자변경'에 해당한다. 우리 민사소송법은 피고의 경정(제260, 제261조)과 필수적 공동소송인의 추가(제68조), 예비적 · 선택적 공동소송인의 추가(제70조, 제68조) 등에 한하여 예외적으로 임의적 당사자변경을 허용하고 있다. 따라서 위와 같은 당사자 변경은 허용되지 않을 것이다.

나아가 당사자표시정정에 의하여 피고회사를 배후자로 바꾸는 것이 허용될 수 있는가? 피고의 동일성이 인정되지 않으므로 당사자표시정정으로 바꿀 수는 없다(대법원 2008. 6. 12. 선고 2008다11276 판결 등).[8] 결국 별소를 제기하고 병합신청을 하여 통상의 공동소송으로 진행할 수밖에 없을 것이다.

7 법인격이 형해화된 경우 배후자의 책임을 묻는 것뿐만 아니라 소송법상의 책임인 판결의 효력도 확장할 수 있다는 견해도 있다. 이시윤, 신민사소송법, 2014, 638~639면.

8 채무면탈 목적으로 실질적으로 동일한 회사를 설립한 경우에는 당사자표시를 정정할 수 있다는 견해도 있다. 이시윤, 앞의 책, 132~133면.

기업법실무강의 III(회사소송)

제2장

설립

제2장

설립

Ⅰ. 회사설립무효의 소

1. 당사자와 청구취지

가. 당사자

주주(단독주주권), 이사, 감사 등이 원고가 된다(제328조 제1항). 그리고 당해 회사가 피고로 된다.

나. 청구취지

1. 피고의 설립을 무효로 한다.
2. 소송비용은 피고의 부담으로 한다.
라는 판결을 구합니다.

다. 제소기간

제소기간은 회사 성립일로부터 2년이다(제328조 제2항). 제소기간의 경과 후에는 새로운 무효사유를 주장할 수 없는가? 이를 허용한 대법원 판결례가 있다(대법원 1992. 2. 14. 선고 91다31494 판결).[1] 소송물은 설립의 무효 여부이고, 그 무효사유는 공격방법에 불과하므로 제소기간의 경과 후에도 새로운 무효사유를 주장할 수 있다고 보는 것이 타당하다. 그 주장이 소송을 지연시키는 실기한 공격방법으로 각하될 수 있는지 여부(민사소송법 제149조)는 별개의 문제이다.

2. 청구원인

가. 설립절차의 하자

주식회사의 설립무효의 원인은, 설립절차에 관한 강행규정 위반, 변태설립사항의 하자, 인수납입의 중대한 흠결 등의 객관적 하자만 인정된다(제328

---

1 소장에서 모집설립임을 전제로 창립총회의 결여를 무효사유로 주장하였다가 제소기간(설립일로부터 2년)이 경과한 후에 사실상 발기설립에 해당함에도 모집설립으로 위장함으로써 발기설립절차를 잠탈하였다는 주장을 무효사유로 추가한 사안에서 이를 인용한 사례이다. 다만, 이후 대법원은 신주(전환사채)발행무효의 소, 감자무효의 소 등에서는 제소기간(6월) 경과 후에 새로운 무효사유를 추가할 수 없다고 본다(대법원 2004. 6. 25. 선고 2000다37326 판결 등).

조). 인적회사나 유한회사와 달리, 주식회사에서는 제한능력이나 의사표시의 하자 등 주관적인 사유를 원인으로 하는 설립취소의 소(제184조 등)가 인정되지 않는다.

주식회사의 설립절차는, 정관의 작성(제289조, 제290조, 제292조), 주식 인수(재산적 실체 형성, 제291조, 제293조, 제295조, 제301조 내지 제307조), 기관의 구성(의사 결정 구조의 형성, 제296조, 제308조, 제312조),[2] 설립등기(제317조) 등으로 이루어진다. 이러한 설립절차 중 회사나 이해관계자의 이익보호를 위한 강행규정을 위반하는 등의 중대한 하자는 설립무효사유가 될 수 있다.

나. 변태설립사항의 하자

상법은 회사의 물적 자본의 충실을 위하여 현물출자나 재산인수 등의 변태설립사항(제290조)을 규제하고 있다. 그 내용은, ① 정관(제290조)과 주식청약서(제302조 제1항)에 기재함으로써 공시하도록 하고, ② 일정한 조사절차를 거쳐야 하며(제298조 제4항, 제299조 제1항, 제310조, 제311조),[3] ③ 법원이나 창립총회가 부당하다고 인정하는 경우에는 이를 변경할 수 있도록 하였다(제300조, 제314조).

변태설립사항의 조사는 그 방법이 완화될 수 있고(제299조의2), 일정한 경우에는 조사가 면제될 수도 있다(제299조 제2항). 조사가 면제되는 경우는 현물출자와 재산인수의 재산총액이 5천만원을 초과하지 않고 그 자본금의

2 설립 전에 선임된 이사와 감사는 설립 전에는 "설립에 관한 사항이 법령 또는 정관의 규정에 위반되지 않는지 여부를 조사"하는 역할을 담당하는데, 그 조사 결과는, 발기설립의 경우 발기인에게 보고하고(제298조), 모집설립의 경우에는 창립총회에 보고한다(제313조).

3 변태설립사항의 조사를 위하여 검사인 선임을 법원에 청구해야 하는데, 그 청구 주체가 발기설립의 경우는 이사이고(제298조 제4항), 모집설립의 경우 발기인이다(제310조). 그리고 검사인이 조사결과를 보고하는 대상은, 발기설립의 경우 법원이고(제299조 제1항), 모집설립은 창립총회이다(제310조 제2항).

1/5을 초과하지 않는 경우, 거래소의 시세 있는 유가증권으로서 시행령이 정한 방법으로 산정된 시세를 초과하지 아니하는 경우 등이다(상법시행령 제7조).[4]

'재산인수(제290조 제3호)'는 발기인이 설립후의 회사를 위하여 설립후의 회사가 제3자로부터 일정한 재산을 양수하기로 하는 약정을 설립 전에 하는 것을 말한다. 재산인수계약의 당사자는 설립중의 회사와 제3자가 되고, 설립후의 회사가 이를 승계하여 소유권이전등기, 대금지급 등의 이행을 하게 된다.

재산인수는 현물출자와 달리 양도인에게 대가로 주식이 아닌 금전이 지급된다. 다만, 현물출자를 잠탈하고 대상 재산을 과대평가할 위험이 있으므로 현물출자와 같이 변태설립사항으로 하였다.

동일한 재산을 양수하기로 하는 계약을 설립후의 회사(대표이사)가 하면 '사후설립'에 해당될 수 있다. 즉, 회사가 그 성립 후 2년 내에 그 성립 전부터 존재하는 재산으로서 영업을 위하여 계속하여 사용하여야 할 것을 자본금의 5% 이상에 해당하는 대가로 취득하는 계약을 하는 경우(사후설립)에는 주주총회의 특별결의에 의한 승인이 있어야 한다(제375조). 사후설립의 요건은 현물출자나 재산인수에 비하여 더 맞추기 쉽기 때문에 사후설립을 이용할 유인이 존재한다.

현물출자나 재산인수는 정관에 기재해야 그 효력이 있고, 정관에 기재하지 않으면 무효이다(대법원 1992. 9. 14. 선고 91다33087 판결). 재산인수의 당사자인 회사 또는 양도인도 무효 주장이 가능하고, 그 하자가 중대한 경우에는 설립무효의 원인이 될 수 있다. 정관에 기재하지 않은 재산인수를 설립 후에

4 조사가 면제되는 제299조 제2항은 동조 제1항만을 적용하지 않는다고 규정하고 있지만, 해석상 검사인의 선임(제298조 제4항) 자체도 면제된다고 본다. 한편, 조사의 완화 조항(제299조의2)은 모집설립에도 준용되지만(제310조 제2항), 조사의 면제에 관한 조항(제299조 제2항)은 모집설립에 준용된다는 조항이 없는 것도 문제이다. 그 취지상 모집설립의 경우에도 동일하게 적용될 수 있다고 보아야 할 것이다.

주주총회의 특별결의에 의하여 추인할 수 있는지 문제되는데, 이를 긍정하는 견해와 부정하는 견해가 있다.

재산인수의 사후 추인을 부정하면, 회사는 양도인의 협력을 받아 다시 그 재산을 인수하는 계약을 해야 할 것이고, 만일 이것이 사후설립에 해당하면 주주총회의 특별결의가 필요할 것이다(제375조). 우리 대법원은 재산인수를 주주총회의 특별결의로 추인할 수 있는지에 대해서는 판단한 바 없지만, 그 재산을 인수하는 계약이 사후설립에도 해당하는 경우에는 그 사후설립에 관하여 미리 주주총회의 특별결의를 거치지 않았더라도 추후에 특별결의로써 이를 추인할 수 있다는 입장이다.

대법원 1992. 9. 14. 선고 91다33087 판결(소유권이전등기말소)[5]
대법원 2015. 3. 20. 선고 2013다88829 판결(양수금)[6]

[1] 당사자 사이에 회사를 설립하기로 합의하면서 그 일방은 일정한 재산을 현물로 출자하고, 타방은 현금을 출자하되, 현물출자에 따른 번잡함을 피하기 위하여 회사의 성립 후 회사와 현물출자자 사이의 매매계약에 의한 소유권이전등기의 방법에 의하여 위 현물출자를 완성하기로 약정하고 그 후 회사설립을 위한 소정의 절차를 거쳐 위 약정에 따른 현물출자가 이루어진 것이라면, 위 현물출자를 위한 약정은

---

5 甲과 乙은 1989. 2.경 A주식회사를 설립하면서, 甲이 부동산을 출자하고 乙이 현금을 출자하되, 현물출자에 따른 번잡함을 피하기 위하여 회사의 성립 후 A회사가 甲의 부동산을 인수하기로 약정하였다('재산인수'에 해당). 1989. 3. 7. A회사가 설립되었고, 3. 10.경 甲과 A회사의 대표이사가 된 乙은 정식으로 매매계약서를 작성하였다('사후설립'에 해당). 위 매매계약에 따라 3. 17. A회사 앞으로 위 부동산에 관한 소유권이전등기가 마쳐졌다. 그리고 3. 18. A회사의 임시주주총회에서 위 매매계약을 승인한다는 취지의 특별결의가 이루어졌다. A회사 앞으로 마쳐진 소유권이전등기의 적법 여부와 관련하여, 정관에 기재되지 않은 재산인수로서 무효인지 여부, 사후설립에 해당하는지 여부, 주주총회의 특별결의가 없는 사후설립으로서 무효인지 여부, 재산인수나 사후설립을 주주총회의 특별결의로 추인할 수 있는지 여부 등이 문제되었다.

6 원고는 장래 설립할 피고회사에 토지를 매도하기로 약정하고 피고회사 설립 후 소유권이전등기를 마쳐 준 다음('재산인수'에 해당) 회장 등 직함으로 장기간 피고회사의 경영에 관여해 오다가, 약 15년이 지난 후에 위 토지양도의 무효를 주장하면서 소유권이전등기의 말소를 구한 사안에서, 위 약정은 재산인수로서 정관에 기재가 없어 무효이나, 이제 와서 원고 자신이 직접 관여한 회사설립행위의 효력을 부정하면서 무효를 주장하는 것은, 이해관계인의 이익 보호라는 제290조의 목적과 무관하거나 오히려 이에 배치되는 것으로서 신의성실의 원칙에 반하여 허용될 수 없다고 보았다. 피고회사는 등기부취득시효가 완성되었음을 항변하였는데, 피고회사가 재산인수로 점유를 시작한 이상 소유라고 믿은 데에 과실이 있다고 보아 받아들이지 않았다.

그대로 제290조 제3호가 규정하는 재산인수에 해당한다고 할 것이어서 정관에 기재되지 아니하는 한 무효이다.

[2] 아직 원시정관의 작성 전이어서 발기인의 자격이 없는 자가 장래 성립할 회사를 위하여 제3자로부터 일정한 재산을 매매의 형식으로 양수할 것을 약정하는 계약을 체결하고 그 후 그 회사의 설립을 위한 발기인이 되었다면 위 계약은 재산인수에 해당하고 정관에 기재가 없는 한 무효이다.

[3] 위와 같은 방법에 의한 현물출자 또는 재산인수가 동시에 제375조가 규정하는 사후설립에 해당하고 이에 대하여 주주총회의 특별결의에 의한 추인이 있었다면 회사는 유효하게 위 그 부동산의 소유권을 취득한다.[7]

다. 인수 · 납입의 중대한 흠결

발기인(제293조) 또는 주식인수인(제302조, 제303조)은 주식인수가액을 납입하고 현물출자를 이행해야 한다(제295조, 제305조). 대물변제나 경개는 결국 현물출자에 해당하므로 인정되지 않는다.[8] 그리고 어음이나 수표로 납입한 경우에는 그 지급이 이루어진 시점에 유효한 납입이 있는 것으로 본다.

주식인수가 무효로 되거나 주식인수가액의 납입이 흠결된 경우에는, 그 흠결이 경미한 경우에는 발기인에 대한 책임 추궁으로 해결하고(제321조), 흠결이 중대한 경우에는 설립무효사유로 된다고 본다(통설). 현물출자나 재산인수가 무효이거나 가장납입이 있었고,[9] 그 흠결이 중대하거나 치유가 어려운

---

7 위 대법원 91다33087 판결의 사안에서는, 회사설립 전인 1989. 2.경에 이루어진 재산인수를 설립 후인 같은 해 3. 18.자 주주총회결의로 추인할 수 있는지에 관해서는 판단하지 않았고, 위 주주총회결의로써 설립 후인 3. 10.경 이루어진 사후설립을 추인하였음이 인정된다고 보아 원고의 청구를 기각하였다. 즉, 무효인 재산인수를 추인할 수 있는지에 관해서는 판단하지 않았고, 무효인 사후설립을 추인할 수 있다는 점은 인정한 것이다.

8 신주발행의 경우에는 회사의 동의가 있다면 회사에 대한 채권으로 주식인수가액납입채무와 상계할 수 있고(제421조 제2항), 이는 결국 회사에 대한 채권을 주식으로 전환하는 출자전환의 결과가 된다.

9 가장납입의 효력을 무효로 볼 때에는 무효사유가 될 수 있지만, 유효로 보는 경우에는 가장납입한 주주에게 주금상당액의 상환을 청구할 수 있을 뿐이다. 이 경우 회사는 주주에 대한 채권만을 가지게 되므로, 결국 그 주주는 회사에 대한 채무를 현물출자한 결과가 되는데, 이는 인정하기 어렵다고 본다.

경우에도 설립무효사유가 될 수 있다.

3. 설립무효판결의 효력

심리 중에 설립무효의 원인이 된 하자가 보완되면 법원은 회사의 현황과 제반 사정을 참작하여 원고의 청구를 재량으로 기각할 수 있다(제328조 제2항, 제189조).

설립무효를 인용하는 판결은 대세적 효력이 있지만, 소급효는 제한된다(제328조 제2항, 제190조).[10] 판결의 대세적 효력이 인정되므로 청구의 인낙이나 화해 · 조정은 할 수 없고, 청구의 인낙이나 화해 · 조정이 이루어졌다고 하여도 그 인낙조서나 화해 · 조정조서는 효력이 없다. 다만, 소의 취하나 청구의 포기는 대세적 효력이 없으므로 허용된다.[11] 원고패소 판결은 기판력의 주관적 범위에 따른다.

10 소급효가 제한되고 장래에 향하여 효력이 발생하는 회사법상의 소에는, 설립무효의 소(제328조 제2항, 제190조 단서까지 준용), 신주발행무효의 소(제431조 제1항, 별도의 조항을 둠), 합병무효의 소(제530조 제2항, 제240조, 제190조 단서까지 준용), 분할무효의 소(제530조의11 제1항, 제529조, 제240조, 제190조 단서까지 준용) 등이 있다. 반면에 소급효가 인정되는 소에는, 주주총회결의취소의 소(제376조), 주주총회결의무효·부존재확인의 소(제380조) 등이 있다.

11 주주대표소송의 경우, 위 모든 행위에 법원의 허가를 얻어야 하는 것(제403조 제6항)과 비교될 수 있다.

II. 설립중의 회사 관련 소송

1. 당사자

원고는 제3자가 되고, 피고는 설립중의 회사 또는 설립후의 회사이다. 예를 들면, 원고가 설립후의 회사를 상대로 설립중의 회사와 설립 전에 한 계약의 승계를 주장하면서 그 계약의 이행을 구하는 경우를 생각할 수 있다.

2. 청구원인

당해 이행청구에 고유한 요건이 필요함은 물론이다. 나아가 발기인이 '그 권한 범위 내'에서 '설립중의 회사의 명의'로 당해 행위를 하였어야 한다. 즉, 설립중의 회사가 성립하고 그 기관인 발기인이 설립중의 회사를 위하여 그의 권한 범위 내의 거래를 하였어야 한다. 이러한 행위의 효과는 일단 설립중의 회사에 귀속하고, 회사의 성립과 동시에 별도의 이전 절차 없이 설립된 회사에 귀속된다(동일성설).

설립중의 회사의 성립시기에 대해서는, ① 정관의 작성만으로 성립한다는 견해와, ② 발기인이 정관을 작성하고 적어도 1주 이상의 주식을 인수할 때 성립한다는 견해가 있다. 주식인수 전에도 설립중의 회사가 성립하여 활동할 필요가 있고, 무엇보다 주식인수계약 자체가 설립중의 회사와 발기인 또는 주식인수인 사이에 있어야 하므로 전자의 견해(정관작성시설)가 타당하다고 본다. 다만, 우리 대법원은 후자와 같이 본다(대법원 1994. 1. 28. 선고 93다50215 판결).

설립중의 회사의 기관은 발기인이고, 발기인이 복수인 경우 발기인조합이 성립하므로 그 업무집행방법에 따른다. 설립중의 회사가 성립하기 전에 한 행위나, 발기인이 설립중의 회사가 아닌 자신의 명의로 한 행위는 일단 발기인 또는 발기인조합에 귀속하며, 이를 설립된 회사가 승계하려면 별도의 이전행위가 필요하다(위 대법원 93다50215 판결).

발기인이 설립중의 회사의 기관으로서 '그 권한 범위 내'에서 설립을 위한 행위를 해야 그 효력이 설립중의 회사에 귀속될 수 있는데, 그 범위에 관해서는 견해가 나뉜다. 특히, 설립을 위하여 필요한 행위 외에 '개업준비행위'도 할 수 있는지가 문제되는데, 우리 대법원은 이를 인정한 사례가 있다.[12] 제290조 3호의 재산인수도 일종의 개업준비행위에 해당할 수 있는데, 정관에 기재하면 발기인이 권한 범위 내의 행위로 할 수 있다. 만일 발기인이 그 권한을 넘어서 설립중의 회사 명의로 한 경우에는 무권대리행위가 되어 발기인이 무권대리인으로서 책임을 지거나 불법행위책임이 성립할 수 있다. 그리고 설립후의 회사는 이를 추인할 수 있을 것이다.

설립중의 회사는 권리능력 없는 사단으로서 등기능력(부동산등기법 제26조)과 당사자능력(민사소송법 제52조)이 인정된다. 설립중의 회사가 당사자로서 소송을 수행하다가 설립을 마치면 설립후의 회사가 소송을 승계할 것이다(민사소송법 제81조, 제82조).[13]

설립중의 회사의 불법행위능력이 인정되는지에 대해서는 견해가 나뉜다. 비법인사단으로서 그 기관과 재산적 실체를 어느 정도 가지고 있으므로 불법행위책임을 인정하고 그 책임을 설립후의 회사가 승계하는 것으로 보는 것이 타당하다고 본다.[14]

---

12 대법원 1970. 8. 31. 선고 70다1357 판결은, 설립중의 회사가 자동차조립계약을 체결한 것의 효력을 인정하였는데, 이는 개업준비행위를 발기인의 권한 범위 내로 인정한 사례로 볼 수 있다.

13 드문 일이겠지만, 설립중의 회사가 당사자로서 판결을 받는다면, 그 판결의 기판력은 설립중의 회사에만 미치고 발기인에는 미치지 않으며, 강제집행도 설립중의 회사의 고유재산에 대해서만 할 수 있을 것이다. 설립후의 회사는 변론종결 후의 승계인으로서 승계집행문을 부여받아 집행할 수 있을 것이다(민사소송법 제218조 제1항, 민사집행법 제31조).

14 대법원 2000. 1. 28. 선고 99다35737 판결은, 설립중 회사의 불법행위책임의 성립 여부를 판단하지 않고 설립 후의 대표이사의 행위로 인한 회사의 불법행위책임(제210조)을 인정하였다.

III. 발기인 등의 책임 관련 소송

1. 당사자

원고는 설립된 회사 또는 제3자가 될 수 있고, 피고는 발기인, 유사발기인, 이사 또는 감사 등이다.

2. 청구원인

가. 회사에 대한 책임

설립 후에도 아직 인수되지 않은 주식이 있거나 주식인수의 청약이 취소된 경우 회사(원고)는 발기인(피고)에게 '인수담보책임'을 물을 수 있고(제321조 제1항),[15] 납입을 완료하지 아니한 주식이 있는 경우에는 '납입담보책임'을 물을 수 있다(동조 제2항). 발기인이 인수담보책임을 이행하면 해당 주식을 공동으로 인수한 것이 되어 그 주식을 공유하게 되지만(제321조 제1항, 제333조), 발기인이 납입담보책임을 이행하더라도 주주가 되는 것은 아니며, 원래의 주식인수인인 주주에게 인수대금 상당액을 구상할 수 있을 뿐이다.

인수 또는 납입의 흠결이 중대하고 현저한 경우에는 인수 · 납입담보책임이 아닌 설립무효사유가 된다는 견해가 많지만, 발기인이 스스로 인수 · 납입담보책임을 이행한다면 굳이 설립무효가 된다고 볼 이유는 없을 것이다.

한편, 발기인(피고)이 회사의 설립에 관한 임무를 해태한 경우에는 회사(원

15 제한능력, 무권대리 등을 이유로 하여 취소한 경우를 생각할 수 있다. 회사가 성립한 후에는 주식청약서의 요건 흠결을 이유로 한 무효 주장과 사기, 강박 또는 착오를 이유로 한 취소를 하지 못하므로 인수담보책임이 문제되는 경우는 매우 드물 것이다.

고)에 대하여 손해배상책임을 진다(제322조, 제323조).

회사가 일단 성립한 경우에는 나중에 회사설립무효의 소가 확정되더라도 소급효가 없으므로(제328조 제2항, 제190조), 발기인은 회사에 대하여 위와 동일한 책임을 진다. 그리고 발기인의 회사에 대한 책임에는 주주대표소송에 관한 조항이 준용된다(제324조, 제403조 내지 제406조).[16]

유사발기인(주식청약서 등 주식모집에 관한 서면에 성명과 설립에 찬조하는 뜻을 기재할 것을 승낙한 자)도 발기인과 동일한 책임이 있다(제327조).

그리고 이사 또는 감사(피고)가 회사의 설립에 관한 사항의 조사와 관련하여 임무를 해태한 경우에는 회사(원고)에 대하여 그로 인한 손해를 배상할 책임이 있다(제323조).

나. 제3자에 대한 책임

발기인(피고)이 악의 또는 중대한 과실로 인하여 그 임무를 해태한 때에는 제3자(원고)에 대하여 손해배상책임이 있다(제322조 제2항).[17] 이때의 제3자는 설립중의 회사와 거래한 자, 예를 들면, 재산인수의 상대방 등을 생각할 수 있다.

주식인수인도 직접적인 손해를 입은 경우에는 제3자로서 손해배상을 구할 수 있을 것이다. 다만, 발기인의 행위로 인하여 회사(또는 설립중의 회사)가 손해를 입고 그로 인하여 주주(또는 주식인수인)가 경제적 불이익을 입은 것과 같은 간접손해는, 제322조 제1항에 따라 회사에 대한 책임으로 해결하거나 주주대표소송을 제기함으로써 해결해야 한다고 본다(견해 대립 있음).

---

16 발기인의 책임에 대해서는 제400조도 준용되는데(제324조), 그럼에도 불구하고 인수 및 납입담보책임(제321조)은 총주주의 동의로도 면제할 수 없다고 본다.

17 이사 또는 감사도 설립에 관한 사항이 조사 등에 관하여 임무를 해태하면 제3자에 대하여 손해배상책임(제323조)을 질 수 있는데, 발기인과 동일하게 악의 또는 중과실의 경우에만 책임을 지는 것으로 볼 것이다.

한편, 회사가 성립하지 못한 경우에는 발기인은 그 설립에 관한 행위에 대하여 연대책임을 진다(제326조 제1항). 설립과 관련하여 지급한 비용도 발기인이 부담한다(제326조 제2항). 회사가 성립하지 못한 경우에는 설립중의 회사가 해산하면서 설립에 관한 행위로 인한 책임을 지겠지만, 발기인도 이 조항에 따라 함께 책임을 부담하게 된다.

Ⅳ. 가장납입 관련 소송

1. 당사자

가장납입과 관련된 소송은 여러 유형이 있다. 예를 들면, 가장납입으로 주주가 된 자가 주주권을 행사한 것에 대하여, 다른 주주가 원고가 되어 회사를 피고로 하여 주주권 행사의 위법을 다투는 경우가 있다(예를 들면, 주주총회 결의의 하자를 다투는 소 등). 그리고 회사가 원고가 되어 가장납입한 주주를 피고로 하여 주식인수대금 상당액의 상환을 구하는 경우도 생각할 수 있다.

2. 청구원인

가. 회사설립시의 가장납입

설립시에 가장납입은 주로 '위장납입(見金)'의 방식으로 이루어지는데, 발기인이 제3자로부터 자금을 차입하여 주금을 납입하고, 회사 성립 후에 대표이사가 이를 바로 인출하여 변제하는 방식이다.

이러한 위장납입의 경우에도 주금납입으로서의 효력이 있는지와 관련하여 견해가 대립한다. 유효설(판례)은, 자금의 이동에 따른 현실의 납입이 있었으므로 납입의 효력을 부인한 수 없고, 발기인 또는 이사의 주관적 의도에 따라 주금 납입의 효력을 좌우함은 타당하지 않다고 한다.[18] 무효설(다수설)은, 전체적으로 보아 실질적인 자금유입이 없는 가장납입으로서 자본충실을 해치므로 무효라고 본다.

유효설(판례)에 따르면, 가장납입을 한 자가 주주로 되고, 회사가 그에게 주권을 발행하면 그 주권도 효력이 있다. 다만, 회사가 주금을 체당납입한 것으로 보아 그 주주는 회사에 대하여 주금 상당액을 상환할 의무가 있다고 본다. 주주가 주금 상당액을 상환하지 않더라도 이는 회사에 대한 채무불이행에 불과할 뿐 주주로서의 지위를 상실하는 것은 아니다. 나아가 발기인들(과 이사들)은 회사가 입은 손해를 연대하여 배상할 책임을 진다(제322조, 제323조, 제399조).

이때 타인의 승낙을 얻어 그 명의로 주식을 인수한 실제 출자자가 있는 경우에 누가 주주로 되고 누가 이러한 주금상당액의 상환의무를 부담하는가? 과거에 대법원은 이러한 주금상환채무는 실제 출자자가 부담하는 것일 뿐 명의자는 주주가 될 수 없으므로 위 채무를 부담하는 자가 아니라고 보았다(대법원 2004. 3. 26. 선고 2002다29138 판결). 그러나 이 경우에도 특별한 사정이 없는 한 회사에 대한 관계에서는 명의자가 주주로 되고 그가 주주권을 행사할 자가 될 것이므로 그에 상응하게 명의자가 주금상환채무를 부담하는 것이 타당하다고 본다.[19]

---

18 대법원 2016. 9. 23. 선고 2016두40573 판결, 대법원 2004. 3. 26. 선고 2002다29138 판결, 대법원 1995. 1. 29. 선고 84다카1823 판결 등.

19 회사에 대한 주주권의 행사자를 주주명부상의 주주로 본 대법원 2017. 3. 23. 선고 2015다248342 전원합의체 판결은, 위 대법원 2004. 3. 26. 선고 2002다29138 판결을 명시적으로 파기하지는 않았다. 다만, 위 전합판결과 주주권의 귀속 문제에 관하여 판시한 대법원 2017. 12. 5. 선고 2016다265351 판결 등의 취지로 보아 위와 같이 해석하는 것이 타당하다고 본다(견해대립 있음). 나아가 대법원은 제332조 제2항의 연대납입책임은 이미 주금납입의 효력이 발생한 경우에는 적용되지 않는다고 보았지만(위 2002다29138 판결), 이제는 자본충실을 기하기 위하여 제332조 제2항을 유추적용하여 실제 출자자도 명의자와 연대하여 주금 상당액의 상환채무를 부담한다고 보는 것이 타당하다(사견). 명의자가 회사에 대하여 주금상환채무를 이행한 경우에는 명의신탁약정에 기

한편, 무효설을 따르면, 회사 성립 후 해당 주식에 대한 납입이 흠결된 것이므로 발기인이 납입담보책임을 진다(제321조 제2항). 그리고 발기인(과 임원)은 회사 및 제3자에 대하여 손해배상책임을 진다(제322조, 제323조, 제399조, 제401조). 납입의 흠결이 중대한 경우에는 회사설립무효의 원인이 될 수 있을 것이다.

대법원 1998. 12. 23. 선고 97다20649 판결(주주총회결의무효)

[1] 일시적인 차입금으로 주금납입의 외형을 갖추고 회사설립이나 증자 후 곧바로 그 납입금을 인출하여 차입금을 변제하는 주금의 가장납입의 경우에도 주금납입의 효력을 부인할 수 없으므로 주금납입절차는 일단 완료되고 주식인수인이나 주주의 주금납입의무도 종결되었다고 보아야 한다.

[2] 이러한 가장납입에 있어서 회사는 일시 차입금을 가지고 주주들의 주금을 체당 납입한 것과 같이 볼 수 있으므로 주금납입의 절차가 완료된 후에 회사는 주주에 대하여 체당 납입한 주금의 상환을 청구할 수 있다.

[3] 회사 설립 당시 원래 주주들이 주식인수인으로서 주식을 인수하고 가장납입의 형태로 주금을 납입한 이상 그들은 바로 회사의 주주이고, 그 후 그들이 회사가 청구한 주금 상당액을 납입하지 아니하였다고 하더라도, 이는 회사 또는 대표이사에 대한 채무불이행에 불과할 뿐 그러한 사유만으로 주주로서의 지위를 상실하게 된다고는 할 수 없다.

나. 신주발행의 경우

신주발행의 경우에도 위장납입의 방법으로 신주인수대금을 납입한 경우에는 위에서 본 바와 같이 동일하게 처리될 수 있다.

신주발행의 경우에는 다른 형태의 가장납입이 이루어지기도 하는데, '회사 자금에 의한 납입'이 그것이다. 이는 회사가 제3자에게 주식인수대금 상당

하여 실제 출자자에게 구상할 수 있을 것이다.

의 자금을 대여하여 납입하게 하면서, 그 제3자에 대하여 그 대여금채권을 행사하지 않기로 하는 등으로 대여금을 실질적으로 회수하지 않기로 약정하고, 제3자도 회사의 그러한 의사를 전제로 주식인수의 청약을 하는 방법으로 이루어진다. 이 경우에는 자본금이 증가되었다고 할 수 없고 단순히 납입을 가장한 것에 지나지 않아 납입이 무효라고 보아야 한다(대법원 2003. 5. 16. 선고 2001다44109 판결).[20]

이 경우 회사가 아닌 제3자가 신주를 인수한 것이지만, 그 주식 취득을 위한 자금이 회사의 출연에 의한 것이고, 그 주식취득에 따른 손익이 결국 회사에 귀속되는 경우라면, 이는 상법이 금지하는 자기주식취득에도 해당하여 무효이다(위 대법원 2001다44109 판결).

요컨대, 대법원이 자기주식취득으로 보는 요건은 "회사의 출연과 회사에의 손익 귀속"이고, 가장납입으로 보는 요건은 "회사자금의 대여(출연)와 이를 회수하지 않기로 하는 약정"이라고 볼 수 있다.

대법원 2003. 5. 16. 선고 2001다44109 판결(채무부존재확인)

주식회사의 자본충실의 원칙상 주식의 인수대금은 그 전액을 현실적으로 납입하여야 하고 그 납입에 관하여 상계로써 회사에 대항하지 못하는 것이므로, 회사가 제3자에게 주식인수대금 상당의 대여를 하고 제3자는 그 대여금으로 주식인수대금을 납입한 경우에, 회사가 처음부터 제3자에 대하여 대여금 채권을 행사하지 아니하기로 약정되어 있는 등으로 대여금을 실질적으로 회수할 의사가 없었고 제3자도 그러한 회사의 의사를 전제로 하여 주식인수청약을 한 때에는, 그 제3자가 인수한 주식의 액면금액에 상당하는 회사의 자본이 증가되었다고 할 수 없으므로 위와 같은 주식인수대금의 납입은 단순히 납입을 가장한 것에 지나지 아니하여 무효이다.[21]

---

20 대법원은 '회사자금에 의한 납입'은 무효로 보지만, 앞의 위장납입 사례들은 유효로 본다. 그 차이 또는 이유로는, 위장납입의 경우 회사가 주식인수인에게 상환청구권을 갖지만, 회사자금에 의한 납입의 경우 회사에 아무런 청구권도 남지 않는다는 점을 생각할 수 있다.

21 대한종금은 자기자본비율을 높이기 위하여 ㈜동원에 자신의 주식을 인수해 줄 것을 부탁하면서 신주인수대금 상당액을 대출해 주었다. 이때 향후 대한종금에 영업정지 등의 사유가 발생하면 동원이 일방적으로 인수한 주식의 환매를 청구하고 환매대금채권과 위 대출금채무를 상계할 수 있

다. 가장납입의 형사책임

위장납입과 회사자금에 의한 가장납입이 이루어진 경우 발기인과 이사 등은 상법상 '납입가장죄(제628조 제1항)'의 형사책임을 질 수 있다(대법원 2004. 6. 17. 선고 2003도7645 전원합의체판결 등). 그 외에도 공정증서원본부실기재죄와 동행사죄 등이 성립하지만, 불법영득의 의사가 인정되지 않으므로 업무상횡령죄는 성립하지 않는다(위 전합판결). 그러나 대법원이 위장납입의 유효성을 인정하는 이상, 오히려 공정증서원본부실기재죄는 성립하지 않고, 업무상횡령죄가 성립한다고 보아야 한다는 견해도 있다(위 전합판결의 소수의견).

한편, 신주발행의 절차적 · 실체적 하자가 극히 중대하여 신주발행의 실체가 존재하지 않고 신주발행의 외관만이 존재하는 '신주발행의 부존재'의 경우에는, 공정증서원본부실기재죄는 성립하지만 납입가장죄는 성립하지 않는다(대법원 2006. 6. 2. 선고 2006도48 판결)[22] 그리고 전환사채의 인수 과정에서 그 납입을 가장하였다고 하더라도 납입가장죄는 성립하지 아니한다(대법원 2008. 5. 29. 선고 2007도5206 판결).[23]

다는 특약을 하였다. 그 후 대한종금이 다시 영업정지처분을 받았고 결국 파산하였는데, 동원은 위 특약에 기하여 이미 환매와 대출금채무의 상계가 이루어졌다고 주장하면서 이 사건 채무부존재확인의 소를 제기하였다. 사안과 달리 회사가 나중에 대출금을 회수할 의사로 제3자에게 주금납입상당액을 대여하고 제3자도 상환할 의사가 있었던 경우에는 이를 가장납입으로 보기 어려울 것이다.

22 이 경우에는 처음부터 신주발행의 효력이 없고, 신주인수인들의 주금납입의무도 발생하지 않으며, 증자로 인한 자본충실의 문제도 생기지 않아서, 회사의 자본충실을 기하려는 가장납입죄의 취지와는 무관하기 때문이라고 한다.

23 전환사채는 발행 당시에는 사채의 성질을 갖는 것으로서 사채권자가 전환권을 행사한 때 비로소 주식으로 전환되어 회사의 자본을 구성하게 될 뿐만 아니라, 전환권은 사채권자에게 부여된 권리이지 의무는 아니어서 사채권자로서는 전환권을 행사하지 아니할 수도 있으므로, 회사의 자본에 충실을 기하려는 납입가장죄의 취지와 직접 관련이 없기 때문이다.

제3장

주식과 주주

제3장

주식과 주주

Ⅰ. 주주권확인의 소

1. 당사자

주주권의 귀속을 주장하는 자가 원고가 되고 이를 다투는 자를 피고로 한다. 즉, 주주권의 귀속에 다툼이 있어 주주임을 확인받고자 하는 자, 예를 들면, 타인의 이름으로 주식을 인수하여 주주명부상의 명의자가 아닌 실제 출자자,[1] 주권 발행 전의 주식을 양수하였으나 양도인 또는 제3자가 주주권의

1 예를 들면, 주권발행 전 주식에 관하여 주주명의를 신탁한 사람이 수탁자에 대하여 명의신탁계약을 해지하면 그 주식에 대한 주주의 권리는 해지의 의사표시만으로 명의신탁자에게 복귀하는데, 이 경우 주주명부에 등재된 형식상 주주명의인이 실질적인 주주의 주주권을 다투는 경우에 실질적인 주주가 주주명부상 주주명의인을 상대로 주주권의 확인을 구할 이익이 있다(대법원 2013. 2.

귀속을 다투는 경우의 양수인 등이 원고가 된다. 피고는 주주권을 다투는 상대방이다.

주주권확인의 소는 민사소송법상의 일반 확인의 소이므로 확인의 이익이 있어야 한다. 즉, 원고의 법적 지위가 불안 · 위험할 때 그 불안 · 위험을 제거함에 확인판결을 얻는 것이 가장 유효 · 적절한 수단인 경우에 확인의 이익이 인정될 수 있다(대법원 2014. 12. 11. 선고 2014다218511 판결 등).

따라서 주식을 취득하여 주권을 교부받았거나 이미 점유하고 있는 자, 주권을 점유하고 있는 실질주주인 명의신탁자 등은 회사에 주권을 제시하여 명의개서를 청구할 수 있는데, 회사를 상대로 주주권확인을 구하는 것은 분쟁의 종국적인 해결 방법이 아니어서 확인의 이익이 없다(대법원 2019. 5. 16. 선고 2016다240338 판결 등).[2]

나아가 원고가 피고에게 명의신탁하였다고 주장하는 주식이 이미 제3자에게 양도되어 그 제3자 앞으로 명의개서까지 마쳐졌다면, 피고를 상대로 하여 주주권 확인을 구할 확인의 이익이 있는가? 이 경우 그 판결의 효력이 발행회사나 명의자인 제3자에게 미치지 않으므로 확인의 이익이 없다(위 대법원 2014다218511 판결). 이 경우에는 발행회사를 상대로 명의개서절차의 이행을 구하거나 제3자를 피고로 하여 주주권확인을 구해야 할 것이다.

---

14. 선고 2011다109708 판결 등). 원고가 회사를 상대로 명의개서절차의 이행을 구할 수 있다고 하더라도 달리 볼 것은 아니다.

2 대법원 2019. 5. 16. 선고 2016다240338 판결(甲이 乙주식회사를 상대로 자신이 주주명부상 주식의 소유자인데 위조된 주식매매계약서에 의해 타인 앞으로 명의개서가 되었다며 주주권확인을 구한 사안에서, 甲이 乙회사를 상대로 직접 자신이 주주임을 증명하여 명의개서절차의 이행을 구할 수 있으므로, 甲이 乙회사를 상대로 주주권 확인을 구하는 것은 甲의 권리 또는 법률상 지위에 현존하는 불안 · 위험을 제거하는 유효 · 적절한 수단이 아니거나 분쟁의 종국적 해결방법이 아니어서 확인의 이익이 없다고 한 사례). 주권발행전 주식의 양수인도 단독으로 회사에 대하여 그 주식취득사실을 증명하여 명의개서를 청구할 수 있으므로 마찬가지로 보아야 한다.

2. 청구취지

1. 소외 한국주식회사가 발행한 보통주식 중 피고 명의의 주식 3,000주는 원고의 소유임을 확인한다.
2. 소송비용은 피고가 부담한다.

라는 판결을 구합니다.

만일 회사와 제3자(홍길동)가 공동피고이고, 명의개서절차이행청구의 소가 병합된 경우에는 다음과 같이 기재한다.

1. 원고와 피고 홍길동 사이에 별지 목록 기재 주식은 원고의 소유임을 확인한다.
2. 피고 한국주식회사는 원고에게 위 주식에 관하여 명의개서절차를 이행하라.
3. 소송비용은 피고들이 부담한다.

라는 판결을 구합니다.

3. 청구원인

가. 주주권의 귀속

설립시나 신주발행시 주식을 인수하면 주주권을 원시취득할 수 있다. 그리고 타인으로부터 주식을 양수하여 특정승계하거나 상속 · 합병 등의 포괄승계로 인하여 주주권을 승계취득할 수도 있다. 나아가 타인의 명의로 주식을 인수하였다가 명의신탁을 해지하면 주주권이 (대외적으로도) 실제 출자자에게 복귀한다.

나. 주주권의 원시취득

주식을 인수하여 주주권을 원시취득할 수 있는데, 회사 설립시에는 (설립중의)회사와 발기인(제293조) 또는 주식인수의 청약을 한 자(제302조) 사이에 주식인수계약이 체결되고, 그 계약의 당사자가 회사의 설립(등기) 시에 주주로 된다(제172조). 신주발행시에는 신주인수인이 신주인수대금을 납입하면 납입기일의 다음날에 주주가 된다(제423조 제1항).

다. 타인명의의 주식인수의 경우

상법은 타인의 명의로 주식을 인수한 경우에 누가 납입책임을 지는지에 관한 조항을 두고 있지만(제332조), 누가 주주인지에 관해서는 규정을 두고 있지 않다. 이 경우에 누가 주주인지는 결국 주식인수를 한 당사자를 누구로 볼 것인지에 따라 결정하여야 한다(대법원 2017. 12. 5. 선고 2016다265351 판결). 주식의 인수를 위하여 인수인과 회사 사이에 서면에 의한 주식인수계약이 성립하는데, 이때 누가 주식인수인이고 주주인지는 결국 주식인수계약의 당사자 확정의 문제이므로, 원칙적으로 계약당사자를 확정하는 법리를 따르되, 주식인수계약의 특성을 고려하여 판단한다.[3]

우선, 가설인의 명의나 타인의 승낙없이 그 명의로 주식을 인수한 경우에는, 가설인이나 승낙하지 않은 명의자는 주식을 인수하려는 의사도 없고 이를 표시한 사실도 없으므로 주식인수계약의 당사자가 될 수 없다. 따라서 회사의 의사에 명백히 반한다는 등의 특별한 사정이 없는 한, 실제 출자자에게 주주권이 귀속된다고 보아야 한다(위 대법원 판결).

---

3 상법은 주식인수계약을 서면으로 하도록 하였는데(제293조, 제302조 제1항, 제425조), 이는 회사가 다수의 주주와 관련된 법률관계를 형식적이고도 획일적인 기준으로 처리할 수 있도록 하여 이와 관련된 사무처리의 효율성과 법적 안정성을 도모하기 위한 것이므로, 주식인수계약의 당사자를 확정할 때에도 이러한 특성을 충분히 반영하여야 한다(위 대법원 2016다265351 판결).

다음으로, 타인의 승낙을 얻어 그 명의로 주식을 인수하기로 약정한 경우에는 원칙적으로 명의자가 주식인수인으로서 주주권을 취득한다고 보아야 한다(위 대법원 판결). 명의자는 정관이나 주식청약서와 같은 처분문서에 발기인 또는 주식인수인으로 기재되므로 특별한 사정이 없는 한 자신의 명의로 주식을 인수한다는 의사는 있는 것이고, 회사도 그 명의자를 당사자로 알았다면 명의자가 주식을 인수한다는 데에 의사의 합치가 있기 때문이다.[4]

이때 명의자와 실제 출자자가 내부적으로는 실제 출자자가 주주가 되지만 대외적으로는 명의자가 주주가 되기로 약정하였다면 이는 주식에 대한 명의신탁약정으로 볼 수 있다. 타인명의로 주식을 취득하려는 경우에는 실제 출자자가 대외적으로 주주로 드러나지 않으려는 목적인 경우가 대부분일 것이므로 이러한 명의신탁약정이 존재한다고 보는 것이 합리적이다. 이 경우 설사 회사가 이러한 명의신탁 사실을 알고 있었다고 하더라도, 적어도 회사 또는 제3자와의 사이에서는 명의자가 주주로 된다는 데에 의사의 합치가 있는 것이므로,역시 명의자가 주식인수인으로서 주주권의 귀속자로 될 것이다.[5]

이렇게 타인에게 주식을 명의신탁한 경우 실제 출자자는 명의수탁자에 대해서는 주주권의 귀속을 주장할 수 있지만, 회사를 포함한 제3자에 대한 관계에서는 명의수탁자가 주주권의 귀속자로 된다. 그 결과 명의수탁자로부터 주식을 취득한 제3자는 그 선의·악의를 불문하고 그 주식을 취득할 수 있다.[6]

---

4 회사(또는 설립중의 회사의 기관인 발기인)는 처분문서인 정관 또는 주식청약서에 적힌 명의자를 주식인수계약의 당사자로 이해하였다고 보는 것이 합리적이다.

5 위 대법원 2016다265351 판결은, "실제 출자자를 주식인수인으로 하기로 한 사실을 주식인수계약의 상대방인 회사 등이 알고 이를 승낙하는 등 특별한 사정이 없다면" 명의자가 주식인수인으로 된다고 하여, 만일 회사가 이를 알고 승낙하였다면 실제 출자자가 주식인수인으로 될 수 있는 것처럼 해석될 수도 있다. 그러나 위와 같이 '명의신탁약정'이 있는 경우가 통상적일 것이므로, 실제로는 회사 또는 제3자에 대한 관계에서 실제 출자자가 주주로 되는 경우는 더 드물 것으로 본다(사견).

6 따라서 주식의 명의신탁은 실제 출자자의 입장에서 상당한 위험이 따르는데, 이를 막기 위해서는 주권을 자신이 보관하고 있으면 된다. 명의수탁자가 주식을 처분하려면 주권을 교부해야 하므로 그 자의적인 처분을 막을 수 있을 것이다. 다만, 주권이 발행되지 않은 경우에는 명의수탁자의 처분을 막을 마땅한 방법이 없으므로 그 위험이 더욱 크다.

이때 명의수탁자의 명의신탁자에 대한 주식반환의무는 종류채무에 해당하므로, 명의신탁된 주식이 제3자에게 매도되어 보유하고 있지 않다는 사정만으로는 명의수탁자의 주식반환의무가 이행불능이 되었다고 할 수는 없다(대법원 2015. 2. 26. 선고 2014다37040 판결).

실제 출자자가 회사와 제3자에게도 주주권의 귀속을 주장하려면 명의신탁을 해지해야 한다. 주권이 발행된 경우 명의신탁을 해지하면 바로 (대외적으로) 주주권이 복귀하는 것이 아니라 주권을 교부받아야 하는데(사견),[7] 실제 출자자가 이미 주권을 보관하고 있는 경우에는 해지의 의사표시와 간이인도 방식의 교부에 따라 주주권이 바로 복귀할 수 있을 것이다. 주권이 발행되지 않은 경우에는, 명의신탁계약을 해지하면 해지의 의사표시만으로 바로 주주권이 실제 출자자에게 복귀한다(대법원 2013. 2. 14. 선고 2011다109708 판결).

그리고 실제 출자자가 회사에 대하여 주주로서의 권리를 행사하려면 (명의신탁약정의 해지를 원인으로 한) 명의개서를 해야 한다. 통상 주주명부에 명의수탁자가 주주로 기재되어 있을 것인바, 실제 출자자는 명의신탁을 해지하고 회사에 주권을 제시하여 명의개서를 청구할 수 있다. 주권이 발행되지 않은 경우에는, 실제 출자자가 명의신탁계약을 해지하고 그 사실을 증명하여 명의개서를 청구해야 한다.

그런데 명의수탁자가 명의신탁사실을 부정하면서 주주권을 다투면, 실제 출자자는 그를 상대로 주주권확인의 소를 제기하고, 회사를 상대로 명의개서 청구의 소를 (병합하여) 제기해야 할 것이다. 이 경우 주주명부에 기재된 자

7 해지의 의사표시만으로 바로 대외적으로도 주주권이 복귀한다고 볼 여지도 있지만, 부동산의 경우에도 명의신탁 해지의 의사표시와 등기가 있어야만 비로소 대외적으로도 소유권이 복귀한다는 점에 비추어(대법원 1995. 8. 25. 선고 94다20426, 20433 판결 등) 주권의 교부가 필요하다고 본다. 따라서 해지의 의사표시가 있은 후라도 주권이 교부되기 전이면 제3자는 명의수탁자로부터 주권을 교부받아 그 주식을 적법하게 양수할 수 있다. 만일 이와 달리 주권의 교부가 없더라도 해지의 의사표시만으로 복귀한다면 제3자가 주권을 선의취득할 수 있을 것이다. 다만, 제3자가 악의인 경우에는 선의취득을 할 수 없어 차이가 있게 된다.

가 주주로 추정되므로 이를 다투는 실제 출자자가 명의신탁의 존재 사실과 그 해지로 인하여 자신에게 주주권이 복귀한 사실을 증명해야 한다.[8] 이때 명의신탁약정의 존재를 증명하려면 주주명부상의 주주가 아닌 다른 자가 인수대금을 납입하였다는 사실만으로는 충분하지 않을 수 있고, 인수대금의 출처, 누가 실질적으로 주주권을 행사하였는지 등의 사실로써 명의신탁관계를 증명해야 한다(대법원 2007. 9. 6. 선고 2007다27755 판결).

대법원 2017. 12. 5. 선고 2016다265351 판결(장부와서류등의열람 · 등사청구)

[1] 상법은 누가 주주인지에 관해서는 규정을 두고 있지 않다. 타인의 명의로 주식을 인수한 경우에 누가 주주인지는 결국 주식인수를 한 당사자를 누구로 볼 것인지에 따라 결정하여야 한다. 발기설립의 경우에는 발기인 사이에, 자본의 증가를 위해 신주를 발행할 경우에는 주식인수의 청약자와 회사 사이에 신주를 인수하는 계약이 성립한다. 이때 누가 주식인수인이고 주주인지는 결국 신주인수계약의 당사자 확정 문제이므로, 원칙적으로 계약당사자를 확정하는 법리를 따르되, 주식인수계약의 특성을 고려하여야 한다.

[2] 발기인은 서면으로 주식을 인수하여야 하고(제293조), 주식인수의 청약을 하고자 하는 자는 주식청약서 2통에 인수할 주식의 종류 · 수와 주소를 기재하고 기명날인하거나 서명하여야 한다(제302조 제1항, 제425조). 이와 같이 상법에서 주식인수의 방식을 정하고 있는 이유는 회사가 다수의 주주와 관련된 법률관계를 형식적이고도 획일적인 기준으로 처리할 수 있도록 하여 이와 관련된 사무처리의 효율성과 법적 안정성을 도모하기 위한 것이다. 주식인수계약의 당사자를 확정할 때에도 이러한 특성을 충분히 반영하여야 한다.

[3] 가설인 명의로 또는 타인의 승낙 없이 그 명의로 주식을 인수하는 약정을 한 경우, 가설인은 주식인수계약의 당사자가 될 수 없다. 그리고 타인의 명의로 주식을 인수하면서 그 승낙을 받지 않은 경우 명의자와 '실제 출자자' 중에서 누가 주식인수인인지 문제 되는데, 명의자는 원칙적으로 주식인수계약의 당사자가 될 수 없다. 자신의 명의로 주식을 인수하는 데 승낙하지 않은 자는 주식을 인수하려는 의사도

8 대법원 2016. 8. 29. 선고 2014다53745 판결(주주명부에 주주로 등재되어 있는 자는 일응 그 회사의 주주로 추정되며, 이를 번복하기 위해서는 그 주주권을 부인하는 측에 입증책임이 있다).

없고 이를 표시한 사실도 없기 때문이다. 따라서 실제 출자자가 가설인 명의나 타인의 승낙 없이 그 명의로 주식을 인수하기로 하는 약정을 하고 출자를 이행하였다면, 주식인수계약의 상대방(발기설립의 경우에는 다른 발기인, 그 밖의 경우에는 회사)의 의사에 명백히 반한다는 등의 특별한 사정이 없는 한, 주주의 지위를 취득한다고 보아야 한다.

[4] 타인의 승낙을 얻어 그 명의로 주식을 인수하기로 약정한 경우에는, 계약 내용에 따라 명의자 또는 실제 출자자가 주식인수인이 될 수 있으나, 원칙적으로는 명의자를 주식인수인으로 보아야 한다. 명의자와 실제 출자자가 실제 출자자를 주식인수인으로 하기로 약정한 경우에도 실제 출자자를 주식인수인이라고 할 수는 없다. 실제 출자자를 주식인수인으로 하기로 한 사실을 주식인수계약의 상대방인 회사 등이 알고 이를 승낙하는 등 특별한 사정이 없다면, 그 상대방은 명의자를 주식인수계약의 당사자로 이해하였다고 보는 것이 합리적이기 때문이다.[9]

라. 주주권의 승계취득

(1) 주권이 발행된 경우

타인으로부터 주식을 양도받음으로써 주주권을 취득할 수 있는데, 주식의 양도에는 주권을 교부해야 한다(제336조 제1항). 주권의 교부는 주식양도의 효력요건이고(제336조 제1항), 현실의 인도 이외에 간이인도, 점유개정, 반환청구권의 양도에 의하여도 할 수 있다(대법원 2014. 12. 24. 선고 2014다

9 공해로 피해를 입은 주민들은 甲을 대표로 하여 A주식회사와 배상합의를 하였는데, 그 방법은 피고주식회사를 설립하여 피고회사가 A회사로부터 특허권을 양도받아 영업을 하고 그 수익으로 주민들이 배상을 받는다는 내용이었다. 피고회사의 설립시 주주는 乙등 주민 5명으로 하고, 주식인수대금은 A회사의 출연으로 납입하였으며, 위 5명이 주주명부에 주주로 기재되었다. 이후 피고회사의 수익금 분배를 둘러싸고 주민들 사이에 분쟁이 발생하여 일부 주민인 원고들이 피고회사 서류의 열람·등사청구를 하였다. 그런데 원고들은 주주명부에 주주로 기재된 바가 없으므로 피고회사의 주주 지위를 취득하였는지 여부와는 무관하게 피고회사에 대한 관계에서는 원칙적으로 주주권을 행사할 수 없다(대법원 2017. 3. 23. 선고 2015다248342 전합판결). 다만, 이 사건은 위 전합판결이 내려지기 전에 심리가 되었기에 실질주주가 누구인지에 관한 주장이 핵심 쟁점이 되었다(종전에는 실질주주가 주주명부 기재와 상관없이 주주권을 행사할 수 있었음). 주주권 귀속 여부와 관련하여, 원고들은 이익배당청구나 주주총회 참석 등 피고회사의 주주로서 행위를 한 적이 없었고, 피고의 자본금을 A회사가 전액 출연하였으며, 원고들이 주식인수계약의 당사자로서 그에 따른 출자를 이행한 것이 아니므로, 주주의 지위를 취득하였다고 볼 수 없다고 판단하였다.

221258).

원고는 청구원인으로 주식을 양수한 사실을 직접 증명해도 되지만, 주권을 점유하고 있으면 적법한 소지인으로 추정받을 수 있다(제336조 제2항, 법률상 추정). 즉, 주권을 점유하고 있으면 양도인으로부터 적법하게 양수하여 소지한 것으로 추정되어 결국 주주임이 증명될 것이다. 피고에게 반대사실(적법한 권한 없는 점유)의 입증책임이 있다.

(2) 주권이 발행되지 않은 경우

주권발행 전에 한 주식의 양도는 회사에 대하여 효력이 없다(제335조 제3항).[10] 그러나 회사성립 후 또는 신주의 납입기일 후 6월이 경과한 때에는 그러하지 아니하다(동항 단서). 회사성립 후 또는 신주의 납입기일 후 6월이 경과하기 전에 양도가 이루어졌다고 하더라도, 그 이후에 6월이 경과하고 그 때까지 회사가 주권을 발행하지 않았다면, 그 하자가 치유되어 회사에 대하여도 유효하게 된다.[11]

주권발행 전 주식의 양도는 지명채권 양도방법을 따른다. 즉, 당사자 사이에서는 양도의 합의만으로 효력이 발생하고, 양도인이 회사에 대하여 양도통지를 하면 양수인이 회사에 대하여 주주권의 귀속을 주장할 수 있으며,[12] 제3자에 대항하려면 확정일자 있는 통지 또는 승낙이 필요하다(민법 제450조). 나아가 회사에 대하여 주주권 행사를 주장하기 위해서는 명의개서가 필요하다(제337조 제1항).

한편, 주주명부에 주주로 기재된 것이 주주권을 창설하는 효력이 있는 것

---

10 회사에 대한 효력 유무와 무관하게 당사자 사이에서 채권적 효력은 있다.

11 주권발행전 주식양도의 법리는 회사설립(제355조), 신주발행(제355조)의 경우는 물론, 주식병합(제442조, 대법원 2014. 7. 24. 선고 2013다55386 판결), 전환주식(제350조), 주식배당(제462조의2), 전환사채(제515조), 신주인수권부사채(제516조의10), 합병, 분할 등의 경우에도 적용될 수 있다.

12 회사에 대하여 주식양수 사실을 대항한다거나 또는 주주권의 귀속을 주장한다는 것은 결국 회사에 대하여 명의개서를 청구할 수 있다는 의미가 된다.

은 아니므로(대법원 1989. 7. 11. 선고 89다카5345 판결), 명의개서가 되어 있는지 여부는 주주권의 소재에 영향을 미치지 못한다. 다만, 주주명부에 주주로 기재되어 있는 자는 그 회사의 주주로 추정되고, 이를 번복하기 위해서는 그 주주권을 부인하는 측에 증명책임이 있다(판례).

대법원 2010. 3. 11. 선고 2007다51505 판결(이사선임결의 무효확인)[13]
대법원 2007. 9. 6. 선고 2007다27755 판결(주주총회결의부존재확인)[14]

주주명부에 주주로 등재되어 있는 자는 일응 그 회사의 주주로 추정되며, 이를 번복하기 위해서는 그 주주권을 부인하는 측에 입증책임이 있다.

(3) 주식이 이중양도된 경우

주권발행 전에 주식을 양도하는 경우에는 주권의 교부 없이 합의만으로 주

13 원고는 자신이 실질상의 주주임을 주장하면서 주주명부상의 주주인 피고가 주주총회에서 의결권을 행사한 것이 위법하다며 결의취소를 구하였다. 대법원은, 주주명부의 주주명의가 신탁된 것이고 그 명의차용인으로서 실질상의 주주가 따로 있음을 주장하려면, 그러한 명의신탁관계를 주장하는 측에서 명의차용사실을 입증하여야 하고, 명의신탁관계의 존재를 입증하기 위해서는 주주명부상의 주주가 아닌 제3자가 주식인수대금을 납입하였다는 사정만으로는 부족하고, 그 제3자와 주주명부상의 주주 사이의 내부관계, 주식 인수와 주주명부 등재에 관한 경위 및 목적, 주주명부 등재 후 주주로서의 권리행사 내용 등에 비추어, 주주명부상의 주주는 순전히 당해 주식의 인수과정에서 명의만을 대여해 준 것일 뿐이라는 점이 증명되어야 한다고 판시하였다. 다만, 대법원 2017. 3. 23. 선고 2015다248342 전원합의체 판결에 따르면, 명의신탁 사실과 무관하게 주주명부상의 주주가 적법하게 의결권을 행사할 주주가 되므로, 이제는 명의신탁관계를 판단할 필요가 없이 주주명부상의 주주(명의수탁자)가 적법하게 의결권을 행사할 수 있다고 보아야 한다. 명의신탁약정의 존재 여부는 이제 (당사자들 사이에서) 주주권의 귀속을 가리는 판단에서 의미를 가질 뿐이다(예를 들면, 주주권확인의 소, 명의개서절차이행청구의 소 등).

14 피고회사의 주주명부에는 대표이사인 甲(40%), 원고(30%), 乙(30%)이 주주로 기재되어 있었는데, 甲은 사실상 1인주주로서 이 사건 주주총회 결의를 하였다. 이에 대하여 원고가 자신도 실질 주주임을 다투었는데, 원고가 아닌 甲이 주식인수대금을 납입하였던 사실이 인정되었다. 그런데 원고는 甲과의 동업계약에 따라 甲이 일단 전액을 납입하고 그 주식을 원고가 분배받았다고 주장하였다. 원심은 그러한 동업관계를 인정할 만한 증거가 부족하다는 이유로 甲이 실질상의 1인주주라고 판단하였다. 그러나 대법원은 제3자가 신주인수대금을 납입하게 된 원인관계로는 명의신탁관계 이외에도 자본금 납입을 일방의 출자의무로 하는 동업관계나 신주인수대금의 단순한 차용관계 등 여러 형태의 법률관계를 상정할 수 있으므로, 甲의 납입이 원고가 주장하는 동업관계가 아니라 원고와 甲 사이의 명의신탁약정에 의한 것이라는 점을 이를 주장하는 피고회사가 입증해야 한다고 보았다. 대법원 2015다248342 전원합의체 판결에 따르면, 이제는 주주명부의 기재대로 의결권을 행사하여야 한다. 다만, 주주권의 귀속을 가리는 데에는 명의신탁인지 동업관계인지가 매우 중요한데, 甲이 명의신탁의 해지로 주식전부의 귀속을 주장하려면 그 명의신탁관계를 甲이 입증해야 한다는 판결로 의미를 가질 수 있다.

식이 양도될 수 있으므로, 주식이 이중으로 양도되는 경우가 있다. 이 경우 주주권의 귀속 문제는 지명채권양도의 제3자에 대한 대항요건에 따라 그 우열이 결정될 것이다. 즉, 주주권의 귀속을 둘러싼 우열관계는 확정일자 있는 양도통지가 회사에 도달한 일시 또는 확정일자 있는 승낙의 일시의 선후에 따라 결정된다(대법원 2016. 3. 24. 선고 2015다71795 판결 등).

확정일자는 원본이 아닌 사본에 받아도 무방하다. 나중에 확정일자를 받았더라도 (확정일자를 받지 않은) 원래의 양도통지일로 소급하여 대항력이 발생하는 것은 아니다(대법원 2010. 4. 29. 선고 2009다88631 판결).

만일 제2양수인이 먼저 확정일자 있는 대항요건을 갖춘 경우에는 제2양수인이 제1양수인에게 대항할 수 있는 주주가 된다. 이때 양도인은 제1양수인에 대하여 불법행위책임을 진다.[15] 그리고 이러한 양도인의 배임행위에 제2양수인이 적극 가담한 경우라면 사회질서에 반하여 무효가 될 수도 있다(대법원 2006. 9. 14. 선고 2005다45537 판결).

아직 누구도 확정일자 있는 대항요건을 갖추지 못한 경우에 주주권의 귀속이 문제되는데, 우리 대법원은, "제1양수인에 대한 양도통지를 받은 회사가 제2양수인에게 명의개서를 해주고 주권을 발행해 주었더라도 제1양수인이 주주권을 상실하는 것은 아니"라고 보며, "제1양수인의 지위가 우선하고, 제2양수인은 제1양수인에 대한 관계에서 우선적 지위를 주장할 수 없다"는 취지로 보고 있다.[16]

15 이러한 양도인의 불법행위책임은 반드시 제2양수인에게 확정일자 있는 대항요건을 갖추어 주었을 때에만 발생하는 것은 아니다. 제1양수인에게 대항요건을 갖추어 줄 의무가 있는 양도인이 그 주식을 다시 제2양수인에게 양도하고 그가 명의개서를 받는 등 제1양수인이 주주로서의 권리를 제대로 행사할 수 없게 되었다면, 제2양수인에게 확정일자 있는 대항요건을 갖추어 주었는지 여부와는 무관하게 불법행위책임을 진다(대법원 2012. 11. 29. 선고 2012다38780 판결).

16 대법원 2000. 3. 23. 선고 99다67529 판결(주권발행 전의 주식의 양수인은 주주명부상의 명의개서 여부와 관계없이 회사의 주주가 되고, 그 후 그 주식양도 사실을 통지받은 바 있는 회사가 그 주식에 관하여 주주가 아닌 제3자에게 주주명부상의 명의개서절차를 마치고 나아가 그에게 기명식 주권을 발행하였다 하더라도, 그로써 그 제3자가 주주가 되고 주식양수인이 주주권을 상실한다고는 볼 수 없다).

대법원 2016. 3. 24. 선고 2015다71795 판결(주주권확인등청구)[17]
대법원 2006. 9. 14. 선고 2005다45537 판결(주주명부명의개서이행)[18]

[1] 주권발행 전 주식의 양도는 당사자의 의사표시만으로 효력이 발생하고, 양수인은 특별한 사정이 없는 한 양도인의 협력을 받을 필요 없이 단독으로 자신이 주식을 양수한 사실을 증명함으로써 회사에 대하여 그 명의개서를 청구할 수 있지만, 회사 이외의 제3자에 대하여 양도 사실을 대항하기 위하여는 지명채권의 양도에 준하여 확정일자 있는 증서에 의한 양도통지 또는 승낙을 갖추어야 한다는 점을 고려할 때, 양도인은 회사에 그와 같은 양도통지를 함으로써 양수인으로 하여금 제3자에 대한 대항요건을 갖출 수 있도록 해 줄 의무를 부담한다. 따라서 양도인이 그러한 채권양도의 통지를 하기 전에 제3자에게 이중으로 양도하고 회사에게 확정일자 있는 양도통지를 하는 등 대항요건을 갖추어 줌으로써 양수인이 그 제3자에게 대항할 수 없게 되었고, 이러한 양도인의 배임행위에 제3자가 적극 가담한 경우라면, 제3자에 대한 양도행위는 사회질서에 반하는 법률행위로서 무효이다.

[2] 주주명부에 기재된 명의상의 주주는 회사에 대한 관계에서 자신의 실질적 권리를 증명하지 않아도 주주의 권리를 행사할 수 있는 자격수여적 효력을 인정받을 뿐이지 주주명부의 기재에 의하여 창설적 효력을 인정받는 것은 아니므로, 주권발행 전 주식의 이중양도가 문제되는 경우에는 그 이중양수인 중 일부에 대하여 이미 명의개서가 되었는지 여부를 불문하고 누가 우선순위자로서 권리취득자인지를 가

17 원고는 2010. 1. 18. 甲으로부터 피고회사의 주권발행전 주식을 양수하였고, 피고회사는 2010. 5. 27. 정관을 개정하면서 주식을 양도하는 경우 이사회의 승인을 얻어야 한다는 조항을 신설하고, 같은 날 위 내용을 등기하였다. 원심은, 원고가 甲으로부터 주식을 양수한 사실을 피고회사에 대하여 주장하기 위해서는 피고회사에 대한 통지가 필요하다고 보고, 그 통지가 되기 전에 정관개정이 이루어졌다는 이유로 甲의 명의개서청구를 기각하였다. 대법원은, 원고는 甲의 협력을 받을 필요 없이 단독으로 자신이 주식을 양수한 사실을 증명함으로써 피고회사에 대하여 명의개서를 청구할 수 있고, 피고회사의 정관에 주식양도의 제한 규정이 생긴 것은 그 이후이므로, 이를 들어 원고에 대하여 명의개서 청구를 거부할 수 없다고 하였다. 대법원은 민법 제450조 제1항에 의한 회사에의 양도통지를 양수인이 회사에 대하여 주주임을 대항하기 위한 필수요건으로는 보지 않고, 다른 방법으로도 주주임을 증명하여 명의개서를 청구할 수 있다고 본 것이다.

18 피고회사의 대표이사인 A는 총 23명에게 자신의 보유주식수를 초과하여 주식을 양도하였는데, 원고도 A로부터 주식을 매수하고 A로부터 피고회사 명의의 주식보관증을 수령하였다(피고회사의 승낙에 해당). 그런데 A는 B에게도 대물변제의 명목으로 자신의 보유주식을 양도하면서 명의개서를 해주었고, 나아가 확정일자 있는 양도통지까지 해주었는데, B는 위와 같은 A의 이중양도 사실을 잘 알고 적극 가담한 자였다. 그 후 원고는 주식보관증 사본을 내용증명우편으로 피고회사에 송부하였다(피고회사의 확정일자 있는 승낙에 해당). 원심은 B 앞으로 된 명의개서가 배임적 이중양도에 해당하고 B가 이에 적극 가담하였다는 이유만으로 바로 원고 앞으로 명의개서절차를 이행하라고 판시하였다. 대법원은 원고를 비롯한 모든 이중양수인들 상호간의 우열을, 확정일자 있는 양도통지가 회사에 도달한 일시 또는 확정일자 있는 승낙의 일시의 선후에 의하여 비교해 보아야 한다는 취지에서 원심을 파기하였다.

려야 하고, 이 때 이중양수인 상호간의 우열은 지명채권 이중양도의 경우에 준하여 확정일자 있는 양도통지가 회사에 도달한 일시 또는 확정일자 있는 승낙의 일시의 선후에 의하여 결정하는 것이 원칙이다.[19]

[3] 여기서 도달이라 함은 사회통념상 상대방이 통지의 내용을 알 수 있는 객관적 상태에 놓여 있는 경우를 가리키는 것으로서, 상대방이 통지를 현실적으로 수령하거나 통지의 내용을 알 것까지는 필요로 하지 않는 것이므로, 상대방이 정당한 사유 없이 통지의 수령을 거절한 경우에는 상대방이 그 통지의 내용을 알 수 있는 객관적 상태에 놓여 있는 때에 그 효력이 생기는 것으로 보아야 한다.

[4] 양도통지가 확정일자 없는 증서에 의하여 이루어짐으로써 제3자에 대한 대항력을 갖추지 못하였더라도 확정일자 없는 증서에 의한 양도통지나 승낙 후에 그 증서에 확정일자를 얻은 경우 그 날짜 이후에는 제3자에 대한 대항력을 취득하는 것인바, 확정일자 제도의 취지에 비추어 볼 때 원본이 아닌 사본에 확정일자를 갖추었다 하더라도 대항력의 판단에 있어서는 아무런 차이가 없다.

II. 명의개서절차이행청구의 소

1. 당사자와 청구취지

가. 당사자

원고는 주주권의 귀속자, 즉 주주이다. 주권의 점유자, 주권이 발행되지 않

19 대법원 2019. 4. 25. 선고 2017다21176 판결(甲은 乙에게 A회사의 주권발행전 주식을 양도하고 내용증명우편으로 그 양도사실을 A회사에 통지하였다. 그런데 그 통지의 도달 전에 丙이 위 주식에 대하여 가압류결정을 받았고 그 결정이 제3채무자인 A회사에 먼저 송달되었다. 이 경우 위 주식을 취득한 乙은 가압류채권자인 丙에게 대항할 수 없다), 대법원 2018. 10. 12. 선고 2017다221501 판결(주권발행전 주식에 대한 채권담보 목적의 주식양도는 주식양도담보의 효력이 있고, 양도담보권자가 대외적으로는 주식의 소유자가 된다. 위 양도담보권과 동일 주식에 대한 압류명령 사이의 우열은 주식양도의 경우와 마찬가지로 확정일자 있는 증서에 의한 양도통지 또는 승낙의 일시와 압류명령의 송달일시를 비교하여 그 선후에 따라 결정된다. 이때 그들이 주주명부에 명의개서를 하였는지 여부와는 상관없다).

은 경우의 주주나 주식양수인 등이 원고가 될 수 있다. 주식양도인은 특별한 사정이 없는 한 양수인 앞으로 명의개서를 해달라고 청구할 수 없다.[20]

피고는 회사이다. 주식양도인을 피고로 하는 것은 소의 이익이 없어 부적법하다(대법원 1992. 10. 27. 선고 92다16386 판결). 주식의 양수인은 양도인의 협력을 받을 필요 없이 단독으로, 회사에 주권을 제시하거나, 주식취득사실을 증명함으로써 명의개서를 청구할 수 있기 때문이다(대법원 2014. 7. 24. 선고 2013다55386 판결).

나. 청구취지

1. 피고는 그 주주명부에 별지목록 기재 주식에 관하여 원고를 주주로 하는 명의개서절차를 이행하라.
2. 소송비용은 피고가 부담한다.

라는 판결을 구합니다.

2. 청구원인

명의개서청구 또는 주주명부에의 기재 청구는 주주권의 귀속자가 회사에 대하여 청구하는 주주권의 일종인데, 이는 주주명부에 기재되어 있지 않더라도 행사할 수 있는 권리이다. 따라서 명의개서청구의 소의 요건사실은 위에서 본 주주권확인의 소와 동일하게 주주권의 귀속 사실이 된다.

---

20 대법원 2010. 10. 14. 선고 2009다89665 판결(기명주식의 취득자는 원칙적으로 취득한 기명주식에 관하여 명의개서를 할 것인지 아니면 명의개서 없이 이를 타인에게 처분할 것인지 등에 관하여 자유로이 결정할 권리가 있으므로, 주식 양도인은 다른 특별한 사정이 없는 한 회사에 대하여 주식 양수인 명의로 명의개서를 하여 달라고 청구할 권리가 없다). 이 경우 원고의 소를 (각하가 아니라) 기각한다.

가. 주권이 발행된 경우

원고가 점유하고 있는 주권을 제시하면서 명의개서를 청구하면 적법한 소지인으로 추정된다(제336조 제2항). 이 경우 회사는 원고가 적법한 양수인이 아니라는 반대사실을 입증하지 못하는 한 명의개서를 거절할 수 없다.[21]

주권이 발행되었음에도 주권을 제시할 수 없는 자가 명의개서를 청구하려면 그의 실질적 권리를 증명해야 한다.[22] 예를 들면, 상속이나 합병으로 인한 포괄승계에 의하여 주주권을 취득한 경우, 주식 양도인으로부터 주권을 교부받아(점유개정, 반환청구권의 양도 등) 주주권을 취득하였으나 주권을 직접 점유하지 않아서 제시할 수 없는 경우 등을 생각할 수 있다.

명의개서청구에 대하여 회사는 주주권의 귀속에 대한 실질적 심사의무가 있는가? 주권을 제시하는 경우에는 적법한 권리자로 추정되므로(제336조 제2항), 이때 회사는 청구자가 진정한 주권을 점유하고 있는가에 대한 형식적 자격만을 심사하면 족하고, 나아가 청구자가 진정한 주주인가에 대한 실질적 자격까지 심사할 의무는 없다(판례).[23] 주권을 제시하지 않은 경우에는 회사가 실질적 권리를 조사해야 하는지, 회사에 실질적 조사권한이 있는지 여부에 대하여는 긍정설과 부정설이 대립한다.[24]

---

21 이를 거절하면 부당거절에 해당할 수 있다.

22 주권이 발행되었음에도 주권을 제시하지 않고 명의개서를 청구하면 회사는 이에 응할 필요가 없다는 견해도 있지만, 주주임을 증명하면 응해야 할 것으로 본다.

23 대법원 2019. 8. 14. 선고 2017다231980 판결(주권을 제시하여 명의개서를 청구한 경우 회사는 청구자가 진정한 주권을 점유하고 있는가에 대한 형식적 자격만을 심사하면 족하고, 나아가 청구자가 진정한 주주인가에 대한 실질적 자격까지 심사할 의무는 없다. 따라서 주권이 발행되어 있는 주식을 취득한 자가 주권을 제시하는 등 그 취득사실을 증명하는 방법으로 명의개서를 신청하고, 그 신청에 관하여 주주명부를 작성할 권한 있는 자가 형식적 심사의무를 다하였으며, 그에 따라 명의개서가 이루어졌다면, 특별한 사정이 없는 한 그 명의개서는 적법한 것으로 보아야 한다).

24 위 대법원 2017다231980 판결에서는, 甲이 乙과의 주식명의신탁이 해지되었음을 주장하며 주권의 제시도 없이 A회사에 명의개서를 청구하자 A회사가 이에 응하였는데, A회사는 당시 주권을 乙이 소지하고 있음을 잘 알고 있었고, 甲이 乙에게 명의신탁하였다고 주장하면서도 그 명의신탁약정에 관한 처분문서조차 제시하지 못하였던 점 등에 비추어, A회사가 형식적 심사의무를 다하였다고 볼 수도 없다고 하였다.

만일 회사가 명의개서를 청구하는 자가 진정한 주주가 아님을 알았거나 중대한 과실로 알지 못하고 명의개서를 해주었다면 적법한 명의개서가 아니고 회사가 면책되지 않는다고 보아야 하는가?[25] 회사가 주주가 아님을 알았고 이를 용이하게 입증할 수 있었음에도 불구하고 고의 또는 중대한 과실로 명의개서를 해주었다면 이는 형식적 심사의무를 다한 것으로 볼 수 없고,[26] 따라서 이를 적법한 명의개서로 볼 수 없으므로 회사가 면책되지 않는다고 보는 것이 타당하다(사견).[27]

나. 주권이 발행되지 않은 경우

주권발행 전 주식의 양수인이 회사에 대하여 주주권 행사를 대항하려면 명의개서가 필요하다(제337조 제1항). 이를 위하여 양수인(원고)은 양도인의 협력을 받을 필요 없이 단독으로 주식을 양수한 사실을 증명하면서 회사에 명의개서를 청구할 수 있다(대법원 2016. 3. 24. 선고 2015다71795 판결 등).

원고는 주식취득사실을 증명해야 하는데, 양도인으로 하여금 회사에 주식

---

25 대법원 2017. 3. 23. 선고 2015다248342 전원합의체 판결은, "특별한 사정이 없는 한, 주주명부에 적법하게 주주로 기재되어 있는 자"가 회사에 대한 관계에서 그 주식에 관한 의결권 등 주주권을 행사할 수 있다고 판시하였는데, 주주명부에 "적법하게" 주주로 기재될 것을 전제로 한 것이다.

26 '형식적 심사의무'에 따르면, 회사는 주주임을 증명하는 서면 등 증거자료가 제출되었는지 여부 및 제출된 서면이 형식적으로 진정한 것인지 여부를 심사하여, 그 내용에 따라 주주인지 여부를 판단하면 족하고, 그것이 실체법상의 권리관계와 일치하는지 여부를 심사할 의무는 없다. 이때 회사는 통상의 주의의무를 다하여 그 증거자료가 진정한 것임을 심사하면 되고, 쉽게 의심할 만한 객관적 상황이 존재하지 않는 경우에는 악의나 중과실이 인정되기 어려울 것이다. 등기관의 '형식적 심사의무'에 관한 대법원 2005. 2. 25. 선고 2003다13048 판결 등 참조.

27 이와 구별해야 할 것은, 일단 명의개서 신청 당시에는 회사에 고의나 중과실이 없어 적법하게 명의개서가 되었지만, 그 이후에 진정한 주주가 따로 있음을 회사가 알게 되었거나 중대한 과실로 알지 못하였더라도 회사는 주주명부상의 주주에게 주주권을 행사하도록 하면 면책된다는 점이다. 위 대법원 2015다248342 전합판결은 대법원 1998. 9. 8. 선고 96다45818 판결을 폐기함으로써 이를 분명히 하였다. 폐기된 위 대법원 96다45818 판결은, "회사가 주주명부상의 주주가 형식주주에 불과하다는 것을 알았거나 중대한 과실로 알지 못하였고 또한 이를 용이하게 증명하여 의결권 행사를 거절할 수 있었음에도 의결권 행사를 용인하거나 의결권을 행사하게 한 경우에는 그 의결권 행사는 위법하게 된다."고 보았다. 이 사안은 명의신탁약정의 존재와 주주권을 행사할 실질주주가 누구인지가 문제되었던 사안이었고, 주주권이 없는 자가 주주로 기재되었던 사안이 아니었다. 그리고 '주주명부 기재의 적법성'이 아니라, 주주명부에 기재되었더라도 회사가 면책되지 않는 경우를 판시하였던 것이다.

양도사실을 통지하게 하거나, 양도를 증명하는 서면 등을 제시하여 증명할 수 있을 것이다. 명의개서청구에 인감증명서 등 소정 서류의 제출을 요한다는 정관의 규정이 있다 하더라도, 주식을 취득한 자가 그 취득사실을 증명한 이상 회사는 위와 같은 서류가 갖추어지지 아니하였다는 이유로 명의개서를 거부할 수는 없다(대법원 1995. 3. 24. 선고 94다47728 판결).

명의개서 청구는 양수인이, 주식양도의 통지는 양도인이 해야 한다. 양도인 또는 양수인이 단순히 양도사실을 회사에 통지하는 것만으로는 명의개서를 청구한 것으로 보기 어렵다(대법원 1995. 7. 28. 선고 94다25735 판결).[28] 그리고 양도인이 회사에 주식양도통지를 하는 기회에 양수인에게 명의개서를 해줄 것을 요청하였다는 사정만으로는 이를 양수인의 명의개서 청구로 볼 수 없고, 회사가 그 명의개서를 거절한 것을 부당하다고 할 수 없다(대법원 2010. 10. 14. 선고 2009다89665 판결). 다만, 양도인이 양수인의 대리인으로서 명의개서를 청구했다면 적법한 명의개서청구가 된다.

대법원 2016. 3. 24. 선고 2015다71795 판결(주주권확인등청구)

주권발행 전에 한 주식의 양도도 회사성립 후 또는 신주의 납입기일 후 6월이 경과한 때에는 회사에 대하여 효력이 있는 것으로서, 이 경우 주식의 양도는 지명채권의 양도에 관한 일반원칙에 따라 당사자의 의사표시만으로 효력이 발생하는 것이고, 제337조 제1항에 규정된 주주명부상의 명의개서는 주식을 취득한 자가 회사에 대한 관계에서 주주의 권리를 행사하기 위한 대항요건에 지나지 않고, 회사 이외의 제3자에 대한 관계에서의 대항요건은 아니므로, 그 주식을 취득한 자는 특별한 사정이 없는 한 상대방의 협력을 받을 필요 없이 단독으로 자신이 주식을 취득한 사실

28 다만, 그 회사의 대표이사로부터 주식을 양도받았고 이후에 주식병합이 있었는데, 주식병합이 있은 날로부터 6개월이 지나도록 신주권이 발행되지 않았던 상황에서, 양수인이 회사에 주식변경신고서를 제출하여 취득사실을 알리면서 그 대표이사에게 주주권의 행사를 위임하였다면 이는 주주로서의 권리를 행사하겠다는 의사를 표시한 것으로 볼 수 있고, 주주가 회사에 대하여 권리행사를 하기 위해서는 명의개서가 필요한 점에 비추어 보면 위 의사표시를 명의개서청구로 볼 수 있다고 판단한 사례가 있다(대법원 2014. 7. 24. 선고 2013다55386 판결).

을 증명함으로써 회사에 대하여 그 명의개서를 청구할 수 있다.[29]

대법원 2010. 10. 14. 선고 2009다89665 판결(주주총회결의취소)

명의개서청구권은 주식을 취득한 자가 회사에 대하여 주주권에 기하여 그 주식에 관한 자신의 성명, 주소 등을 주주명부에 기재하여 줄 것을 청구하는 권리로서 주식을 취득한 자만이 그 주식에 관한 명의개서청구권을 행사할 수 있다. 또한 주식의 취득자는 원칙적으로 취득한 주식에 관하여 명의개서를 할 것인지 아니면 명의개서 없이 이를 타인에게 처분할 것인지 등에 관하여 자유로이 결정할 권리가 있으므로, 주식 양도인은 다른 특별한 사정이 없는 한 회사에 대하여 주식 양수인 명의로 명의개서를 하여 달라고 청구할 권리가 없다.[30]

다. 이중양도의 경우

주권발행 전의 주식을 이중으로 양도하였는데 아직 누구도 확정일자 있는 대항요건을 갖추지 못한 경우라도, 제1양수인이 주주권을 상실하는 것은 아니다.[31] 다만, 제1양수인이 회사에 대항하여 주주로서의 권리를 행사하려면

29 양수인은 양도인으로 하여금 회사에 대하여 양도사실에 관한 확정일자 있는 통지를 하도록 하면 양도사실이 증명되어 명의개서를 청구할 수 있고 아울러 제3자에 대한 대항요건도 갖출 수 있다.

30 사안에서 甲은 乙에게 보유하던 피고회사의 주식(51%)을 양도하였으나(피고회사는 성립 후 6월이 경과하도록 주권을 발행하지 않음), 피고회사에 대하여 확정일자 있는 통지를 하지 않았고, 피고회사도 주주명부에 乙로 명의개서를 하였으나 확정일자 있는 승낙을 한 사실은 없었다. 이후 甲은 위 주식을 다시 원고에게 양도하면서 피고회사에 대하여 확정일자 있는 양도통지를 하였고, 이때 甲은 원고에게 명의개서를 해줄 것도 요구하였다. 이후 피고회사의 주주총회가 있었고, 위 총회에서는 乙이 의결권을 행사하였다. 이에 원고는 위 주주총회 결의의 취소를 구하기 위해 이 사건 소를 제기하였다. 법원은 주권발행 전 주식의 이중양도가 문제되는 경우 이중 양수인들 사이의 우열은 이중양수인 중 일방에 대하여 이미 명의개서가 되었는지에 상관없이 확정일자 있는 양도통지가 회사에 도달한 일시 또는 확정일자 있는 승낙 일시의 선후에 의하여 결정하는 것이 원칙이지만(따라서 원고가 주주임), 회사에 대하여 의결권 등 주주로서의 권리를 행사하기 위해서는 명의개서를 해야 한다고 보았다. 원고는 피고회사가 명의개서를 부당하게 거절하였으므로 명의개서 없이도 의결권을 행사할 수 있었다고 주장하였으나, 양도인 甲이 회사에 양도통지를 하는 기회에 양수인인 원고에게 명의개서를 해줄 것을 요청하였다는 사정만으로는 이를 원고의 명의개서 청구로 볼 수 없으므로 받아들여지지 않았다.

31 대법원 2000. 3. 23. 선고 99다67529 판결은, 양도인이 제1양수인에게 주권발행 전의 주식을 증여하였고, 다시 그 주식을 제2양수인에게 양도하였는데, 아직 누구도 확정일자 있는 대항요건을 갖추지 못한 상황에서, 양도인으로부터 증여 사실을 통지받은 바 있는 회사가 제2양수인에게 명의개서를 해주었던 사안에서 제2양수인에게 한 명의개서가 적법하지 않다는 취지로 판시하였다.

명의개서가 필요하다(대법원 2014. 4. 30. 선고 2013다99942 판결). 제1양수인이 주식양수사실을 증명하면서 명의개서를 청구하면 회사는 이를 정당한 사유 없이 거절할 수 없다.

제1양수인에 대한 양도를 통지받은 바 있는 회사가 제2양수인에게 명의개서를 해주었다면 그 명의개서는 '적법한' 명의개서로 보기 어렵다(대법원 2010. 4. 29. 선고 2009다88631 판결). 제1양수인에 대한 양도를 통지받은 회사는 제2양수인에 대한 확정일자 있는 양도통지를 받지 않는 한 제2양수인이 적법한 주주권의 귀속자가 아니라는 사실을 알았고 이를 용이하게 증명할 수 있었으므로 형식적 심사의무를 다하였다고 볼 수 없기 때문이다.[32]

만일 아직 제1양수인에게 양도하였다는 통지가 없었고, 제1양수인이 명의개서도 청구하지 하지 않은 상태에서, 양도인으로부터 제2양수인에 대한 양도통지를 받은 회사가 제2양수인의 명의개서청구에 응하였다면, 회사가 제2양수인이 주주권의 귀속자가 아니라는 사실에 대하여 악의 또는 중과실이 없는 한 적법한 명의개서로 볼 수 있다.

대법원 2010. 4. 29. 선고 2009다88631 판결(영업등양도 · 양수계약무효확인)

[1] 주권발행 전 주식이 양도된 경우 그 주식을 발행한 회사가 확정일자 있는 증서에 의하지 아니한 주식의 양도 통지나 승낙의 요건을 갖춘 주식양수인('제1양수인')에게 명의개서를 마쳐 준 경우, 그 주식을 이중으로 양수한 주식양수인('제2양수인')이 그 후 회사에 대하여 양도 통지나 승낙의 요건을 갖추었다 하더라도, 그 통지 또는 승낙 역시 확정일자 있는 증서에 의하지 아니한 것이라면, 제2양수인으로서는 그 주식 양수로써 제1양수인에 대한 관계에서 우선적 지위에 있음을 주장할 수 없으므로, 회사에 대하여 제1양수인 명의로 이미 적법하게 마쳐진 명의개서를 말소하고 제2양수인 명의로 명의개서를 하여 줄 것을 청구할 권리가 없다. 따라서 이러한 경우 회사가 제2양수인의 청구를 받아들여 그 명의로 명의개서를 마쳐 주었다 하더

32 대법원 2017. 3. 23. 선고 2015다248342 전원합의체 판결은 '적법하게' 주주명부에 기재된 자가 주주권을 행사할 수 있다고 보았다. 따라서 회사가 제2양수인에게 명의개서를 해주고 그에게 주주권을 행사하게 하였다면 이를 적법한 주주권의 행사로 보기는 어렵다.

라도 이러한 명의개서는 위법하므로 회사에 대한 관계에서 주주의 권리를 행사할 수 있는 자는 여전히 제1양수인이라고 봄이 타당하다.

[2] 주식의 양도통지가 확정일자 없는 증서에 의하여 이루어짐으로써 제3자에 대한 대항력을 갖추지 못하였더라도 확정일자 없는 증서에 의한 양도통지나 승낙 후에 그 증서에 확정일자를 얻은 경우에는 그 일자 이후에는 제3자에 대한 대항력을 취득하는 것이나, 그 대항력 취득의 효력이 당초 주식 양도통지일로 소급하여 발생하는 것은 아니다.[33]

대법원 2014. 4. 30. 선고 2013다99942 판결(주주총회결의무효확인)

[1] 주권발행 전 주식을 양수한 제1양수인이 회사에 대하여 확정일자 있는 문서에 의하지 않은 양도통지나 승낙의 요건을 갖춘 후, 제2양수인이 위 주식 중 일부를 이중으로 양수하여 명의개서를 마쳤으나 확정일자 있는 문서에 의한 양도 통지나 승낙의 요건을 갖추지는 않았다면, 제2양수인은 제1양수인에 대한 관계에서 주주로서 우선적 지위를 주장할 수 없다.

[2] 주식을 취득한 자가 회사에 대하여 의결권을 주장할 수 있기 위하여는 주주명부에 주주로서 명의개서를 하여야 하므로, 명의개서를 하지 아니한 주식양수인에 대하여 주주총회소집통지를 하지 않았다고 하여 주주총회결의에 절차상의 하자가 있다고 할 수 없다.[34]

---

33 피고회사는 확정일자 없는 주식의 양도통지를 받고 제1양수인에게 명의개서를 마쳐 주었다. 그 후 양도인이 그 주식을 이중으로 양도하여 제2양수인이 피고회사에 명의개서를 요구하자, 피고회사는 역시 확정일자 있는 증서에 의한 양도통지를 받지 않은 상태에서, 제1양수인 앞으로 이미 마쳐진 명의개서를 말소하고 제2양수인 앞으로 명의개서를 마쳐 주었다. 그 후 영업양도계약을 승인하는 피고회사의 주주총회가 있었는데, 피고회사는 제2양수인에게 의결권을 행사하게 하였다. 그 후에 양도인이 제2양수인에 대한 주식양도사실을 내용증명우편으로 피고회사에 통지하였다. 이 사건에서는 누가 위 주주총회에서 의결권을 행사할 수 있는 주주인지가 문제되었는데, 대법원은 주주총회 당시 제2양수인의 명의개서는 위법하므로 회사에 대한 관계에서 주주의 권리를 행사할 수 있는 자는 여전히 제1양수인이라고 하였다. 위 확정일자 있는 통지 이후에는 제2양수인이 제1양수인에 대하여 대항할 수 있으나(제2양수인이 양도인의 배임행위에 적극가담하지는 않았음), 그 대항력 취득의 효력이 당초의 주식 양도통지일로 소급하여 발생하는 것은 아니다. 결국 위 주주총회결의는 그 결의방법에 하자가 있다.

34 제1양수인(甲)은 A(50%)와 B(45%)로부터 피고회사의 주식(95%)을 양도받았는데, 이후 A(50% 중 25%)와 B(45%)는 제2양수인(乙)에게 주식(70%)을 다시 양도하였다. 甲과 乙이 모두 확정일자에 의한 대항요건을 갖추지 못한 상황에서, 피고회사는 乙에게 명의개서를 해주고 그에게 주주총회의 소집통지를 하여 그가 의결권을 행사하였다. 피고회사의 위 주주총회에서는 당시 주주명부상 주주 전원(A, C와 乙)의 찬성으로 甲을 공동대표이사에서 해임하는 결의를 하였는데, 甲(원고)이 그 결의의 부존재를 주장하며 이 사건 소를 제기하였다. 우선, 甲에게 소집통지를 하지 않은 것과 관련하여, 甲이 주주총회결의 당시까지 명의개서를 마치지 않았으므로 그에게 소집통지를 하지 않았던 것이 하자라고 볼 수 없다. 또한 결의 당시 명의개서되어 있던 乙이 甲 또는 피고회사에

Ⅲ. 주권의 발행 · 교부청구의 소

1. 당사자와 청구취지

가. 당사자

원고는 주주권의 귀속자, 즉 주주이고, 피고는 회사가 된다. 주권발행 전 주식의 양수인은 회사에 대항할 수 있으면 직접 주권발행을 청구할 수 있고, 그렇지 않으면 양도인을 대위하여 회사에 주권발행 및 양도인에게의 교부를 구하고, 양도인에 대한 주권인도청구의 소를 병합하여 제기할 수 있다.

나. 청구취지

1. 피고 한국주식회사는 1주당 권면액 5,000원으로 된 보통주식 3,000주의 주권을 발행하여 이를 피고 홍길동에게 교부하라.
2. 피고 홍길동은 원고에게 위 교부받은 주권을 인도하라.
3. 소송비용은 피고들이 부담한다.
4. 제1항 및 제2항은 가집행할 수 있다.

라는 판결을 구합니다.

대하여 우선적 지위를 주장할 수 없다 하더라도, 乙이 명의개서하기 전의 상태를 기준으로 전체 주식의 55%(A의 50%와 C의 5%)에 이르는 주주들이 출석하여 결의에 찬성한 이상, 공동대표이사 중 1인이 다른 공동대표이사와 공동으로 소집하지 않았다거나, 종전 주주명부상의 나머지 주주(45%의 B)에 대하여 소집통지를 하지 않았다는 등의 하자는 결의가 부존재한다고 할 정도의 중대한 하자라고 볼 수 없다.

2. 청구원인

회사는 주식을 발행한 때에는 주주명부에 주주의 성명과 주소 등의 사항을 기재해야 하고(제352조 제1항), 회사 성립 후 또는 신주의 납입기일 후 지체 없이 주권을 발행해야 한다(제355조 제1항).

회사가 주권을 발행하지 않은 경우 주주는 주권의 발행 및 교부를 청구할 수 있다. 즉, 주권발행 및 교부청구의 소의 요건사실은, 주주권의 귀속 사실과 회사설립 후 또는 신주납입기일 후 지체없이 주권을 발행하지 않은 사실이 된다(제355조 제1항). 회사가 특정 주주에게만 주권을 교부하지 않은 경우에는, 제3자 또는 회사와의 사이에 주주권에 관한 다툼이 있는 경우가 많을 것이므로 주주권확인의 소와 병합되어 제기될 수 있다.

주권을 상실한 자는 공시최고절차에 의하여 상실된 주권을 무효로 하는 제권판결을 얻어 주권의 재발행을 청구할 수 있다(민사소송법 제475조 이하).

Ⅳ. 주권인도청구의 소

1. 당사자와 청구취지

가. 당사자

원고는 주주권의 귀속자, 즉 주주이고, 피고는 권한 없이 주권을 소지하고 있는 자가 된다.

나. 청구취지

1. 피고는 원고에게 한국주식회사 발행 주식 중 별지 목록 기재 주식의 주권을 인도하라.
2. 소송비용은 피고가 부담한다.
3. 제1항은 가집행할 수 있다.

라는 판결을 구합니다.

2. 청구원인

피고가 주권을 점유하고 있고 원고가 주주로서 인도청구권이 갖고 있음이 인정되어야 한다. 피고가 주권을 점유하고 있는 경우 원고가 주주임을 주장하며 피고를 상대로 주주권확인을 구하는 것은 확인의 이익이 없다. 피고에게 주권의 인도를 청구하고 그 주권에 기하여 회사에 대하여 해당 주식에 대한 명의개서를 청구함으로써 해당 주식에 관한 원고의 권리 또는 법률상 지위에 대한 불안 위험을 직접적이고 유효 · 적절하게 제거할 수 있기 때문이다.[35]

청구취지(별지)에는 인도를 구하는 주식의 종류, 액면가액, 주식의 수 등을 구체적으로 기재하고, 주권의 종류, 주권번호, 주주명부상의 주주 등도 기재할 필요가 있다. 혼장임치된 예탁주권의 인도를 구하는 경우 등 주권을 특정할 수 없는 경우나, 일정 수량의 주식을 이전할 의무에 따라 주권의 인도를 구하는 경우에는, 주식수에 상응하는 동종, 동량의 주권의 인도를 구할 수 있다. 주식이 병합된 경우 신주권은 구주권과 동일한 주식을 표창하고 있으므로 신

35 대법원 2017. 1. 12. 선고 2016다241249 판결과 그 원심인 서울고등법원 2016. 7. 1. 선고 2015나2064627 판결 참고.

주권의 인도를 청구할 수 있다.

제4장

주주총회

제4장

주주총회

Ⅰ. 주주총회소집허가신청

1. 당사자와 신청취지

가. 당사자

상사비송사건으로(비송사건절차법 제80조), 발행주식총수의 3% 이상에 해당하는 주식을 가진 주주(상장회사의 경우 6개월 전부터 계속하여 발행주식총수의 1.5% 이상에 해당하는 주식을 보유한 주주)가 신청인이 될 수 있다(제366조, 제542조의6 제1항). 사건본인은 당해 회사이다.

나. 신청취지

1. 신청인에게 별지 목록 기재 의안을 회의목적으로 하는 사건본인의 임시 주주총회 소집을 허가한다.
2. 제1항의 임시주주총회의 의장은 신청인으로 한다.

라는 재판을 구합니다.

2. 신청원인

주주총회의 소집권한은 이사회에 있다(제362조). 이사회가 주주총회를 소집하지 않을 경우, 발행주식총수의 3% 이상에 해당하는 주식을 가진 주주(상장회사의 경우 6개월 전부터 계속하여 발행주식총수의 1.5% 이상에 해당하는 주식을 보유한 주주)는 회의의 목적사항과 소집의 이유를 적은 서면 또는 전자문서를 이사회에 제출하여 임시총회의 소집을 청구할 수 있다(제366조 제1항, 제542조의6 제1항).[1]

위와 같은 지분율 요건은 정관의 규정으로 가중하거나 완화할 수 없는 것으로 해석된다. 지분율 요건의 계산에 있어서는 의결권 없는 주식도 포함해야 할 것이다. 주주제안권(제363조의2)과 같이 명문으로 제외하고 있지 않을 뿐만 아니라 총회소집청구권은 주주의 감독 · 시정요구권에 속하기 때문이다.[2]

---

1 대법원 2004. 12. 10. 선고 2003다41715 판결(주주총회결의취소)은 "증권거래법 제191조의13 제5항은 상법 제366조의 적용을 배제하는 특별법에 해당한다고 볼 수 없고, 주권상장법인 내지 협회등록법인의 주주는 증권거래법 제191조의13 제5항이 정하는 6월의 보유기간요건을 갖추지 못한 경우라 할지라도 상법 제366조의 요건을 갖추고 있으면 그에 기하여 주주총회소집청구권을 행사할 수 있다"고 하였다. 다만, 2009년 상법 개정으로 인하여 상장회사의 특례 규정으로 상법에 편입되었고, 제542조의2 제2항이 우선적용을 규정하고 있으므로, 위와 같이 선택적으로 행사할 수 있는지는 불분명하게 되었다.

2 이와 달리 의결권 없는 주식을 갖는 주주는 총회를 소집할 실익이 없다는 점과 제371조를 근거로 제외해야 한다는 견해도 있다(제외설). 하지만 제371조 제1항은 총회정족수 계산에 적용되는 규정일 뿐이므로 포함설이 타당하다고 본다.

주주의 소집청구가 있은 후 이사회가 지체없이 총회소집의 절차를 밟지 아니한 때에는, 청구한 주주가 법원의 허가를 얻어 총회를 소집할 수 있다(제366조 제2항). 우리 법원은, 이사회 또는 총회 개최를 위한 소집통지서를 발송하는 등 지체없이 소집절차를 밟지 않으면, 소집허가신청이 권리남용에 해당한다거나 소집의 필요성이 없다고 인정될 만한 특별한 사정이 없는 한 소집청구를 폭넓게 허용하는 경향이다.[3]

3. 결정의 효력

법원은 이유를 붙인 결정으로써 재판을 한다(비송사건절차법 제81조 제1항). 소집허가의 대상이 되는 회의의 목적사항을 구체적으로 명시하여 허가하는 결정을 해야 하고, 소집기간을 정하여 허가하기도 한다. 허가결정에 대하여는 불복할 수 없고(동법 제81조 제2항),[4] 허가를 기각하는 재판에 대해서는 항고할 수 있다(동법 제20조).

소집허가결정을 받은 소수주주는 법원이 총회의 소집기간을 구체적으로 정하지 않은 경우에도 소집의 목적에 비추어 상당한 기간 내에 총회를 소집하여야 하고, 총회소집허가결정일로부터 상당한 기간이 경과하도록 총회가 소집되지 않았다면 소집허가결정에 따른 소집권한은 특별한 사정이 없는 한 소멸한다.[5]

---

3 서울고등법원 2011. 4. 1. 자 2011라123 결정(제366조에 의하여 인정되는 소수주주의 임시주주총회소집 청구권은 소수주주의 이익을 보호하고 다수결 원칙에 의한 다수주주의 횡포를 견제하기 위하여 소수주주에게 임시주주총회를 소집하여 그들이 제안한 안건을 총회의 결의에 부의할 수 있는 기회를 부여한 것으로, 예외적으로 소집허가신청이 법률상 요건을 구비하지 못하였거나 권리남용에 해당되는 것이 명백한 경우가 아닌 한 이를 받아들여야 한다).

4 재판에 영향을 미친 헌법위반이 있거나, 재판의 전제가 된 명령 · 규칙 · 처분의 헌법 또는 법률의 위반여부에 대한 판단이 부당하다는 것을 이유로 하여 대법원에 특별항고를 할 수는 있다(민사소송법 제449조).

5 대법원 2018. 3. 15. 선고 2016다275679 판결(소집허가결정으로부터 상당한 기간이 경과하였는지는 총회소집의 목적과 소집허가결정이 내려진 경위, 소집허가결정과 총회소집 시점 사이의 기간, 소집허가결정의 기초가 된 사정의 변경 여부, 뒤늦게 총회가 소집된 경위와 이유 등을 고려하

소수주주가 소집허가를 받아 소집한 총회에서 누가 의장권을 갖는지 문제되는데, 상법은 법원이 이해관계인의 청구나 직권으로 선임할 수 있도록 하였다(제366조 제2항).[6] 소수주주에 의하여 소집된 총회는 회사의 업무와 재산상태를 조사하게 하기 위하여 검사인을 선임할 수 있다(제366조 제3항).

II. 주주총회결의취소의 소

1. 당사자

가. 원고

주주, 이사 또는 감사가 원고가 된다(제376조 제1항). 제소당시에 주주이면 족하고, 의결권 없는 주주, 결의에 참여하였거나 찬성한 주주도 원고적격이 있으며,[7] 다른 주주에 대한 소집절차상 하자를 이유로 하여 소를 제기할 수도 있다. 명의개서미필주주는 회사에 대하여 주주권의 행사를 대항할 수 없으므로(제337조 제1항), 원고적격이 없다. 다만, 회사가 명의개서를 부당하게 거절하거나 지연하는 경우에는 명의개서 없이도 원고적격이 인정될 수 있다.

여 판단하여야 한다). 위 사안에서는, 소집허가결정을 받은 날로부터 7년여가 지났고, 그동안 회사의 모든 이사들의 직무집행이 정지되고 직무대행자가 선임되는 등 경영권을 둘러싼 수많은 분쟁이 있었던 상황에서, 대표이사 직무대행자에게 소집청구를 하여 소집할 수 있었음에도 불구하고 당초의 소집허가에 따라 총회를 소집하여 이사를 선임한 것은, 소집권한이 소멸된 자들에 의하여 소집된 총회로서 그 결의가 존재한다고 볼 수 없다고 판단하였다.

6 법원이 의장을 반드시 선임해야 하는 것은 아니므로 법원이 선임하지 않으면 주주총회에서 선출할 수밖에 없을 것이다. 신청인은 분쟁의 소지를 줄이기 위하여 소집신청을 할 때 의장이 될 자를 명시하여 선임해 줄 것을 청구하거나 임시의장의 선임을 주주총회의 목적사항으로 포함하는 것이 바람직할 것이다.

7 대법원 1979. 3. 27. 선고 79다19 판결(미리 주주에게 통지하지 아니한 사항에 관한 결의에 가담한 주주가 그 결의의 취소를 구함이 곧 신의성실의 원칙 및 금반언의 원칙에 반한다고 볼 수 없다).

실질적인 주주인 주식 명의신탁자가 아니라 주주명부에 주주로 기재된 명의수탁자에게 원고적격이 있다.

이사, 계속직무집행이사(제386조 제1항), 당해 결의로 해임당한 이사 등도 원고적격이 있다.[8]

원고적격은 사실심 변론종결 때까지 유지해야 한다. 주주총회결의취소의 소 계속 중에 원고가 주주로서의 지위를 상실하면, 원고는 제376조에 따라 그 취소를 구할 당사자적격을 상실하고, 이는 원고가 자신의 의사에 반하여 주주의 지위를 상실하였다 하여도(예를 들면, 주식교환으로 인하여 완전모회사의 주주가 된 경우에도) 달리 볼 것은 아니다(대법원 2016. 7. 22. 선고 2015다66397 판결).

원고가 주식을 양도한 경우에도 원고적격이 상실되는데, 이때 양수인은 양도인이 제기한 소에 승계참가(민사소송법 제81조)를 할 수 있는가? 신주발행무효의 소에서는 이를 긍정한 판결이 있다(대법원 2003. 2. 26. 선고 2000다42786 판결). 승계인의 소송참가의 원인이 되는 "소송목적인 권리의 승계"란 소송물인 권리관계의 양도뿐만 아니라 당사자적격 이전의 원인이 되는 실체법상의 권리 이전을 널리 포함하는 것이므로, 승계참가를 인정하는 것이 타당하다고 본다.[9]

대법원 2016. 7. 22. 선고 2015다66397 판결(주주총회결의무효확인등)

주주총회결의 취소소송의 계속 중 원고가 주주로서의 지위를 상실하면 원고는 제

---

8 당해 주주총회결의로 이사직에서 해임된 이사는 그 해임결의의 하자를 주장하여 그 결의 취소, 부존재 또는 무효 확인을 구할 법률상 이익이 있으므로 원고적격이 있다(대법원 2019. 2. 14. 선고 2015다255258 판결, 대법원 1982. 12. 14. 선고 82다카957 판결 등).

9 한편, 원고주주가 사망한 경우에는 소송절차가 중단되고, 상속인 등이 소송절차를 수계하여야 한다(민사소송법 제233조). 그러나 원고 이사가 소를 제기하였다가 소송 계속 중에 사망하였거나 사실심 변론종결 후에 사망하였다면, 그 소송은 이사의 사망으로 중단되지 않고 그대로 종료된다(대법원 2019. 2. 14. 선고 2015다255258 판결). 이사는 주식회사의 의사결정기관인 이사회의 구성원이고, 의사결정기관 구성원으로서의 지위는 일신전속적인 것이어서 상속의 대상이 되지 않기 때문이다.

376조에 따라 그 취소를 구할 당사자적격을 상실하고, 이는 원고가 자신의 의사에 반하여 주주의 지위를 상실하였다 하여 달리 볼 것은 아니다.[10]

나. 피고

피고는 당해 회사이다. 만일 이사가 원고로서 제소한 경우에는 감사가 피고회사를 대표한다(제394조). 당해 결의로 선임된 대표이사도 당해 소송에서 회사를 대표하여 소송을 수행할 대표권이 있다.

소의 대상이 되는 주주총회의 결의는 주주총회의 권한에 속하는 단체법적인 효력을 가진 결의를 말한다(제361조). 따라서 주주총회가 어떤 결의를 하였더라도, 그 결의가 회사와 개별 주주 사이의 계약상 법률관계에 관한 것일 뿐, 회사와 그 기관 및 주주들 사이의 단체법적 법률관계를 획일적으로 규율하는 의미가 전혀 없다면, 결의취소의 소의 대상적격이 있는 주주총회결의라고 할 수 없다.[11]

2. 청구취지

1. 피고의 2020. 3. 20.자 정기주주총회에서 제2호 의안 이사 선임에 관한

10 피고주식회사(KEB)의 주주인 원고가 주주총회결의(배당결의) 취소 및 부존재 확인을 구하는 소를 제기하였는데, 소송 계속 중에 피고회사와 H주식회사(하나금융지주)의 주식의 포괄적 교환에 따라 H회사가 피고회사의 완전모회사가 되고 원고는 H회사의 주주가 된 사안에서, 원고에게 피고회사의 주주총회결의의 취소를 구할 원고적격이 인정되지 않고, 그 결의의 부존재 확인을 구할 이익도 인정되지 않는다고 본 사례.

11 대법원 2013. 2. 28. 선고 2010다58223 판결은, 예탁금 회원제 골프장을 운영하는 주식회사가 일부 주주회원 모임과의 약정에 따라 주주총회에서 주주회원의 골프장 이용혜택을 축소하는 내용의 결의를 하였다고 하였더라도, 위 결의는 회사와 개별 주주회원 사이의 계약상 법률관계에 관한 것일 뿐이므로 결의무효확인의 소 또는 결의취소의 소의 대상이 되는 주주총회결의라고 할 수 없다고 보았다(각하). 이 경우 주주회원들이 직접 피고회사를 상대로 그 계약상 지위나 내용의 확인을 구하면 충분하고, 이와 별도로 위 결의 자체의 효력 유무의 확인을 구하는 것이 주주회원들의 법적 지위에 현존하는 불안 · 위험을 제거하기 위한 가장 유효 · 적절한 수단이라고 볼 수도 없어, 민사소송법상의 결의무효확인을 구할 소의 이익도 인정되지 않는다(각하).

건에 관하여 한 결의를 취소한다.

2. 소송비용은 피고가 부담한다.

라는 판결을 구합니다.

3. 제소기간

제소기간은 결의일로부터 2개월이다(제376조 제1항). 주주총회에서 여러 개의 안건이 상정되어 각기 결의가 행하여진 경우 제소기간의 준수 여부는 각 안건에 대한 결의마다 별도로 판단되어야 한다(판례).

주주총회결의부존재확인의 소를 2개월 내에 제기하고, 제소기간이 지난 후에 이를 취소의 소로 변경한 경우에도 제소기간을 준수한 것으로 본다(대법원 2003. 7. 11. 선고 2001다45584 판결).

대법원 2010. 3. 11. 선고 2007다51505 판결(이사선임결의무효확인)

[1] 주주총회결의취소의 소는 제376조 제1항에 따라 그 결의의 날로부터 2개월 내에 제기하여야 하고, 이 기간이 지난 후에 제기된 소는 부적법하다. 그리고 주주총회에서 여러 개의 안건이 상정되어 각기 결의가 행하여진 경우 위 제소기간의 준수 여부는 각 안건에 대한 결의마다 별도로 판단되어야 한다.

[2] 주주총회에서 이루어진 여러 안건에 대한 결의 중 이사선임결의에 대하여 그 결의의 날로부터 2개월 내에 주주총회결의무효확인의 소를 제기한 뒤, 위 주주총회에서 이루어진 정관변경결의 및 감사선임결의에 대하여 그 결의의 날로부터 2개월이 지난 후 주주총회결의무효확인의 소를 각각 추가적으로 병합한 후, 위 각 결의에 대한 주주총회결의무효확인의 소를 주주총회결의취소의 소로 변경한 경우, 위 정관변경결의 및 감사선임결의 취소에 관한 부분은 위 각 주주총회결의무효확인의 소가 추가적으로 병합될 때에 주주총회결의취소의 소가 제기된 것으로 볼 수 있으나, 위 추가적 병합 당시 이미 2개월의 제소기간이 도과되었으므로 부적법하다.

4. 청구원인

가. 소집절차의 하자

주주총회는 이사회의 소집결정(제362조)과 대표이사의 소집통지(제363조)에 따라 소집되어야 한다. 주주총회를 소집할 권한이 없는 자가 이사회의 주주총회 소집결정도 없이 소집한 총회에서 이루어진 결의는, 총회 및 결의라고 볼 만한 것이 사실상 존재한다고 하더라도 그 성립 과정에 중대한 하자가 있어 법률상 존재하지 않는다(대법원 2010. 6. 24. 선고 2010다13541 판결). 전원출석총회 또는 1인회사의 경우에는 이러한 소집절차상의 하자가 치유되는지 문제되는데, 우리 대법원은 하자의 치유를 인정하지만,[12] 학설은 나뉘어져 있다.

주주총회의 소집통지는 2주 전에 서면으로 발송되어야 한다(제363조 제1항). 그리고 소집통지서에는 회의의 목적사항을 적어야 한다(동조 제2항). 통지한 목적사항 외의 결의는 (재적)주주 전원의 동의 필요하다.[13] 일정한 경우에는 소집통지에 의안의 요령까지 기재해야 한다(제433조 제2항, 제438조, 제522조 제2항). 그리고 상장회사가 이사 · 감사의 선임을 목적사항으로 하는 경우에는 그 후보자의 성명, 약력, 추천인 등을 통지 또는 공고해야 한다(제542의4 제2항, 제3항).

주주총회 소집의 통지가 발송된 후에 소집을 철회하거나 연기하기 위해서

---

12 위 대법원 2010다13541 판결, 대법원 2008. 6. 26. 선고 2008도1044 판결(주식회사의 임시주주총회가 법령 및 정관상 요구되는 이사회의 결의 및 소집절차 없이 이루어졌다 하더라도, 주주명부상의 주주 전원이 참석하여 총회를 개최하는 데 동의하고 아무런 이의 없이 만장일치로 결의가 이루어졌다면 그 결의는 유효하다).

13 대법원 1979. 3. 27. 선고 79다19 판결(원칙적으로 주주총회 소집을 함에 있어서 회의의 목적 사항으로 한 것 이외에는 결의할 수 없으며, 이에 위배된 결의는 특별한 사정이 없는 한 총회의 소집절차 또는 결의방법이 법령에 위반하는 것으로 보아야 하고, 다만 회사 정관에 주주전원의 동의가 있으면 미리 주주에게 통지하지 아니한 목적 사항에 관하여도 결의할 수 있다고 되어 있는 때는 예외이나, 그 경우의 주주 전원이란 재적주주 전원을 의미한다).

는, 소집의 경우에 준하여 이사회의 결의를 거쳐 대표이사가 그 뜻을 그 소집에서와 같은 방법으로 통지하여야 한다(대법원 2011. 6. 24. 선고 2009다35033 판결).[14] 총회가 개회된 후에 회의의 연기와 속행을 하려면 당해 총회에서 결의로써 결정해야 한다(제372조). 그 외에도 소집장소나 개회시각 등의 '소집의 변경'이 있을 수 있는데, 그 적법성을 판단하는 기준은 '주주들의 총회참석권이 보장되었는지 여부'가 될 것이다.[15]

(2) 결의방법의 하자

주주총회의 결의는 의결권을 행사할 수 있는 자에 의하여 이루어져야 한다. 만일 의결권을 행사할 수 없는 자가 의결권을 행사하여 결의에 참여하였다면 취소사유가 된다.[16] 의결권은 원칙적으로 주주명부에 주주로 기재된 자가 행사하여야 한다(제337조 제1항).[17] 그리고 우리 상법은 의결권을 행사할

---

14 위 대법원 2009다35033 판결은, 이사회가 연기를 결의하고 총회장에 공고문을 부착하였으며, 각 주주에게 전보 및 휴대전화로 연락하고 퀵서비스를 이용하여 통지하였던 사안에서, 총회의 소집이 적법하게 철회되었다고 인정하였다. 반면에, 대법원 2009. 3. 26. 선고 2007도8195 판결에서는, 이사회의 연기 결의와 각 주주에 대한 문자메시지의 발송, 신문 및 총회장에 공고가 있었지만, 소집이 적법하게 연기되었다고 보지 않았다. 외형상의 차이는 (퀵서비스를 이용한) 서면통지가 있었다는 점인데, 더 중요한 것은 모든 주주에게 소집의 철회가 도달하였는지 여부일 것이다.

15 이와 관련된 사안을 보면, ① 노조의 저지로 "모일 10시 회사 본점 14층 회의실"에서 총회를 열지 못하고, 같은 날 22:15경 소집장소를 본점 6층 은행장실로 변경하여, 남아 있던 일부 주주에게는 알리지 않은 채 일부 주주(62%의 의결권을 위임받은 자 2인)만 모여 한 결의는, 소집절차의 현저한 불공정이 있어 취소사유가 되고(대법원 2003. 7. 11. 선고 2001다45584 판결), ② 총회 당일 통지된 시각인 10시에 대표이사 및 이사가 출석하지 못하여 개회를 하지 못했는데, 다른 주주 2명이 같은 날 오후 4시 30분경에 같은 장소에서 한 결의는, 소집권자의 새로운 소집절차도 없었고, 적법한 속행 결의에 의한 것도 아니므로 부존재 사유가 되며(대법원 1964. 5. 26. 선고 63다670 판결), ③ 총회에서 의안에 대한 심사를 마치지 아니한 채 법률상으로나 사실상으로 의사를 진행할 수 있는 상태에서 주주들의 의사에 반하여 의장이 자진하여 퇴장하자, 퇴장 당시 회의장에 남아 있던 주주들이 임시의장을 선출하고 총회를 진행하여 한 결의는 적법하며(대법원 2001. 5. 15. 선고 2001다12973 판결), ④ 총회 당일 10시경 의장(대표이사)이 개회선언을 하고 회의를 진행하다가, 주주들의 소란으로 결의를 하지 못하고 대표이사와 일부 주주들 퇴장하였는데, 남은 주주들이 임시의장을 선임하여 회의를 진행하였으나 다시 소란으로 결의를 하지 못하고 임시의장이 오후 4시경 산회 선언하였고, 그 후 대표이사 등 주주 3인이 다른 장소에 모여서 한 결의는 부존재 사유가 있다(대법원 1993. 10. 12. 선고 92다28235 판결).

16 대법원 2017. 8. 18. 선고 2015다5569 판결(주식에 대해 질권이 설정되었다고 하더라도 질권설정계약 등에 따라 질권자가 담보제공자인 주주로부터 의결권을 위임받아 직접 의결권을 행사하기로 약정하는 등의 특별한 약정이 있는 경우를 제외하고 질권설정자인 주주는 여전히 주주로서의 지위를 가지고 의결권을 행사할 수 있다).

17 대법원 2016. 8. 29. 선고 2014다53745 판결(주주명부에 주주로 등재되어 있는 자는 주주로서 주

주주가 누구인지를 분명하게 확정하기 위하여 기준일과 주주명부 폐쇄 제도를 두고 있다(제354조).

타인의 승낙을 얻어 그 명의로 주식을 인수한 자가 있더라도, 특별한 사정이 없는 한 주주명부에 적법하게 기재되어 있는 자가 주주권을 행사할 수 있다(대법원 2017. 3. 23. 선고 2015다2458342 전원합의체판결).[18] 회사는 실제 출자자가 따로 있다는 사실을 알았든 몰랐든 간에 주주명부상의 주주의 의결권 행사를 부인할 수 없다.[19] 그리고 회사는 주주명부에 기재를 마치지 않은 자의 주주권 행사를 인정할 수도 없다.[20] 다만, 회사가 주주명부에의 기재나 명의개서청구를 부당하게 거절하거나 지연한 경우에는 그 기재 없이도 주주권을 행사할 수 있다.

주총회에서 의결권을 행사할 자격이 있다고 추정되므로, 특별한 사정이 없는 한 주주명부상의 주주는 회사에 대한 관계에서 그 주식에 관한 의결권을 적법하게 행사할 수 있다).

18 다수의견은, ① 주주명부제도의 취지는 주주권을 행사할 수 있는 자를 획일적으로 확정하여 사무처리의 효율성과 법적 안정성을 도모하기 위한 것이며, ② 주주명부에 관한 규정(제352조, 제353조, 제396조)의 취지는 주식을 발행하는 단계에서도 회사에 대하여 주주권을 행사할 자를 주주명부의 기재에 따라 획일적으로 확정하기 위한 것이고, ③ 또한 회사 스스로도 그에 구속을 받겠다는 것이며, ④ 실제 출자자가 타인의 명의로 주주명부에 기재한 것은 그 타인이 회사에 대한 관계에서 주주권을 행사하는 것을 용인할 의사였다고 봄이 합리적이고, ⑤ 또한 그는 언제든 주주명부에 주주로 기재해 줄 것을 청구하여 주주권을 행사할 수 있다는 점 등을 근거로 하였다.

19 따라서 실제 출자자가 주주로서의 권리를 행사하려면 주주명부에 명의개서를 해야 한다. 만일 주권이 발행되었고 실제 출자자가 주권을 점유하고 있다면, 그는 명의신탁약정을 해지하고 회사에 주권을 제시하여 명의개서를 청구할 수 있다. 명의상의 주주가 주주권을 다투면 그를 상대로 주주권확인을 구하고 회사를 상대로 명의개서를 청구해야 할 것이다. 명의상의 주주는 주주권의 귀속자로 추정되므로 이를 다투는 실제 출자자(명의신탁자)가 자신이 주주임을 증명해야 한다. 이때 주주명부상의 주주가 아닌 다른 자가 인수대금을 납입하였다는 사실만으로는 충분하지 않을 수 있고, 인수자금의 출처, 누가 주권을 점유하고 있는지, 누가 실질적으로 주주권을 행사하였는지 등의 사실로써 명의신탁사실을 증명해야 한다(대법원 2007. 9. 6. 선고 2007다27755판결).

20 기존의 대법원 판결들은, 타인의 승낙을 얻어 그 명의를 빌려서 주식을 인수하고 그 대금을 납입한 후 그 타인의 명의로 주주명부에 명의개서를 한 경우에는, ① 그 명의 차용인만이 실질상의 주식인수인으로서 주주가 되는 것이므로 그가 회사에 대한 관계에서 주주권을 행사할 수 있는 주주라고 보았다(대법원 1980. 9. 19. 자 80마396 결정, 대법원 1998. 4. 10. 선고 97다50619 판결, 대법원 2010. 3. 11. 선고 2007다51505 판결 등). 그리고 ② 주식을 취득한 자가 명의개서를 하지 아니하였더라도 회사가 이러한 실질상의 주주를 주주로 인정하는 것은 무방하며(대법원 1989. 10. 24. 선고 89다카14714 판결), ③ 회사가 주주명부상 주주가 형식주주에 불과하다는 것을 알았거나 중대한 과실로 알지 못하였고 또한 이를 용이하게 증명하여 의결권 행사를 거절할 수 있었음에도 의결권 행사를 용인한 경우 그 의결권 행사는 위법하다고 하였다(대법원 1998. 9. 8. 선고 96다45818 판결). 위 대법원 전원합의체 판결은 종래의 위 판결들을 모두 폐기하였다. 그리고 대표소송(제403조)을 제기할 수 있는 주주는 명의상의 주주가 아닌 실질주주라고 본 대법원 2011. 5. 26. 선고 2010다22552 판결도 폐기하였다.

대법원 2017. 3. 23. 선고 2015다248342 전원합의체 판결(주주총회결의취소)[21]

[1] 특별한 사정이 없는 한, 주주명부에 적법하게 주주로 기재되어 있는 자는 회사에 대한 관계에서 그 주식에 관한 의결권 등 주주권을 행사할 수 있고, 회사 역시 주주명부상 주주 외에 실제 주식을 인수하거나 양수하고자 하였던 자가 따로 존재한다는 사실을 알았든 몰랐든 간에 주주명부상 주주의 주주권 행사를 부인할 수 없으며, 주주명부에 기재를 마치지 아니한 자의 주주권 행사를 인정할 수도 없다.

[2] 주주명부에 기재를 마치지 않고도 회사에 대한 관계에서 주주권을 행사할 수 있는 경우는 주주명부에의 기재 또는 명의개서청구가 부당하게 지연되거나 거절되었다는 등의 극히 예외적인 사정이 인정되는 경우에 한한다.

주주는 대리인으로 하여금 그의 의결권을 대리행사하게 할 수 있는데,[22] 이 경우 그 대리인은 대리권을 증명하는 서면을 총회에 제출해야 한다(제368조 제2항). 여기서 '대리권을 증명하는 서면'이란 원칙적으로 위임장 원본을 의미하고, 특별한 사정이 없는 한 사본이나 팩스 또는 이메일 위임장 등은 허용되지 않는다(대법원 2004. 4. 27. 선고 2003다29616 판결).[23] 위임장의 원본을 제출하였다면 특별한 사정이 없는 한 인감증명서나 참석장 등의 추가서류를 요구하면서 의결권의 대리행사를 허용하지 않으면 취소사유가 될 수 있다(위 대법원 2003다29616 판결).[24]

21 A는 원고의 승낙을 얻어 원고 명의로 상장회사인 피고회사가 발행한 주식을 매수하고 그 주식대금을 부담하였다. 원고가 피고회사를 상대로 주주총회결의취소의 소 및 주주총회결의부존재확인의 소를 제기하자 피고회사는 원고가 형식주주에 불과하므로 원고적격이 없다고 항변하였다. 대법원은, 설령 A가 원고의 승낙을 얻어 원고 명의로 피고회사 발행의 주식을 매수하고 실제로 그 주식대금을 모두 A가 부담한 것이라고 하더라도, 실질주주명부상 주주인 원고는 피고회사에 대한 관계에서 주주권을 행사할 권한을 가지므로 피고회사를 상대로 주주총회결의의 효력을 다투는 소를 구할 자격이나 이익이 있다고 판시하였다.

22 다만, 의결권의 대리행사로 말미암아 주주총회의 개최가 부당하게 저해되거나 혹은 회사의 이익이 부당하게 침해될 염려가 있는 등의 특별한 사정이 있는 경우에는 회사가 이를 거절할 수 있다(대법원 2009. 4. 23. 선고 2005다22701,22718 판결).

23 여기서 '특별한 사정이 있는 경우'란 위임장이 사본이라도 위임한 주주의 진정한 의사가 다른 자료로 입증되는 경우 등을 말하는데, 예를 들면, 위임장 사본을 제출하였더라도 주주 본인이 직접 위임사실을 통보하거나 기타 본인이 보낸 것이라는 것을 확인할 수 있는 신분증사본이나 인감증명서, 참석장 등의 자료가 첨부된 경우 등을 생각할 수 있다(특별한 사정을 인정한 사례로는 대법원 1995. 2. 28. 선고 94다34579 판결 참조).

24 대법원 2009. 4. 23. 선고 2005다22701,22718 판결(회사가 위임장과 함께 인감증명서, 참석장 등

회사가 정관으로 대리인의 자격을 주주나 회사 직원 등으로 제한하는 것은 제3자의 개입에 의한 교란을 막고 회사의 이익을 보호하기 위한 합리적인 이유에 따른 상당한 정도의 제한이므로 허용된다고 본 판결례가 있다(대법원 2009. 4. 23. 선고 2005다22701,22718 판결). 다만, 대리인의 자격을 주주로 한정하고 있더라도, 주주인 국가, 지방공공단체 또는 주식회사 소속의 공무원, 직원 또는 피용자 등이 그 주주를 위한 대리인으로서 의결권을 대리행사하는 것은 허용되어야 한다(위 판결).

그리고 의결권을 포괄적으로 위임하는 것도 가능하다고 본다.[25] 다만, 주주는 의결권 행사를 위임하였더라도 특별한 사정이 없는 한 이를 철회할 수 있다. 주주가 수회의 주주총회에 대하여 의결권을 포괄적으로 위임한 경우에도 특별한 사정이 없는 한 이를 철회할 수 있다(대법원 2002. 12. 24. 선고 2002다54691 판결). 대리인이 본인의 지시에 반하여 의결권을 행사한 경우에도 원칙적으로 총회결의의 효력에는 영향을 미치지 않는다(통설).

한편, 상법은 결의에 관하여 특별한 이해관계가 있는 자(제368조 제3항), 자기주식(제369조 제2항), 상호주(제369조 제3항),[26] 감사선임에 있어서 일정한 수를 초과하는 주식을 가진 주주(제409조 제2항, 제3항, 제542조의12 제3항, 제4항) 등에 대하여 의결권을 제한하는 규정을 두고 있는데, 이렇게 의결권이 제한된 주식에 대하여 의결권을 행사한 경우에는 취소사유가 된다. 회사가 다른 회사의 발행주식총수의 10%를 초과하여 취득한 경우에는 그 다른 회사

을 제출하도록 요구하는 것은 대리인의 자격을 보다 확실하게 확인하기 위하여 요구하는 것일 뿐, 이러한 서류 등을 지참하지 아니하였다 하더라도 주주 또는 대리인이 다른 방법으로 위임장의 진정성 내지 위임의 사실을 증명할 수 있다면 회사는 그 대리권을 부정할 수 없다).

25 대법원 1969. 7. 8. 선고 69다688 판결, 대법원 2002. 12. 24. 선고 2002다54691 판결, 대법원 2014. 1. 23. 선고 2013다56839 판결 등.

26 대법원 2009. 1. 30. 선고 2006다31269 판결은, 제369조 제3항의 상호주의 판단기준(당해 회사 또는 자회사가 다른 회사의 주식을 10% 초과하여 보유하는 요건)에 관하여, 당해 회사의 주주총회를 위한 기준일이 아닌 총회 당일을 기준으로 판단하였고, 당해 회사(또는 그 자회사)가 가진 '다른 회사'의 주식에 대하여 명의개서를 하였는지 여부는 무관하다고 보았다.

에 이를 지체없이 통지해야 하는데,[27] 이러한 통지의무를 위반하면 의결권이 제한된다고 본다(통설).

주주총회의 결의는 상법 또는 정관에 다른 정함이 있는 경우를 제외하고는 출석한 주주의 의결권의 과반수와 발행주식총수의 4분의 1이상의 수로써 하여야 한다(제368조 제1항). 그리고 정관변경(제434조), 자본금감소(제438조), 합병(제522조), 분할 · 분할합병(제530조의3), 영업양수도(제374조), 이사의 해임(제385조) 등에는, 출석주주 의결권의 3분의2 이상과 발행주식총수의 3분의1 이상의 특별결의가 필요하다. 이러한 결의요건을 갖추지 못한 결의는 취소사유가 있다. 의결권이 제한되는 주식은 제371조의 규정에도 불구하고 위의 결의요건을 판단할 때 '발행주식총수'에 산입하지 않는다.

대법원 2016. 8. 17. 선고 2016다222996 판결(주주총회결의무효확인등)

감사의 선임에서 제409조 제2항에 따라 의결권 없는 주식 3% 초과 주식은 제371조의 규정에도 불구하고 제368조 제1항에서 말하는 '발행주식총수'에 산입되지 않는다.[28]

대법원 2017. 1. 12. 선고 2016다217741 판결(회사에 관한 소송)

[1] 제368조 제1항은 주주총회의 보통결의 요건에 관하여 주주총회의 성립에 관한 의사정족수를 따로 정하고 있지는 않지만, 보통결의 요건을 정관에서 달리 정할 수 있음을 허용하고 있으므로, 정관에 의하여 의사정족수를 규정하는 것은 가능하다.

[2] 제382조의2에 정한 집중투표란 2인 이상의 이사를 선임하는 경우에 각 주주

27 대법원 2001. 5. 15. 선고 2001다12973 판결은, 의결권의 대리행사를 위임받은 것만으로는 주식취득의 통지의무에 관한 제342조의3 유추적용을 부정한 바 있다.

28 제371조 제1항과 달리 제2항은 '출석한 주주의 의결권 수'만 제외하고 있는데, 만약 3% 초과 주식이 '발행주식총수'에 산입된다고 보게 되면, 어느 한 주주가 발행주식총수의 78%를 초과하여 소유하는 경우와 같이 3% 초과 주식의 수가 발행주식총수의 75%를 넘는 경우에는 제368조 제1항에서 말하는 '발행주식총수의 4분의 1 이상의 수'라는 요건을 충족시키는 것이 원천적으로 불가능하게 된다. 이러한 결과는 감사를 주식회사의 필요적 상설기관으로 규정하고 있는 상법의 기본입장과 모순되므로 위와 같이 본 것이다.

가 1주마다 선임할 이사의 수와 동일한 수의 의결권을 가지고 이를 이사 후보자 1인 또는 수인에게 집중하여 투표하는 방법으로 행사함으로써 투표의 최다수를 얻은 자부터 순차적으로 이사에 선임되는 것으로서, 이 규정은 어디까지나 주주의 의결권 행사에 관련된 조항이다. 따라서 주식회사의 정관에서 이사의 선임을 발행주식 총수의 과반수에 해당하는 주식을 가진 주주의 출석과 출석주주의 의결권의 과반수에 의한다고 규정하는 경우, 집중투표에 관한 위 상법조항이 정관에 규정된 의사정족수 규정을 배제한다고 볼 것은 아니므로, 이사의 선임을 집중투표의 방법으로 하는 경우에도 정관에 규정한 의사정족수는 충족되어야 한다.[29]

5. 판결의 효력

법원은 결의의 내용, 회사의 현황과 제반사정을 참작하여 결의의 취소가 부적당하다고 인정한 때에는 청구를 재량으로 기각할 수 있다(제379조). 설립무효의 소, 합병무효의 소, 감자무효의 소 등에 관한 재량기각(제189조 준용)은 하자의 보완을 요건으로 하는 반면에, 결의취소의 소의 경우에는 하자의 보완을 요건으로 하지 않는다.[30]

원고 승소판결은 대세효가 있고 소급효가 인정된다(제376조 제2항, 190조

29 피고회사의 대표이사 甲은 2014. 7. 10. 주주들에게 회의의 일시, 장소, '이사 4명 선임의 건' 등 회의의 목적사항과 신임이사 후보 7명의 주요이력을 첨부하여 임시주주총회 소집통지를 하였다. 甲은 2014. 8. 5. 피고회사에 제382조의2에 의한 집중투표의 방법으로 이사를 선임할 것을 서면으로 청구하였고, 2014. 8. 6. 대표이사 자격으로 주주들에게 이를 통지하였다. 2014. 8. 18. 이사 4명 선임안건 등을 결의하기 위하여 원고들을 비롯한 주주 7인 전원이 참석한 가운데 주주총회가 개최되었는데, 의장인 甲이 이사 4명 선임안건을 상정하고 집중투표의 청구가 있었다는 취지를 고지하였다. 원고들은 이사 2명만을 선임하자고 제안하였으나 甲이 이를 거부하고 원래의 안건인 '이사 4명 선임의 건'으로 표결 절차를 진행하여 투표용지가 각 주주들에게 교부되었다. 원고들을 비롯한 주주 6인은 회의장 안에 머무르면서 안건 상정을 거부하는 의사를 표시한 채 투표를 하지 아니하였고, 甲만이 집중투표의 방법으로 투표하였다. 그 결과 최다수를 얻은 자부터 순차적으로 이사를 선임하는 결의가 이루어졌다. 법원은, 주주총회에서 집중투표의 방법으로 이사를 선임하는 결의를 할 당시 피고회사의 주주 전원이 출석하였으므로 정관에 규정된 의사정족수가 충족되었다고 보았다. 원고들을 비롯한 주주 6인이 주주총회에 출석하여 실제로 투표를 하지 아니한 채 기권하였다고 하더라도 달리 볼 것은 아니다.

30 이는 결의취소 사유가 추후에 보완될 수 있는 성질의 것들이 아니기 때문일 것이다. 그리고 하자의 보완을 전제로 하는 다른 소에서도, 그 원인이 된 하자가 추후 보완될 수 없는 성질의 것인 경우에는 하자가 보완되지 않았더라도 재량기각이 가능하다고 본다(대법원 2004. 4. 27. 선고 2003다29616 판결, 대법원 2010. 7. 22. 선고 2008다37193 판결 등).

본문). 그 결과 결의의 유효를 전제로 이루어진 법률관계가 모두 무효로 될 수 있다. 총회의 이사선임결의가 취소되어 그 선임된 이사가 회사를 대표하여 한 법률행위도 소급적으로 모두 무효가 될 수 있는데, 이때 선의의 제3자는 부실등기의 효력에 관한 제39조나 표현대표이사에 관한 제395조에 의하여 보호될 수 있을 것이다.[31]

나아가 예를 들면, 영업양도(또는 중요한 영업용 재산의 양도)를 승인한 주주총회의 결의가 취소되면 소급적으로 그 영업양도 거래가 무효로 될 것이다. 이때 선의의 제3자를 보호할 것인지 문제되는데, 제3자의 선의 또는 악의를 불문하고 무효로 본 판결례들이 있다.[32] 법률이 회사의 행위에 주주총회의 특별결의를 거치도록 한 것(제374조)은 회사의 이익을 위한 강행규정으로 보아야 하고 상대방도 이를 예견하여 확인해야 하므로 원칙적으로는 상대방의 선의 여부를 묻지 않고 무효라고 보는 것이다.

다만, 상대방이 주주총회의 적법한 결의가 있었다고 믿을 만한 특별한 사정이 있는 경우에는 선의의 제3자를 보호할 필요성이 인정될 수 있을 것이다. 예를 들면, 진정한 대표이사나 이사 전원 또는 이사의 과반수가 적법한 주주총회의 결의가 있었던 것처럼 외관을 현출하고 제3자가 중대한 과실 없이 그를 믿은 경우에는 제3자를 보호할 필요가 있다(사견).[33] 특히 주주총회의 특별

---

31 이사선임결의에 대한 취소판결이 확정된 사안에서, 제39조에 의하여 회사의 부실등기책임을 인정한 사례로는 대법원 2004. 2. 27. 선고 2002다19797 판결이 있고, 제395조의 표현대표이사의 책임을 인정한 사례로는 대법원 1992. 9. 22. 선고 · 91다5365 판결 등이 있다.

32 대법원 2009. 3. 12. 선고 2007다60455 판결(소유권이전등기)은, 주유소 영업을 하는 회사가 주주총회의 특별결의 없이 주유소 시설과 부지를 매도하였던 사안에서 상대방의 선의 여부를 살피지 않고 무효라는 취지로 설시한 사안이었고, 대법원 2012. 4. 12. 선고 2011다106143 판결(소유권이전등기)은, 원고회사의 존속의 기초가 되는 영업재산(공장부지)을 처분하는 내용의 매매계약은 제374조에 의하여 요구되는 주주총회의 특별결의가 없어 그 효력이 없고, 위 규정은 효력규정으로서 이에 위반한 처분행위는 상대방의 선의 · 악의를 불문하고 무효라고 본 원심의 판단을 정당하다고 한 사안이었다.

33 과거에는 회사의 과반수(특별결의인 경우에는 2/3 이상) 주식을 보유하거나 또는 과반수(또는 2/3 이상)의 주식을 보유하지 않더라도 사실상 회사의 운영을 지배하는 주주가 주주총회결의의 외관을 현출시킨 경우에는, 이를 믿고 거래한 자에 대하여 회사의 책임을 인정한 판결례들이 있었지만(대법원 1995. 9. 15. 선고 95다13302 판결, 대법원 1993. 9. 14. 선고 91다33926 판결 등), 최근 대법원은 지배주주 또는 다수 주주의 관여만으로는 회사의 귀책사유를 인정하지 않는 경향이 있다(대법원 2011. 7. 28. 선고 2010다70018 판결, 대법원 2013. 7. 25. 선고 2011다30574 판결 등).

결의가 필요한지 여부조차 분명하지 않은 영업용 재산의 양도의 경우에는 더욱 그렇다. 이러한 경우에는 주주총회결의취소의 소에서 재량기각 여부를 판단할 때 주주 또는 회사의 이익 외에도 제3자의 신뢰이익까지도 고려할 필요가 있을 것이다.

Ⅲ. 주주총회결의부존재확인의 소

1. 당사자

주주총회결의부존재확인의 소는 제소권자의 제한이 없으므로 결의의 부존재 확인에 대하여 정당한 법률상 이익이 있는 자라면 누구나 소송으로써 그 확인을 구할 수 있다. 다만, 확인의 소에 있어서 확인의 이익은 원고의 권리 또는 법률상의 지위에 현존하는 불안 · 위험이 있고 그 불안 · 위험을 제거함에는 확인판결을 받는 것이 가장 유효 · 적절한 수단일 때에만 인정된다(대법원 2016. 7. 22. 선고 2015다66397 판결).

주주명부에 기재된 주주는 주주총회에서 의결권을 행사할 수 있고, 주주총회결의의 절차와 성립에 대하여 직접적인 법률상의 이해관계를 가진다. 따라서 주주총회결의의 절차상의 중대한 하자를 원인으로 하는 결의부존재확인의 소에 관하여 주주는 원칙적으로 확인의 이익을 가진다고 볼 수 있다.

다만, 회사에 대하여 적법하게 의결권을 행사할 수 없는 자는 확인의 이익이 있다고 보기 어렵다. 예를 들면, 주주명부에 기재되지 않은 실질주주, 명의개서를 하지 않은 주식양수인 등은 확인의 이익이 없다. 그리고 주권에 대한 제권판결이 내려지기 전에 당해 주식을 선의취득하였더라도 제권판결에 대한 불복의 소에 의하여 그 제권판결이 취소되지 않는 한 피고회사에 대하여 적법한 주주로서의 권한을 행사할 수 없으므로, 그 선의취득자는 주주총회 결의의 부존재확인을 구할 소의 이익이 없다(대법원 1991. 5. 28. 선고 · 90다 6774 판결).

채권자는 주주총회의 결의가 자신의 권리 또는 법적 지위를 구체적으로 침해하고 또 직접적으로 이에 영향을 미치는 경우에 한하여 주주총회결의의 부존재확인을 구할 이익이 있다(대법원 1992. 8. 14. 선고 91다45141 판결 등).

한편, 절차상의 하자가 아니라 주주총회결의의 내용상의 하자를 이유로 하여 결의무효의 소를 구할 확인의 이익이 인정되려면, 그 결의가 주주 자신의 권리 또는 법적 지위를 구체적으로 침해하고 또 직접적으로 이에 영향을 미치는 경우에 한한다(사견).[34]

대법원 2016. 7. 22. 선고 2015다66397 판결(주주총회결의무효확인등)

주주총회결의 부존재 확인의 소는 제소권자의 제한이 없으므로 결의의 부존재의 확인에 관하여 정당한 법률상 이익이 있는 자라면 누구나 소송으로써 그 확인을 구할 수 있으나, 확인의 소에 있어서 확인의 이익은 원고의 권리 또는 법률상의 지위에 현존하는 불안 · 위험이 있고 그 불안 · 위험을 제거함에는 확인판결을 받는 것이 가장 유효 · 적절한 수단일 때에만 인정된다.[35]

34 예를 들면, 영업양도를 승인하는 주주총회의 결의에 대하여 주주는 직접적인 영향을 받지 않지만, 합병이나 분할, 자본금감소 등의 결의에 대해서는 지분비율이나 주식가치에 직접적인 영향을 받으므로 그 내용상의 하자를 이유로 무효확인을 구할 이익이 인정될 수 있을 것이다. 그리고 무효의 원인이 주주평등의 원칙에 반하는 하자인 경우에는 주주의 권리를 직접적으로 침해하므로 확인의 이익이 인정될 것이다.

35 피고주식회사의 주주인 원고가 주주총회결의(배당결의) 취소 및 부존재 확인을 구하는 소를 제기하였는데, 소송 계속 중에 피고회사와 H주식회사의 주식의 포괄적 교환에 따라 H회사가 피고회사의 완전모회사가 되고 원고는 H회사의 주주가 된 사안에서, 원고에게 피고회사의 주주총회결의의 취소를 구할 원고적격이 인정되지 않는다고 보았다. 나아가 주식회사의 주주는 주식의 소유자로서 회사의 경영에 이해관계를 가지고 있다고 할 것이나, 회사의 재산관계에 대하여는 단순히 사실상 · 경제상 또는 일반적 · 추상적인 이해관계만을 가질 뿐, 구체적 또는 법률상의 이해관계를 가진다고는 할 수 없다. 따라서 피고회사의 이익배당에 관한 주주총회결의가 부존재하는 것으로 확인이 되어 그에 근거한 배당액이 모두 피고회사에 반환됨으로써 피고회사의 모회사인 H회사에 이익이 된다고 하더라도, 이로 인하여 H회사의 주주인 원고가 갖는 이익은 사실상 · 경제상의 것에 불과하여, 원고는 피고회사의 주주총회결의부존재의 확인을 구할 법률상 이익을 가진다고 할 수 없다고 보아 각하하였다.

당해 결의로 선임된 이사가 이미 사임하여 후임 이사가 선임되었다면 그 선임결의의 부존재나 무효확인을 구할 법률상 이익이 없다. 다만, 임기만료나 사임 등으로 퇴임한 이사가 계속직무집행이사(제386조 제1항)로서의 권리의무가 있는 경우에는 후임이사를 선임하는 결의에 대하여 확인의 이익이 있다(위 대법원 91다45141 판결 등).

당해 결의로 해임당한 이사는 그 해임 및 후임이사 선임 결의에 대하여 확인의 이익이 있으나, 그 후에 다시 적법한 절차에 의하여 후임 이사가 선임되었다면 당초의 이사개임결의의 무효확인을 구하는 것은 과거의 법률관계 내지 권리관계의 확인을 구하는 것이어서 확인의 이익이 없다(대법원 1995. 7. 28. 선고 93다61338 판결). 다만, 후임 이사를 선임한 결의가 무권리자에 의하여 소집된 총회라는 하자 이외의 다른 절차상, 내용상의 하자로 인하여 부존재임이 인정되는 경우에는 그 임원을 선임한 당초 결의의 무효 여부는 현재의 임원을 확정함에 있어서 직접적인 이해관계가 있으므로 이 경우 당초의 선임결의의 무효확인을 구할 법률상의 이익이 있다(위 대법원 93다61338 판결).[36]

당해 회사가 피고로 된다. 대상 결의에 의하여 선임된 이사일지라도 당해 소송에서 대표권이 있다. 이사가 원고일 때에는 감사가 회사를 대표한다(제394조 제1항). 특별한 사정이 없는 한 이사나 감사, 또는 주주를 피고로 하여 제기한 소는 소의 이익이 없다.

---

36 X를 이사에서 해임하고 Y를 이사로 선임한 당초의 주주총회결의 이후 두 차례에 걸쳐 소집된 임시총회에서 다시 새 이사를 선임하는 결의가 있었지만, 당시 회사의 발행주식 전부를 소유하고 있던 X등의 주주들이 전혀 참석하지 않은 가운데 정당한 주주도 아닌 자들만이 참석하여 결의를 한 경우라면, 이는 결의가 존재한다고 볼 수 없을 정도의 중대한 하자가 있어 부존재 사유에 해당한다. 따라서 당초에 Y를 이사로 선임한 결의의 무효 또는 부존재 여부는 여전히 회사의 현재 임원을 확정함에 있어서 직접적인 관계가 있으므로, X는 그 선임결의의 무효확인을 구할 법률상의 이익이 있다.

2. 청구취지

1. 피고의 2020. 3. 20.자 정기주주총회에서 한 별지목록 기재 각 결의는 존재하지 않음을 확인한다.
2. 소송비용은 피고가 부담한다.

라는 판결을 구합니다.

(소를 병합하여 제기하는 경우)

1. 주위적으로, 피고의 2020. 5. 20.자 임시주주총회에서 소외 1, 2, 3, 4, 5를 각 이사로 선임한 결의는 존재하지 아니함을 확인한다. 예비적으로, 피고의 2020. 5. 20.자 임시주주총회에서 소외 1, 2, 3, 4, 5를 각 이사로 선임한 결의를 취소한다.
2. 소송비용은 피고가 부담한다.

라는 판결을 구합니다.

3. 소의 성질

결의부존재확인의 소의 성질에 대해서는 견해의 대립이 있으나, 우리 대법원은 확인소송으로 보고 있다(대법원 2011. 6. 24. 선고 2009다35033 판결 등). 따라서 당해 주주총회결의 효력이 회사가 아닌 제3자 사이의 소송에서 선결문제로 된 경우에, 당사자는 언제든지 당해 소송에서 주주총회결의의 부존재를 주장하면서 다툴 수 있고, 반드시 먼저 회사를 상대로 주주총회의 효력을 직접 다투는 소송을 제기하여야 하는 것은 아니다(위 판결).[37]

37 예를 들면, 채권자는 주주를 상대로 위법배당의 반환을 구하면서 청구원인으로 배당결의의 부존재를 주장할 수 있다.

한편, 우리 대법원은 구소송물이론의 입장에서, 결의취소의 소와 결의무효확인의 소 및 결의부존재확인의 소는 각각 그 소송물이 다르다고 본다. 따라서 결의부존재확인의 소만을 제기하였는데, 그 하자가 취소사유에 불과한 경우에는 취소판결을 하지 않고 부존재확인의 소를 기각한다. 다만, 부존재한 결의에 대하여 결의무효확인의 소를 제기한 사례에서 기각하지 않고 무효확인의 소를 인용한 판결례가 있다(대법원 1983. 3. 22. 선고 82다카1810 판결).

4. 청구원인

총회의 소집절차 또는 결의방법에 총회결의가 존재한다고 볼 수 없을 정도의 중대한 하자가 있는 경우에 인용될 수 있다. 예를 들면, 총회의 개최 없이 허위의 의사록을 작성한 경우(1인회사의 경우는 예외), 이사회 소집결의 없이 소집권한 없는 자가 소집하여 결의한 경우(1인회사 또는 전원출석총회의 경우는 제외),[38] 대부분의 주주에게 소집통지를 하지 않은 경우,[39] 대부분이 주주가 아닌 자들이 모여 결의한 경우 등이 그것이다.

---

38 대법원 2010. 6. 24. 선고 2010다13541 판결(주주총회를 소집할 권한이 없는 자가 이사회의 주주총회 소집결정도 없이 소집한 주주총회에서 이루어진 결의는, 1인 회사의 1인 주주에 의한 총회 또는 주주 전원이 참석하여 총회를 개최하는 데 동의하고 아무런 이의 없이 결의가 이루어졌다는 등의 특별한 사정이 없는 이상, 총회 및 결의라고 볼 만한 것이 사실상 존재한다고 하더라도 그 성립 과정에 중대한 하자가 있어 법률상 존재하지 않는다).

39 다만, 대법원 1993. 1. 26. 선고 92다11008 판결(2인의 공동대표이사 중 1인이 다른 공동대표이사와 공동으로 임시주주총회를 소집하지 않았다거나 다른 공동대표이사와 41%의 주식을 보유한 주주에게 소집통지를 하지 않았다는 등의 소집절차상의 하자만으로 임시주주총회의 결의가 부존재한다고 할 정도의 중대한 하자라고 볼 수 없다), 대법원 1996. 12. 23. 선고 96다32768 판결(주식취득자가 명의개서를 청구할 수 있는 주식이 전체 주식의 43%에 불과한 경우에, 회사가 그의 명의개서 요구에 불응하고 주주명부에 등재되어 있는 자에 대하여만 소집통지를 하여 주주총회를 개최하였다 하더라도 그러한 소집절차상의 하자는 주주총회결의의 부존재사유가 될 수 없다).

Ⅳ. 종류주주총회 관련 소송

회사가 ① 정관을 변경함으로써 어느 종류주식의 주주에게 손해를 미치게 되는 경우(제435조 제1항), ② 주식의 종류에 따라 신주의 인수, 주식의 병합 · 분할 · 소각 또는 합병 · 분할로 인한 주식의 배정에 관하여 특수하게 정하는 경우, ③ 회사의 분할 또는 분할합병, 주식교환, 주식이전 및 회사의 합병으로 인하여 어느 종류의 주주에게 손해를 미치게 될 경우(제436조, 제344조 제3항) 등에는, 주주총회의 결의 외에 그 종류주식을 가진 주주의 총회의 결의가 있어야 한다.

예를 들면, 우선주에 대하여 불리한 정관변경을 주주총회에서 결의하는 경우에는 우선주를 가진 주주들의 종류주주총회의 결의가 필요하다(대법원 2006. 1. 27. 선고 2004다44575 판결).[40] 만일 이러한 종류주주총회결의에 하자가 있는 경우에는 종류주주총회결의취소의 소를 제기할 수 있다(제435조 제3항).

정관변경에 관한 주주총회결의가 이미 이루어졌지만 우선주를 가진 주주들의 종류주주총회 결의가 필요함에도 이를 아직 거치지 않았다는 이유로 정관변경의 효력을 다툴 수 있는가? 우리 대법원은 주주총회의 정관변경결의 자체에는 하자가 없으므로 정관변경결의취소의 소로써 다툴 것은 아니라고 하였다(위 대법원 2004다44575 판결). 따라서 반드시 결의일로부터 2개월 내에 정관변경결의 취소의 소를 제기해야만 하는 것은 아니고 다른 방법으로도 다툴 수 있다. 대법원은 그 방법으로서 '결의불발효확인의 소'라는 유형의 소

40 이 판결은, 삼성전자가 정관을 변경하여 우선주의 존속기간을 10년으로 하고 기간만료와 동시에 보통주로 전환된다는 규정을 삭제한 사안에서, 이는 보통주로의 전환에 의한 의결권의 취득을 바라고 있던 우선주주의 지위에서는 불리한 반면, 이익배당에 더 관심이 있던 우선주주의 지위에서는 유리한 것인데, 이와 같이 정관을 변경함으로써 우선주주 각자의 입장에 따라 유리한 점과 불리한 점이 공존하고 있을 경우에는 우선주주들로 구성된 종류주주총회의 결의가 필요하다고 보았다.

를 인정하지 않았으며, 회사가 종류주주총회의 개최를 명시적으로 거부하고 있는 상황에서 '정관변경무효확인의 소'를 인용한 바 있다(위 대법원 2004다44575 판결).[41]

V. 의결권행사금지가처분

1. 당사자

주주총회결의의 하자를 다툴 수 있는 법률상 이해관계(피보전권리)가 인정되는 자가 신청인이 되어, 의결권의 행사를 금지하고자 하는 대상이 되는 주식을 보유한 자 및 회사를 피신청인으로 하여 제기한다.

때로는 의결권행사허용가처분이 제기되기도 하는데, 예를 들면, 주식의 귀속에 관한 분쟁이 있는 경우 주주권을 주장하는 자는 회사를 상대로 의결권행사허용가처분을, 주주권을 다투는 자와 회사를 상대로 의결권행사금지가처분을 동시에 제기할 수 있다.[42]

---

41 회사가 종류주주총회의 개최를 명시적으로 거부하거나, 회사가 장기간 종류주주총회를 개최하지 않거나, 종류주주총회에서 반대결의가 있으면 정관변경이 무효로 되어 '정관변경무효확인의 소'가 인용될 수 있을 것이다. 이는 민사소송법상의 일반 확인의 소이므로 대세효가 없지만, 회사를 피고로 하므로 회사에 대하여 효력이 있다.

42 대법원 2017. 2. 23. 선고 2015다248342 전원합의체 판결은, 특별한 사정이 없는 한 주주명부에 적법하게 주주로 기재되어 있는 자가 회사에 대한 관계에서 그 주식에 관한 의결권을 행사할 수 있다고 보았다. 따라서 타인의 이름으로 주식을 취득한 실제 출자자는 미리 명의신탁약정을 해지하고 회사에 대하여 명의개서청구를 해야 하고(명의수탁자나 회사가 주주권을 다투는 경우 주주권확인의 소와 명의개서절차이행청구의 소를 병합하여 제기), 명의개서의 부당거절에 대비하여 자신의 의결권행사를 허용해달라는 가처분과 명의자의 의결권행사를 금지해달라는 가처분을 제기할 수 있을 것이다.

2. 신청취지

1. 피신청인 한국주식회사는 2020. 3. 20. 개최될 2020년도 정기주주총회 및 그 이후에 개최되는 주주총회에서 피신청인 홍길동에게 별지 목록 기재 주식에 대한 의결권을 행사하게 하여서는 아니된다.
2. 피신청인 홍길동은 2020. 3. 20. 개최될 2020년도 정기주주총회 및 그 이후에 개최되는 주주총회에서 위 1항 기재 주식에 대한 의결권을 행사하여서는 아니된다.
3. 집행관은 제1, 2항 명령의 취지를 적당한 방법으로 공시하여야 한다.
4. 신청비용은 피신청인들이 부담한다.

라는 재판을 구합니다.

3. 가처분의 요건

가처분은 '피보전권리'와 '보전의 필요성'을 요건으로 한다. 의결권행사금지가처분은 현재 다툼이 있는 권리관계에 대하여 잠정적으로 임시의 법률관계를 형성하는 '임시의 지위를 정하는 가처분'에 속한다(민사집행법 제300조 제2항). 임시의 지위를 정하기 위한 가처분에서 피보전권리란 다툼이 있는 권리관계가 현존하는 것을 말하고, 보전의 필요성이란 채권자에게 현저한 손해 또는 급박한 위험이 있는 것을 말한다(민사집행법 제300조 제2항).[43]

---

43 임시의 지위를 정하기 위한 가처분에서는 피보전권리의 존재로 보전의 필요성이 사실상 추정될 수 없고 강도 높은 소명이 요구된다. 서울고법 1997. 5. 13. 자 97라36 결정(원래 임시의 지위를 정하는 가처분이 인용되려면 계속하는 권리관계에 현저한 손해를 피하거나 급박한 강포를 방지하기 위하여 또는 기타 필요한 이유가 있어야 한다. 그런데 이 사건과 같이 경영권 분쟁 상황 하에서의 의결권행사금지가처분은 일반 가처분과는 달리 단순한 집행보전에 그치는 것이 아니라 가처분으로 경영권의 귀속을 변동시켜 버리는 거의 종국적인 만족을 가져오는 것으로서 그 결과가 중대할 뿐만 아니라, 가처분채무자에게는 원상으로의 회복이 곤란한 점으로 말미암아 보전의 필요성에 대한 더욱 강도 높은 소명을 요구한다. 그러므로 이 사건에서의 보전의 필요성은 피보전권리의 존재로 사실상 추정될 수도 없고, 단순히 주주권 즉 지배적 이익이 계속 침해된다는 추상적 사유만으로도 부족하며, 더 나아가 본안판결의 확정 후에 비로소 경영권이 넘어와서는 본안판결

이러한 가처분에 따라 임시로 주어진 법률관계는 본안소송을 통하여 얻고자 하는 바를 임시적이나마 그대로 만족시켜 주는 것이기 때문에 '만족적 가처분'이라고도 한다. 따라서 그 요건과 심리를 엄격하고 신중하게 할 수밖에 없고, 이러한 가처분을 발령하기 위해서는 피보전권리와 보전의 필요성에 대하여 통상의 가처분보다 높은 정도의 소명이 있을 것이 요구된다. 이러한 가처분을 필요로 하는지 여부를, 쌍방의 이해득실관계, 본안소송에서의 승패의 예상, 기타의 제반사정 등을 고려하여 판단한다.[44]

2015년 삼성물산과 제일모직의 합병과 관련하여, 삼성물산의 일부 주주들은 삼성물산이 우호주주(KCC)에 5.76%의 자기주식을 처분한 것과 관련하여, 삼성물산과 그 이사들 및 KCC 등을 상대로 의결권행사 및 의결권행사허용을 금지하는 가처분을 신청하였다. 위 가처분에서 피보전권리는 주주총회결의 취소의 소, 합병무효의 소, 자기주식매매계약 무효확인의 소 등을 제기할 권리였는데, 이사들을 상대로 한 부분은 신청의 이익이 없어 부적법 각하되었고, 삼성물산과 KCC를 상대로 한 부분은 피보전권리 및 보전의 필요성에 대한 소명이 부족하다고 보아 기각되었다.[45]

의 의미가 거의 없게 되거나 혹은 그렇게 될 경우 신청인에게 회복하기 어려운 구체적 손해가 발생할 우려가 있다는 사정이 따로 있어야 한다).

44 대법원 2007. 1. 25. 선고 2005다11626 판결, 서울남부지법 2011. 3. 8. 자 2011카합113 결정(민사집행법 제300조 제2항이 규정하는 임시의 지위를 정하기 위한 가처분은 다툼 있는 권리관계에 관하여 그것이 본안소송에 의하여 확정되기까지의 사이에 가처분권리자가 현재의 현저한 손해를 피하거나 급박한 위험을 막기 위하여, 또는 그 밖의 필요한 이유가 있는 때에 한하여 허용되는 응급적 · 잠정적인 처분이다. 이러한 가처분을 필요로 하는지의 여부는 당해 가처분신청의 인용 여부에 따른 당사자 쌍방의 이해득실관계, 본안소송에 있어서의 장래의 승패의 예상, 기타의 제반사정을 고려하여 법원의 재량에 따라 합목적적으로 결정하여야 한다. 특히, 신청인이 구하는 가처분은 잠정적이지만 본안판결에서 승소한 것과 같은 법적 지위를 부여하는 이른바 만족적 가처분으로서, 그러한 가처분이 발령되어 집행될 경우 신청인은 본안에서 승소한 것과 같이 권리에 대한 실질적 만족을 얻게 되는 반면, 피신청인은 본안소송을 거치지 않은 채 기존 상태를 전면적으로 부정당하게 될 뿐만 아니라, 설령 본안소송에서 승소하더라도 원상회복이 현저히 곤란해질 염려가 있으므로, 이러한 가처분을 발령하기 위해서는 피보전권리와 보전의 필요성에 대하여 고도의 소명이 있을 것이 요구된다).

45 서울중앙지방법원 제50민사부 2015. 7. 7.자 2015카합80597 결정 및 서울고등법원 제40민사부 2015. 7. 16. 2015라20503 결정. 자기주식의 처분에 신주발행의 법리의 유추적용을 인정하지 않았고 이사들의 선관주의의무위반이나 배임 및 대표권남용 주장도 인정하지 않아 주주총회결의취소의 소 및 합병무효의 소 부분의 피보전권리가 인정되지 않았다. 그리고 주주는 자기주식매매 무효확인의 소를 제기할 확인의 이익이 인정되지 않으므로 이 부분의 피보전권리도

4. 가처분의 효력

의결권행사를 금지하는 가처분결정이 내려졌음에도 불구하고 그 주식에 관하여 의결권을 행사한 경우 그 효력이 문제된다.

의결권행사금지가처분과 동일한 효력이 있는 강제조정결정에 위반하여 의결권을 행사함으로써 이사를 선임하고 등기를 마치자, 상대방이 그 선임된 이사에 대한 직무집행정지가처분을 신청하였으나 기각되었고, 위 선임결의의 부존재확인을 구하는 소를 제기하였던 사안이 있었다.

이 사안에서, 대법원은, "가처분결정 또는 이와 동일한 효력이 있는 강제조정결정에 위반하는 행위가 무효로 되는 것은, 형식적으로 그 가처분을 위반하였기 때문이 아니라 가처분에 의하여 보전되는 피보전권리를 침해하기 때문인데, 가처분의 본안소송(주권반환청구소송)에서 가처분의 피보전권리가 없음이 확정됨으로써 그 가처분이 실질적으로 무효임이 밝혀진 이상, 위 강제조정 결정에 위반하는 의결권 행사는 결국 가처분의 피보전권리를 침해한 것이 아니어서 유효하다."고 판시한 바 있다(대법원 2010. 1. 28. 선고 2009다3920 판결).

5. 기타 주주총회관련 가처분

주주총회에서의 결의가 이루어지면 이를 다투는 데에 많은 시간과 비용이 소요되고, 판결이 확정될 때까지 법률관계가 사실상 변동되거나 고정될 위험이 있다. 따라서 사전에 가처분을 제기하여 주주총회결의가 부당하게 이루어지는 것을 방지할 필요가 있다.

주주총회의 개최와 주주총회에서의 의결권 행사와 관련한 가처분으로는,

인정되지 않았다.

주주총회의안상정가처분, 주주총회개최금지가처분, 주주총회결의금지가처분, 의결권행사금지가처분, 의결권행사허용가처분, 주주총회결의효력정지가처분 등을 생각할 수 있다.

2015년 삼성물산과 제일모직의 합병 사안에서, 삼성물산의 이사회는 제일모직과의 합병을 결의하고 합병계약을 체결한 후 이를 공시하였는데, 합병비율 · 합병시기 등에 불만을 가진 일부 주주들이 삼성물산과 그 이사들을 피신청인으로 하여 주주총회소집통지금지와 결의금지를 구하고, 결의가 이루어지는 경우를 대비하여 결의효력정지 및 집행금지 등을 구하는 가처분을 신청하였다.

위 가처분의 피보전권리로는, 삼성물산에 대하여는 주주총회결의취소의 소, 결의무효확인의 소, 합병무효의 소 등을 제기할 권리가, 이사들에 대하여는 위법행위 유지청구권(제402조)이 각각 주장되었다. 그런데 이사에 대한 가처분의 피보전권리인 유지청구권과 관련하여, 제542조의6 제5항(상장회사 특례규정)의 요건(6개월 보유 요건)을 충족해야 하는지 여부와 '회사의 손해' 요건 등이 문제되었고, 결국 제403조와의 선택적 청구가 부정되고 6개월의 보유요건을 충족하지 못하여 각하되었다. 삼성물산에 대한 신청은 합병비율의 불공정 등에 대한 주장이 인정되지 않아 피보전권리에 대한 소명이 부족하여 기각되었다.[46]

46 서울중앙지방법원 제50민사부 2015. 7. 1. 2015카합80582 결정 및 서울고등법원 제40민사부 2015.7. 16. 2015라20485 결정.

제5장

이사와 이사회

제5장

이사와 이사회

Ⅰ. 임기만료 전에 해임된 이사의 손해배상청구

1. 당사자와 청구취지

가. 당사자

이사 또는 감사가 원고가 될 수 있으며, 피고는 회사이다(제385조 제1항 2문, 제415조).

나. 청구취지

예를 들면, 피고회사의 대표이사인 원고가 회사의 중요한 재산을 이사회결의도 없이(또는 의사록을 위조하여) 염가에 A에게 매각하였고, 이에 피고회사는 원고의 임기만료 전에 원고를 이사직에서 해임하였다고 가정하자. 위 이사가 정당한 사유 없는 해임으로 인한 손해배상을 구하는 경우 청구취지는 다음과 같다.

1. 피고는 원고에게 150,000,000원 및 이에 대하여 2020. 3. 9.부터 소장 송달일까지는 연 5%의, 그 다음날부터 다 갚는 날까지는 연 15%의 각 비율에 의한 금원을 지급하라.
2. 소송비용은 피고가 부담한다.
3. 제1항은 가집행할 수 있다.

라는 판결을 구합니다.

피고회사(반소원고)가 이에 대하여 제399조에 기한 손해배상청구를 반소로 제기한 경우 반소취지는 다음과 같다.

1. 원고(반소피고)는 피고(반소 원고)에게 300,000,000원 및 이에 대하여 반소장 송달일 다음날로부터 다 갚는 날까지 연 15%의 비율에 의한 금원을 지급하라.
2. 소송비용은 원고(반소피고)가 부담한다.
3. 제1항은 가집행할 수 있다.

라는 판결을 구합니다.

2. 청구원인

청구원인은, ① 이사의 임기를 정한 사실, ② 임기만료 전에 해임된 사실, ③ 정당한 이유의 부존재 등이고, 원고인 이사가 이를 증명해야 한다(제385조 제1항 2문).[1]

'이사의 임기를 정한 경우'란, 정관 또는 주주총회결의로 임기를 정한 경우를 의미한다(대법원 2001. 6. 15. 선고 2001다23928 판결). 정관에서 이사의 임기를 제383조 제2항("이사의 임기는 3년을 초과하지 못한다.")과 동일하게만 규정하고 있는 경우에는, 임기를 3년으로 정한 취지로 볼 수 없으므로 결국 임기를 정한 것으로 볼 수 없다(위 판결). 반면에 정관에 감사의 임기를 정하지 않았거나, 제410조와 동일하게 "감사의 임기는 취임 후 3년 내의 최종의 결산기에 관한 정기총회의 종결시까지로 한다."고 규정한 경우에는, 임기를 구체적으로 정한 것에 해당한다.[2]

임기만료 전에 해임되어야 하고, 정당한 이유 없는 해임이어야 한다. '정당한 이유'란, 제385조 제2항의 해임청구사유("부정행위 또는 법령이나 정관에 위반한 중대한 사실") 뿐만 아니라, "정신적 · 육체적으로 직무를 감당하기 현저하게 곤란한 경우, 회사의 중요한 사업수행에 실패함으로써 경영능력에 대한 근본적인 신뢰관계가 상실된 경우" 등과 같이, 경영자로서 업무를 집행하는 데 장애가 될 객관적 상황이 발생한 경우를 포함한다. 다만, 주주와 이사 사이에 불화 등 단순히 주관적인 신뢰관계가 상실된 것만으로는 부족하다(판례).

---

1 대법원 2006. 11. 23. 선고 2004다49570 판결(제385조 제1항의 '정당한 이유'의 존부에 관한 입증책임은 손해배상을 청구하는 이사가 부담한다).

2 울산지방법원 2003. 11. 19. 선고 2003가합1485 판결(제410조의 감사의 임기에 관한 규정은 감사의 독립성을 보장하고 그 지위의 안정을 도모하기 위하여 이사의 임기와 유사하게 2년에서 3년으로 연장한 것으로서, 정관 또는 주주총회의 결의에 의한다고 하여도 본조에 규정된 것과는 달리 이를 단축 또는 연장할 수 없는 강행규정이다).

정당한 이유에 관한 판결례들을 보면, 대표이사로 재임하는 동안 회사의 영업실적이 현저히 악화되었고 경영능력에 대한 근본적인 신뢰가 상실되었다면 이사로서 직무를 집행하는 데 장애가 될 객관적인 상황이 발생하였다고 인정한 사례가 있고(대법원 2014. 5. 29. 선고 2012다98720 판결), 대표이사로서 수립한 경영계획 중 1년 동안 어느 것 하나 제대로 실천된 것이 없을 정도로 투자유치능력이나 경영능력 및 자질이 부족하였다면 객관적인 신뢰관계가 무너졌다고 인정한 사례가 있었으며(대법원 2004. 10. 15. 선고 2004다25611 판결), 감사가 대표이사의 위법행위를 지적하면서 불화가 생겼다는 주관적인 사유만으로는 정당한 이유라고 보기 어렵다고 한 사례가 있었다(대법원 2013. 9. 26. 선고 2011다42348 판결).

한편, 제385조 제1항은 대표이사의 직에서 해임(이사직은 유지함)된 경우에도 유추적용할 수 있는가? 위 조항은 주주와 이사의 이익을 조화시키기 위한 규정이고 이사의 보수청구권을 보장하는 것을 주된 목적으로 하는 규정이 아니므로, 이를 이사회가 대표이사를 해임한 경우에 유추적용할 수 없다고 본 사례가 있다(대법원 2004. 12. 10. 선고 2004다25123 판결). 이는 대표이사가 해임으로 무보수의 비상근 이사로 되었어도 마찬가지다(위 판결).[3]

손해배상의 범위는 이사(감사)의 보수 상당액이다. 다만, 이사(감사)의 보수는 정관 또는 주주총회의 결의로 정한 것이어야만 청구가 가능하다(제388조, 제415조).[4] 제388조가 정하는 '이사의 보수'에는 월급 · 상여금 등 명칭을 불문하고 이사의 직무수행에 대한 보상으로 지급되는 대가가 모두 포함되고, 퇴직금 또는 퇴직위로금, 해직보상금 등도 제388조가 말하는 '이사의 보수'에

3 다만, 민법 제689조 제2항에 의한 손해배상청구는 가능할 것이다.

4 제388조에 따라 정관 또는 총회의 결의로 특정 이사의 보수액을 구체적으로 정하였다면, 보수액은 임용계약의 내용이 되어 당사자인 회사와 이사 쌍방을 구속하므로, 특별한 사정이 없는 한 회사가 이사의 보수를 일방적으로 감액하거나 박탈할 수 없다(대법원 2017. 3. 30. 선고 2016다21643 판결).

해당한다.[5]

이사가 업무를 다른 이사에게 포괄적으로 위임하고 이사로서의 실질적인 업무를 수행하지 않는 경우라 하더라도, 이사로서 제399조, 제401조 등에서 정한 법적 책임을 지므로, 소극적인 직무수행 사유만을 가지고 주주총회 결의에서 정한 보수청구권의 효력을 부정하기는 어렵다(대법원 2015. 9. 10. 선고 2015다213308 판결). 다만, 이사의 보수는 그 이사가 회사에 대하여 제공하는 반대급부와 사이에 합리적 비례관계가 유지되어야 하며, 합리적인 수준을 벗어나서 현저히 균형성을 잃을 정도로 과다한 경우에는 보수청구권의 일부 또는 전부에 대한 행사가 제한될 수 있다(위 판결, 대법원 2016. 1. 28. 선고 2014다11888 판결 등).

이러한 회사의 손해배상책임은 법정책임이므로 과실상계의 법리는 적용되지 않는다.[6] 다만, 이사(감사)가 남은 임기 동안 다른 직장에 종사하여 이익을 얻은 경우에는, 공평의 관념상 해임과 상당인과관계가 있는 이익은 손해배상액에서 공제해야 한다(위 대법원 2011다42348 판결).[7]

대법원 2014. 5. 29. 선고 2012다98720 판결(해고무효확인등)

[1] 이사에 대한 퇴직위로금은 그 직에서 퇴임한 자에 대하여 그 재직 중 직무집행의 대가로 지급되는 보수의 일종으로서 제388조에 규정된 이사의 보수에 포함되고,

---

5 대법원 2004. 12. 10. 선고 2004다25123 판결(퇴직금 및 퇴직위로금도 제388조의 보수에 포함됨), 대법원 2006. 11. 23. 선고 2004다49570 판결(해직보상금은 보수가 아니더라도 제388조를 준용 또는 유추적용해야 함) 등.

6 서울고등법원 1990. 7. 6. 선고 89나46297 판결(제385조 제1항의 규정은 주주총회에 대하여 사유여하를 막론하고 이사를 해임할 수 있는 권한을 부여하는 것으로서 그에 따른 주주총회의 이사해임은 불법행위를 구성하지 아니하므로 임기만료 전에 해임된 이사가 그로 인하여 정신적 고통을 받았다 하더라도 위자료는 청구할 수 없다. 그리고 임기가 정하여진 이사를 정당한 이유없이 임기만료 전에 해임한 회사의 손해배상책임은 고의 · 과실을 요건으로 하지 아니하는 상법상의 법정책임이므로 여기에는 일반 채무불이행이나 불법행위책임에서와 같은 과실상계의 법리가 적용되지 아니한다.)

7 대법원 2013. 9. 26. 선고 2011다42348 판결(감사가 그 해임으로 인하여 남은 임기 동안 회사를 위한 위임사무 처리에 들이지 않게 된 자신의 시간과 노력을 다른 직장에 종사하여 사용함으로써 얻은 이익이 해임과 사이에 상당인과관계가 인정된다면 해임으로 인한 손해배상액을 산정함에 있어서 공제되어야 한다).

정관 등에서 이사의 보수 또는 퇴직금에 관하여 주주총회의 결의로 정한다고 규정되어 있는 경우 그 금액 · 지급방법 · 지급시기 등에 관한 주주총회의 결의가 있었음을 인정할 증거가 없는 한 이사의 보수나 퇴직금청구권을 행사할 수 없다.[8]

[2] 임원퇴직금지급규정에 관하여 주주총회 결의가 있거나 주주총회의사록이 작성된 적은 없으나 위 규정에 따른 퇴직금이 사실상 1인회사의 실질적 1인주주의 결재 · 승인을 거쳐 관행적으로 지급되었다면 위 규정에 대하여 주주총회의 결의가 있었던 것으로 볼 수 있다.[9]

[3] 제385조 제1항에서 '정당한 이유'란 주주와 이사 사이에 불화 등 단순히 주관적인 신뢰관계가 상실된 것만으로는 부족하고, 이사가 법령이나 정관에 위배된 행위를 하였거나 정신적 · 육체적으로 경영자로서의 직무를 감당하기 현저하게 곤란한 경우, 회사의 중요한 사업계획 수립이나 그 추진에 실패함으로써 경영능력에 대한 근본적인 신뢰관계가 상실된 경우 등과 같이 당해 이사가 경영자로서 업무를 집행하는 데 장해가 될 객관적 상황이 발생한 경우라야 한다.

---

8 대법원 2019. 7. 4. 선고 2017다17436 판결(이사의 퇴직금은 제388조에 규정된 보수에 포함되고 퇴직금 중간정산금도 퇴직금과 성격이 동일하다. 그런데 퇴직금 중간정산금은 지급시기가 일반적으로 정해져 있는 정기적 보수 또는 퇴직금과 달리 권리자인 이사의 신청을 전제로 이사의 퇴직 전에 지급의무가 발생하게 되므로, 이사가 중간정산의 형태로 퇴직금을 지급받을 수 있는지 여부는 퇴직금의 지급시기와 지급방법에 관한 매우 중요한 요소이다. 따라서 정관 등에서 이사의 퇴직금에 관하여 주주총회의 결의로 정한다고 규정하면서 퇴직금의 액수에 관하여만 정하고 있다면, 퇴직금 중간정산에 관한 주주총회의 결의가 있었음을 인정할 증거가 없는 한 이사는 퇴직금 중간정산금 청구권을 행사할 수 없다).

9 대법원 2004. 12. 10. 선고 2004다25123 판결도 사실상의 1인회사에서 그 1인주주가 퇴직금규정에 따른 퇴직금의 지급을 관행적으로 결재 · 승인한 것을 주주총회의 결의가 있었던 것으로 볼 수 있다고 하였다. 다만, 어느 주주가 회사의 주식의 98%를 소유하고 있다고 하여도 나머지 2%의 주식을 타인이 소유하고 있다면 이는 1인회사가 아니다(대법원 2007. 2. 22. 선고 2005다73020 판결). 한편, 타인명의로 주식을 인수한 경우 그 명의자를 주주권의 행사자를 본 대법원 2017. 3. 23. 선고 2015다248342 전원합의체 판결 이후에도 위와 같은 사실상의 1인회사의 법리가 그대로 적용될 수 있는가? 1인회사의 경우 임원보수에 관한 주주총회의 결의가 있었던 것으로 보는 이유는 전원출석총회의 법리가 적용될 수 있다는 데에 있는바, 실질주주가 명의주주의 의결권을 포괄적으로 위임받아 행사해왔다는 등의 특별한 사정이 없는 한 사실상의 1인회사의 법리를 적용하는 데에 신중해야 한다고 본다(견해 대립 있음).

II. 이사해임의 소

1. 당사자와 청구취지

가. 원고

발행주식총수의 3% 이상 주주(의결권 없는 주주 포함)가 소를 제기할 수 있다(제385조 제2항). 소제기 후 지분비율 낮아져도 상관이 없지만, 주식을 전혀 소유하지 않게 된 경우에는 원고 적격을 상실한다.

나. 피고

이사와 함께 당해 회사를 피고로 한다. 대세효에 관한 명문의 규정이 없으므로 회사를 공동피고로 할 필요가 있다. 다만, 이사해임의 소를 본안으로 하는 이사직무집행가처분에서는 이사만이 피신청인이 되고 회사는 피신청인 적격이 없다(대법원 1982. 2. 9. 선고 80다2424 판결).

임기 중의 이사를 피고로 한다. 제386조 제1항의 계속직무집행이사는 피고 적격이 없다. 이사를 새로 선임할 수도 있고, 제386조 제2항에 따라 일시이사를 선임할 수도 있으므로, 그를 피고로 하는 것은 소의 이익이 없기 때문이다. 이미 퇴임한 이사가 직무를 집행할 권한이 없음에도 불구하고 이사로서의 권한을 사실상 계속 행사하는 경우에도 피고적격이 인정되지 않는다. 다만, 그를 상대로 이사직무집행정지가처분을 신청하는 것은 가능하다(대법원 2009. 10. 29. 자 2009마1311 결정).

다. 청구취지

1. 피고 홍길동을 피고 한국주식회사의 이사직에서 해임한다.
2. 소송비용은 피고들이 부담한다.

라는 판결을 구합니다.

라. 제소기간과 제소요건

당해 이사의 해임을 부결한 날로부터 1개월 내에 제기할 수 있다. 여기서 '부결'이란, 적극적인 부결은 물론, 상정하지 않은 경우, 상정하였으나 의결에 부쳐지지 않은 경우도 포함한다.[10]

이 요건을 충족하기 위하여 소수주주는 우선 주주총회소집청구(제366조)나 주주제안(제363조의2)으로 주주총회에서의 해임결의를 시도해야 할 것이다. 다만, 상장회사의 경우 이사해임 안건에 관하여 주주제안을 할 수 없는 한계가 있다(상법시행령 제12조 제4호). 이 경우에는 주주는 이사해임사유를 주장하면서 이를 안건으로 하는 주주총회의 소집을 청구하고(제366조), 이사 직무집행정지가처분을 신청하는 방법을 취할 수 있을 것이다.

2. 청구원인

당해 이사에게 직무에 관하여 부정행위 또는 법령이나 정관에 위반한 중대한 사실 등의 해임사유가 있어야 한다(제385조 제2항). 재임 중에 위와 같

10 광주지방법원 2004. 12. 3. 선고 2004가합3668 판결(제385조 제2항에서 규정한 '주주총회에서 그 해임을 부결한 때'의 의미는 주주총회를 개회하여 해임을 부결한 적극적인 결의가 있었던 경우뿐만 아니라, 해임안이 상정되었으나 정족수 미달로 심의가 되지 않거나, 해임안이 상정되지 않아서 심의조차 되지 않음으로써 의안의 채택이 없었던 경우 등 해임을 가결하지 않는 모든 경우를 뜻한다).

은 사유가 있었다면 해임청구 당시에는 해소되었더라도 해임 사유가 될 수 있다.

III. 이사직무집행정지가처분

1. 당사자와 청구취지

가. 당사자

본안소송의 원고 또는 원고가 될 수 있는 자가 신청인이 된다(제407조 제1항). 이사해임의 소를 본안으로 하는 경우와 주주총회 이사선임결의의 무효나 취소의 소를 본안으로 하는 경우가 있다.

당해 이사가 피신청인이 되고, 회사는 피신청인적격이 없다(위 대법원 80다2424 판결).[11] 다만, 본안소송인 이사해임의 소에서는 회사도 피고적격이 있다. 제386조에 따른 계속직무집행이사는 새 이사 또는 일시이사를 선임할 수 있으므로 피신청인적격이 없다(위 대법원 2009마1311 결정).[12] 사실상의 계속직무집행이사는 피신청적격이 있다(위 대법원 결정).[13]

11 회사가 피신청인이 될 수 없더라도 직무집행정지와 직무대행자선임 가처분의 성질상 대세효를 인정하고 있다(판례, 통설).

12 대법원 2009. 10. 29. 자 2009마1311 결정(제386조 제1항에 따라 이사의 권리의무를 행사하고 있는 퇴임이사로 하여금 이사로서의 권리의무를 가지게 하는 것이 불가능하거나 부적당한 경우 등 필요한 경우에는 제386조 제2항에 정한 일시 이사의 직무를 행할 자의 선임을 법원에 청구할 수 있으므로, 그를 상대로 해임사유의 존재나 임기만료 · 사임 등을 이유로 그 직무집행의 정지를 구하는 가처분신청은 허용되지 않는다).

13 위 대법원 2009마1311 결정(퇴임한 이사가 계속 직무를 집행할 권한이 없음에도 불구하고 사실상 이사로서의 권한을 행사하는 경우에는 그 권리의무의 부존재확인청구권을 피보전권리로 하여 직무집행의 정지를 구하는 가처분신청이 허용된다).

다. 신청취지

1. 신청인 홍길동과 신청외 한국주식회사 사이의 이 법원 2020가합3818호 주주총회결의부존재확인청구사건의 본안판결확정에 이르기까지, 피신청인 장길산은 위 회사의 대표이사 및 이사로서의, 피신청인 전우치, 같은 임꺽정은 위 회사의 각 이사로서의, 피신청인 박문수는 위 회사의 감사로서의, 각 직무를 집행하여서는 아니된다.
2. 위 직무집행정지 기간 중, 대표이사 직무대행자로 대전 서구 둔산동 29의22 거주 류광해(주민등록번호)를, 이사 직무대행자로 대전 유성구 도안동 132의41 거주 정주백(주민등록번호), 대전 유성구 노은동 716의54 거주 이창원(주민등록번호)을, 감사 직무대행자로 대전 유성구 반석동 369의31 거주 조경임(주민등록번호)을 각 선임한다.
3. 신청비용은 피신청인들이 부담한다.

라는 재판을 구합니다.[14]

2. 청구원인

피보전권리는 다툼이 있는 권리관계의 현존, 즉, 주주총회의 이사선임결의의 하자 또는 이사해임사유의 존재가 된다.

보전의 필요성은, 현저한 손해 또는 급박한 위험이 있는 것을 말한다.[15] 주

14 주문례는 다음과 같다.1. 신청인의 한국주식회사 및 피신청인에 대한 이사해임의 소의 본안판결 확정시까지 피신청인 홍길동은 위 회사의 대표이사 및 이사의 직무를, 피신청인 장길산은 이사의 직무를 각각 집행하여서는 아니된다. 2. 직무집행기간 중 임꺽정(주민등록번호, 주소)을 대표이사 및 이사 직무대행자로, 전우치(주민등록번호, 주소)를 이사 직무대행자로 각각 선임한다. 3. 신청비용은 피신청인이 부담한다.

15 대법원 1997. 1. 10. 자 95마837 결정, 대법원 2003. 11. 28. 선고 2003다30265 판결 등(본안판결을 통하여 얻고자 하는 내용과 실질적으로는 동일한 내용의 권리관계를 형성하는 이른바 만족적 가처분의 경우에는, 본안판결 전에 채권자의 권리가 종국적으로 만족을 얻는 것과 동일한 결과에 이르게 되는 반면, 채무자로서는 본안소송을 통하여 다투어 볼 기회를 가져보기도 전에 그러한 결과에 이르게 된다는 점을 고려해 볼 때 그 피보전권리 및 보전의 필요성에 관하여 통상의 보전

주총회의 이사선임 절차상의 잘못이 있더라도 당해 이사들이 주식 60%를 소유하고 있어 다시 새로운 주총에서 이사로 선임될 수 있는 경우에 보전의 필요성을 부정한 사례가 있다(대법원 1991. 3. 5. 자 90마818 결정). 그리고 당해 이사가 이미 상당기간 직무집행을 해 온 사정이 있다면 보전의 필요성이 인정되기 어려울 것이다.

본안소송이 제기되어야 한다(제407조 제1항). 이사의 경우에는, 이사해임의 소 또는 이사를 선임한 주주총회결의의 하자를 다투는 소를 제기해야 하고, 대표이사의 경우에는 이사회결의무효확인의 소 또는 주주총회결의의 하자를 다투는 소가 제기되었어야 한다. 이사에 대한 위법행위유지청구의 소는 직무집행정지가처분의 본안이 될 수 없다. 이때는 당해 위법행위의 금지를 구하는 가처분을 신청해야 한다.

급박한 경우에는 본안소송제기 전에도 가처분이 가능하다(제407조 제1항). 다만, 이때에도 회사에 임시주주총회의 개최를 요구하는 등 이사해임의 소를 제기할 수 있을 정도의 절차요건을 거친 흔적이 소명되어야 한다(대법원 1997. 1. 10. 자 95마837 결정).

직무대행자가 선임된 경우 그의 권한은 원칙적으로 상무에 속하는 행위로 제한된다(제408조 제1항). 다만, 가처분에서 다른 정함이 있는 경우 또는 법원의 허가를 얻은 경우는 예외이다. 대법원의 사례를 보면, 제소와 응소, 변호사에 소송 위임, 재무제표승인 위한 정기주주총회의 소집 등을 상무에 속한 것으로 본 반면에, 상대방 변호사에 대한 보수약정, 본안소송에 대한 항소취하, 회사의 기관구성이나 경영에 영향을 미칠 수 있는 주주총회의 소집, 신청인에게 권한 전부의 위임, 신주발행 또는 사채발행 등은 상무에 속하지 않는 행위로서 법원의 허가가 필요한 행위로 보았다. 상무에 속하지 않은 행위를 법원의 허가 없이 한 경우에도 회사는 선의의 제3자에 대하여 책임을 진다(제

처분보다 높은 정도의 소명이 요구된다).

408조 제2항).

우리 대법원은, 이사의 직무집행을 정지하고 직무대행자를 선임하는 가처분은 그 성질상 당사자 사이뿐만 아니라 제3자에 대한 관계에서도 효력이 미치므로, 그에 반하여 이루어진 행위는 제3자에 대한 관계에서도 무효라고 한다.[16] 따라서 그 가처분에 위반하여 대표권 없는 자와 법률행위를 한 거래상대방은 자신이 선의였음을 들어 위 법률행위의 유효를 주장할 수는 없다.

그리고 법원의 직무집행정지 가처분결정에 의해 회사를 대표할 권한이 정지된 대표이사가 그 정지기간 중에 체결한 계약은 절대적으로 무효이고, 그 후 가처분신청의 취하에 의하여 보전집행이 취소되었다 하더라도 집행의 효력은 장래를 향하여 소멸할 뿐 소급적으로 소멸하는 것은 아니므로, 가처분신청이 취하되더라도 무효인 계약이 유효하게 되지는 않는다(대법원 2008. 5. 29. 선고 2008다4537 판결).

나아가 대표이사의 직무집행정지 및 직무대행자선임의 가처분이 이루어진 이상, 그 후 대표이사가 해임되고 새로운 대표이사가 선임되었다 하더라도, 가처분결정이 취소되지 아니하는 한 직무대행자의 권한은 유효하게 존속하는 반면, 새로이 선임된 대표이사는 그 선임결의의 적법 여부에 관계없이 대표이사로서의 권한을 가지지 못한다(대법원 2014. 3. 27. 선고 2013다39551 판결, 대법원 1992. 5. 12. 선고 92다5638 판결). 다만, 새 (대표)이사가 적법

---

16 대법원 2014. 3. 27. 선고 2013다39551 판결, 대법원 1992. 5. 12. 선고 92다5638 판결 등. 원래 가처분결정은 당사자 사이에서만 효력을 갖는다. 그렇지만 대법원은 회사의 피신청인적격을 부정하면서도 "직무집행정지가처분의 성질상" 이러한 대세효를 인정한다. 회사에 대해서는 그 성질상 당연히 가처분의 효력이 미친다고 보는 것이다. 그렇지 않으면 단체적 업무집행을 담당하는 이사의 직무를 집행하는 가처분의 효력을 담보할 수 없기 때문이다(이러한 점에서 보면 회사의 피신청인 적격을 인정하는 것이 더 타당할 것이다). 그러나 제3자에 대해서도 그 효력이 당연히 미친다는 근거를 찾을 수 없으므로 이는 상업등기의 효력으로 설명하는 것이 타당하다고 본다(사견). 즉, 직무집행정지가처분 결정이 내려지면 법인등기부에 촉탁등기가 이루어지므로(제407조 제3항), 상업등기의 효력에 따라 등기 후에는 선의의 제3자에게도 대항할 수 있고, 결국 대세효가 인정된다고 설명하는 것이 타당하다(제37조). 어떤 사정으로 등기가 이루어지지 않으면 선의의 제3자에게 대항할 수 없을 것이다(제37조). 대법원이 직무집행정지가처분은 제37조 제1항에 의하여 이를 등기하지 아니하면 선의의 제3자에게 대항하지 못하고, 악의의 제3자에게는 대항할 수 있다고 판시한 것도 같은 맥락에서 해석될 수 있다(대법원 2014. 3. 27. 선고 2013다39551 판결).

하게 선임된 경우 가처분결정을 더 이상 유지할 필요가 없는 사정변경이 생겼음을 이유로 가처분의 취소를 구할 수 있을 것이다(제407조 제2항, 대법원 1997. 9. 9. 선고 97다12167 판결).

대법원 2014. 3. 27. 선고 2013다39551 판결(주주총회결의부존재확인등)

[1] 주식회사 이사의 직무집행을 정지하고 직무대행자를 선임하는 가처분은 성질상 당사자 사이뿐만 아니라 제3자에 대한 관계에서도 효력이 미치므로 가처분에 반하여 이루어진 행위는 제3자에 대한 관계에서도 무효이므로 가처분에 의하여 선임된 이사직무대행자의 권한은 법원의 취소결정이 있기까지 유효하게 존속한다.

[2] 등기할 사항인 직무집행정지 및 직무대행자선임 가처분은 제37조 제1항에 의하여 이를 등기하지 아니하면 위 가처분으로 선의의 제3자에게 대항하지 못하지만 악의의 제3자에게는 대항할 수 있고, 주식회사의 대표이사 및 이사에 대한 직무집행을 정지하고 직무대행자를 선임하는 법원의 가처분결정은 그 결정 이전에 직무집행이 정지된 주식회사 대표이사의 퇴임등기와 직무집행이 정지된 이사가 대표이사로 취임하는 등기가 마쳐졌다고 할지라도 직무집행이 정지된 이사에 대하여는 여전히 효력이 있으므로 가처분결정에 의하여 선임된 대표이사 및 이사 직무대행자의 권한은 유효하게 존속하고, 반면에 가처분결정 이전에 직무집행이 정지된 이사가 대표이사로 선임되었다고 할지라도 그 선임결의의 적법 여부에 관계없이 대표이사로서의 권한을 가지지 못한다.[17]

---

17 원래 피고회사의 대표이사는 A였고 이사는 B 등이었는데, A, B 등에 대하여 이사직무집행정지 및 직무대행자선임 가처분이 신청되었다. 그런데 아직 가처분 결정이 내려지기 전에 A가 사임하자 피고회사는 B를 대표이사로 선임하고 등기를 마쳤다. 이후 A, B 등에 대한 위 가처분이 인용되고 직무대행자로 C가 선임되었는데, 가처분 결정의 내용과 등기현황이 일치하지 않아 가처분결정에 따른 등기가 마쳐지지 못하였다. 원고(피고회사의 이사이자 위 가처분결정으로 직무집행이 정지된 이사 중 한명)는 피고회사를 상대로 소를 진행 중이었는데, 항소심 계속 중 위와 같이 가처분결정이 내려진 후 피고회사의 대표이사를 B로 하는 당사자표시정정을 신청하여 소송을 진행하였다. 피고회사는 항소심 판결에 대하여 다투면서 상고하였는데, 대법원은 가처분에 따른 등기가 되지 않았더라도 이를 잘 아는 원고가 피고회사의 적법한 대표자가 아닌 B에게 소송서류가 송달되게 함으로써 피고회사의 대표자인 직무대행자 C가 귀책사유 없이 변론기일에 출석하여 공격방어방법을 제출할 기회를 박탈당하고 변론이 종결된 결과 피고회사는 당사자로서 절차상 부여된 권리를 침해당한 것이므로, 민사소송법 제424조 제1항 제4호의 규정을 유추적용하여 위법하다고 판단하였다.

IV. 이사회결의무효(부존재)확인의 소

1. 당사자와 청구취지

가. 당사자

이사회결의의 효력을 다투는 소에 관해서는 상법에 규정이 없으므로 민사소송법에 따른 일반 확인의 소를 제기할 수 있다. 따라서 원고는 이사회결의의 무효를 구할 확인의 이익이 있어야 한다. 예를 들면, 주주는 회사의 재산관계에 대하여는 단순히 사실상 · 경제상 또는 일반적 · 추상적인 이해관계만을 가질 뿐, 구체적 또는 법률상의 이해관계를 가진다고는 할 수 없으므로, 회사의 재산을 처분하는 이사회 결의의 무효를 구할 확인의 이익이 없다.[18]

대표이사를 해임하는 이사회결의에 하자가 있더라도, 그 후 주주총회에서 그에 대한 이사해임결의가 있었다면, 이사회결의의 무효확인을 구하는 것은 과거의 법률관계 내지 권리관계의 확인을 구하는 것이 되어 확인의 이익이 없다(대법원 2007. 4. 26. 선고 2005다38348 판결). 다만, 그 주주총회의 해임결의가 무권리자에 의하여 소집된 총회라는 하자 이외의 다른 하자로 인하여 부존재임이 인정되거나 취소되는 등의 특별한 사정이 있으면 확인의 이익이 인정된다(위 판결).

피고는 회사가 되어야 하고, 이사 개인을 상대로 한 소는 소의 이익이 없다.

18 주주는 이사의 해임을 추진하거나 대표소송의 제기를 고려할 수 있을 뿐이다.

다. 청구취지

1. 피고의 2020. 3. 20.자 이사회에서 소외 홍길동을 대표이사로 선정한 결의는 무효임을 확인한다.
2. 소송비용은 피고가 부담한다.

라는 판결을 구합니다.

2. 청구원인

당해 결의를 한 이사회의 소집절차 또는 결의방법에 법령 · 정관위반이 있거나 현저히 불공정한 경우, 또는 결의 내용의 법령 · 정관 위반 등의 하자가 있어야 한다.[19]

이사회는 소집권자에 의하여 소집되고(제390조 제1항, 제2항, 제412조의4), 회일의 1주간 전에 각 이사 및 감사에게 통지가 발송되어야 하나(제390조 제3항), 이사 및 감사 전원의 동의가 있으면 언제든지 회의할 수 있다(동조 제4항). 반드시 서면으로 통지할 필요는 없고 구두(전화) 통지도 가능하며, 회의의 목적사항을 반드시 통지해야 하는 것도 아니다.[20]

이사회의 결의는 이사과반수의 출석과 출석이사의 과반수로 한다(제391조 제1항). 의결권의 대리행사는 허용되지 않고, 복수의결권이나 가부동수결정권(Casting Vote)도 허용되지 않는다. 서면결의는 허용되지 않지만(통설), 음

19 소집절차 또는 결의방법의 하자가 중대하여 결의가 존재한다고 볼 수 없을 정도이면 이사회결의 부존재확인의 소를 제기할 수 있다. 다만, 이사 및 감사 전원이 동의하여 의사회의사록이 작성되었다면 비록 특정 장소에서 이사회를 개최하지 않았다고 하더라도 부존재라고까지 볼 수는 없다(대법원 2004. 8. 20. 선고 2003다20060 판결).

20 대법원 2011. 6. 24. 선고 2009다35033 판결(이사회 소집통지를 할 때에는, 회사의 정관에 이사들에게 회의의 목적사항을 함께 통지하도록 정하고 있거나 회의의 목적사항을 함께 통지하지 아니하면 이사회에서의 심의 · 의결에 현저한 지장을 초래하는 등의 특별한 사정이 없는 한, 주주총회 소집통지의 경우와 달리 회의의 목적사항을 함께 통지할 필요는 없다).

성을 동시에 송수신하는 방법의 전화회의(conference call)는 가능하다(제391조 제2항).

특별이해관계 있는 이사는 의결권이 제한된다(제391조 제3항, 제368조 제3항, 제371조 제2항).[21] 이사의 경업이나 자기거래 승인, 이사책임면제 의안의 총회상정을 위한 결의 등에서 당해 이사는 특별이해관계가 있다고 보며, 대표이사 선임이나 해임 의안에서 당해 이사는 특별이해관계 있는 이사가 아니다(개인법설).

3. 판결의 효력

이사회결의무효확인판결의 효력은 기판력의 범위와 일치하고, 대세효가 없다. 따라서 제3자는 이사회결의무효확인의 소에 공동소송참가를 할 수 없다.[22] 대세적 효력이 있는 주주총회결의취소의 소에는 제소기간 내이면 공동소송참가가 가능하고, 제소기간이 지났다면 공동소송적 보조참가가 가능하다는 점과 비교될 수 있다.

이사회결의가 무효로 확인된 경우 그 후속행위의 효력이 문제된다. 내부적 사항(예를 들면, 지배인의 선임)은 무효로 본다. 대외적 거래도 원칙적으로

21 대법원 1992. 4. 14. 선고 90다카22698 판결(특별이해관계가 있는 이사는 이사회에서 의결권을 행사할 수는 없으나 의사정족수 산정의 기초가 되는 이사의 수에는 포함되고, 다만 결의성립에 필요한 출석이사에는 산입되지 않으므로, 3명의 이사 중 대표이사와 특별이해관계 있는 이사 등 2명이 출석하여 의결을 하였다면 이사 3명중 2명이 출석하여 과반수 출석의 요건을 구비하였고, 특별이해관계 있는 이사가 행사한 의결권을 제외하더라도 결의에 참여할 수 있는 유일한 출석이사인 대표이사가 찬성하였으므로 과반수의 찬성이 있는 것으로 되어 그 결의는 적법하다).

22 대법원 2001. 7. 13. 선고 2001다13013 판결(공동소송참가는 타인간의 소송의 목적이 당사자 일방과 제3자에 대하여 합일적으로 확정될 경우 즉, 타인간의 소송의 판결의 효력이 제3자에게도 미치게 되는 경우에 한하여 그 제3자에게 허용된다. 학교법인의 이사회의 결의에 하자가 있는 경우에 관하여 법률에 별도의 규정이 없으므로 그 결의에 무효사유가 있는 경우에는 이해관계인은 언제든지 또 어떤 방법에 의하든지 그 무효를 주장할 수 있고, 이와 같은 무효주장의 방법으로서 이사회결의무효확인소송이 제기되어 승소확정판결이 난 경우, 그 판결의 효력은 위 소송의 당사자 사이에서만 발생하는 것이지 대세적 효력이 있다고 볼 수는 없다. 따라서 이사회결의무효확인의 소는 그 소송의 목적이 당사자 일방과 제3자에 대하여 합일적으로 확정될 경우가 아니어서 제3자는 위 소송에 공동소송참가를 할 수 없다).

무효이지만, 거래의 안전을 위하여 상대방이 선의·무과실인 경우에는 무효 주장이 제한된다. 이때 상대방이 이사회결의가 없었음(또는 하자가 있음)을 알았거나 알 수 있었다는 점은 회사가 주장·입증해야 한다(판례).[23]

후속행위의 효력을 다투는 소가 따로 있는 경우에는 그 행위를 다투어야 한다. 예를 들면, 이사회결의가 없거나 하자가 있는 경우의 신주발행의 효력은 신주발행무효의 소로써 다투어야 한다.[24] 합병(합병무효의 소)이나 주주총회 소집(주주총회결의취소의 소 등)의 경우도 마찬가지다.

---

23 대법원 2005. 7. 28. 선고 2005다3649 판결(대표이사가 이사회의 결의를 거쳐야 할 대외적 거래행위에 관하여 이를 거치지 아니한 경우라도, 이와 같은 이사회 결의사항은 회사의 내부적 의사결정에 불과하다 할 것이므로, 그 거래상대방이 그와 같은 이사회결의가 없었음을 알았거나 알 수 있었을 경우가 아니라면 그 거래행위는 유효하고, 거래의 상대방이 이사회의 결의가 없었음을 알았거나 알 수 있었음은 이를 주장하는 회사측이 주장·입증하여야 한다).

24 대법원 판결례 중에는, "신주발행은 주식회사의 업무집행에 준하는 것으로서 대표이사가 그 권한에 기하여 신주를 발행한 이상 신주발행은 유효하고, 설령 신주발행에 관한 이사회의 결의가 없거나 이사회의 결의에 하자가 있더라도 이사회의 결의는 회사의 내부적 의사결정에 불과하므로 신주발행의 효력에는 영향이 없다"라고 판시한 것이 있다(대법원 2007. 2. 22. 선고 2005다77060 판결). 그러나 신주발행을 위한 이사회결의의 흠결이나 하자는 신주발행의 무효원인이 될 수 있고, 다만 우리 법원은 그 무효 여부를 엄격하고 신중하게 판단하므로(대법원 2010. 4. 29. 선고 2008다65860 판결 등) 그 사유만으로는 인용되기 어려울 뿐이라고 보는 것이 타당하다. 실제로 위 대법원 2008다65860 판결은 신주발행을 위한 이사회결의의 하자 등을 이유로 신주발행무효의 소를 인용하였다.

기업법실무강의 III(회사소송)

제6장

법률행위와 법정책임

제6장

법률행위와 법정책임

Ⅰ. 회사의 법률행위 관련 소송

1. 당사자와 청구취지

가. 당사자

회사와 법률행위(계약)를 한 상대방이 원고가 될 것이다. 예들 들면, 회사에 자재를 납품하고 그 대금채권을 가진 자, 회사 소유의 부동산을 매수한 자 등이 회사를 상대로 그 거래에 따른 의무의 이행을 구하는 소송이 그것이다.

피고는 회사가 되는데, 그 소송행위에 관한 대표권은 대표이사에게 있다(제389조 제3항, 제209조 제1항). 다만, 이사가 원고인 경우에는 감사가 회사를 대표한다(제394조 제1항). 감사 대신 감사위원회가 설치된 회사의 경우에는 감사위원회 또는 이사가 법원에 회사를 대표할 자를 선임하여 줄 것을 신청해야 한다(제394조 제2항).

나. 청구취지

회사에 물품을 납품하고 물품대금채권을 가진 자가 회사를 상대로 물품대금을 구하는 경우 청구취지는 다음과 같다.

1. 피고는 원고에게 30,550,000원 및 이에 대하여 2020. 3. 2.부터 이 사건 소장부본 송달일까지는 연 6%의, 그 다음날부터 다 갚는 날까지는 연 15%의 각 비율로 계산한 돈을 지급하라.
2. 소송비용은 피고가 부담한다.
3. 제1항은 가집행할 수 있다.

라는 판결을 구합니다.

회사 소유의 부동산을 매수한 자가 회사를 상대로 소유권이전등기절차의 이행을 구하는 경우 청구취지는 다음과 같다.

1. 피고는 원고에게 별지 목록 기재 부동산에 관하여 2020. 3. 5. 매매를 원인으로 한 소유권이전등기절차를 이행하라.
2. 소송비용은 피고가 부담한다.

라는 판결을 구합니다.

2. 청구원인

가. 요건사실

청구원인은 회사와 거래한 사실(예를 들면, 매매계약을 체결한 사실)이고, 각각의 거래 유형에 따른 요건사실이 충족되어야 한다. 나아가 당해 거래의 효력을 회사에 돌리려면 회사의 적법한 대표권(또는 대리권)을 가진 자와 거래하였어야 한다.[1]

회사측 거래 당사자의 적법한 대표권(또는 대리권)의 존재는 원고가 입증해야 한다. 대표권을 입증하기 어려운 경우 표현책임(표현대표이사 등)을 주장 · 입증해도 된다(제14조, 제39조, 제395조, 민법 제125조, 제126조, 제129조 등). 표현책임을 인정하여 금전 지급을 명하는 경우에는 원래의 계약상의 책임을 인정하는 것이므로 과실상계가 인정되지 않는다.

계약상의 책임 요건을 입증하기 어려운 경우에는 법정책임을 주장하는 것을 검토할 수 있다. 예를 들면, 회사의 불법행위책임(제389조 제3항, 제210조), 회사의 사용자책임(민법 제756조), 부당이득반환청구(민법 제741조) 등이 그것이다. 이러한 법정책임에도 표현책임이 성립할 수 있는지 문제된다. 통설은 제395조 등은 제3자의 신뢰가 개입될 여지가 없는 불법행위책임에는 적용이 없고, 제14조(표현지배인)가 재판상 행위를 예외로 하고 있음에 비추어 소송행위에도 적용이 없다고 본다. 다만, 회사의 부당이득반환책임이 문제된 사안에서 제395조의 적용을 긍정한 사례가 있다(대법원 2009. 3. 12. 선고 2007다60455 판결).

한편, 회사의 책임이 부정되는 경우에 대비하여 원고는 무권대표자(무권대

---

1 회사는 상인이므로(제4조, 제5조 제2항), 회사의 거래는 상행위가 된다. 따라서 회사에게 거래상 책임을 묻는 소송에는 대표권(또는 대리권)의 존부가 문제되는 외에도, 상업사용인의 행위로 인한 책임, 상행위의 특칙의 적용 등과 관련한 쟁점이 문제될 수 있다. 이하에서는 먼저 대표권과 관련된 내용을 살펴보고, 상업사용인과 상행위의 특칙에 대하여 차례로 살펴보겠다.

리인)를 상대로 한 청구를 병합하여 제기할 것인지를 검토할 필요가 있다. 무권대리인에 대한 이행책임(제48조, 민법 제135조), 불법행위책임(제389조 제3항, 제210조, 제401조, 민법 제750조), 부당이득반환청구(민법 제741조) 등이 그것이다.

나. 회사의 항변사실

대표이사로 등기된 자는 적법하게 선임된 대표이사로 추정되므로(대법원 1983. 12. 27. 선고 83다카331 판결), 그가 대표이사로 선임된 바가 없다는 사실 또는 (대표)이사로 선임된 주주총회결의나 이사회결의에 하자가 있다는 사실 등은 회사가 증명해야 한다. 이때 회사가 당해 대표이사를 이사로 선임한 주주총회결의에 취소 사유에 해당하는 하자가 있음을 이유로 대표권의 흠결을 다투는 경우에는 반드시 주주총회결의취소의 소(제376조)를 제기하는 방법으로 다투어야 한다.

상대방의 표현대표이사(외관의 존재, 외관의 부여) 주장에 대하여, 회사는 상대방이 대표권 없음을 알았거나 중대한 과실로 알지 못한 사실을 항변사실로 주장 · 입증할 수 있다.

대표권이 인정되거나 표현책임이 성립하더라도, 회사는, ① 그 행위에 필요한 내부적 절차(이사회결의 등)의 누락 또는 하자("전단적 대표행위"), ② 대표권의 내부적 제한(제389조 제3항, 제209조 제2항), ③ 대표권(대리권) 남용 사실 등을 항변할 수 있다.

3. 대표이사의 대표권

가. 대표권의 제한

대표이사는 회사의 영업에 관하여 재판상 또는 재판 외의 모든 행위를 할 권한이 있다(제389조 제3항, 제209조 제1항). 대표이사의 대표권은 이렇게 회사의 영업의 전 범위(즉, 회사의 권리능력의 범위)와 일치한다.

대표이사의 대표권은 정관, 이사회규정, 이사회 결의, 내규 등에 의하여 내부적으로 제한하는 것이 가능하지만, 이로써 선의의 제3자에 대항하지 못한다(제389조 제3항, 제209조 제2항). 대표권의 내부적인 제한은 특정 유형이나 일정 규모 이상의 대표행위에 대하여 이사회의 결의를 받도록 하는 방식으로 하는 경우가 많다.[2]

대법원은, 정관 규정으로 특정 거래에 이사회결의를 받도록 한 사안(내부적 제한이 문제된 사안)에서, 이사회 결의사항은 내부적 의사결정에 불과하므로 "상대방이 이사회결의 없음을 알았거나 알 수 있었을 경우"에 한하여 무효라고 하였고, 이때 제3자의 악의나 과실은 회사가 입증해야 한다고 보았다(대법원 1993. 6. 25. 선고 93다13391 판결). 다만, 외부에서 알기 어려운 내부적 제한에 대하여 제3자의 경과실까지 문제삼는 것은 과도하지 않은지 생각해 볼 필요가 있다.[3] 지배인의 권한의 내부적 제한(제11조 제3항)에서는, 제3자에게 중대한 과실이 있는 경우만을 무효로 본 사례가 있는바(대법원 1997.

---

2 내부적 제한이 아니더라도 대표이사의 중요한 업무집행에는 이사회결의가 필요한 경우가 있다(제393조 제1항). 제393조 제1항에 따라 이사회 결의가 필요한 행위인지 여부는 내부규정(이사회규정 등)에 구애받지 않고 판단한다(대법원 2005. 7. 28. 선고 2005다3649 판결 등). 따라서 내부적 제한이 문제되는 경우는 "객관적으로는 이사회결의가 필요한 것은 아닌데, 내부규정에 의하여 이사회결의가 필요한 경우"로 한정된다고 볼 수 있다.

3 다만 그 행위가 '제393조 제1항에 따라 이사회결의가 필요한 경우'에도 해당한다면 상대방으로서도 주의를 기울여야 하므로 경과실을 문제삼는 것을 이해할 수 있다. 즉, '대표권의 내부적 제한으로 이사회결의가 필요한 경우'와 '제393조 제1항에 따라 이사회결의가 필요한 경우'를 구별할 필요가 있다고 본다.

8. 26. 선고 96다36753 판결), 참고할 만하다고 본다.

한편, 회사는 수인의 대표이사가 공동으로 회사를 대표할 것을 정할 수 있다(제389조 제2항). 공동대표이사를 정한 경우에도 수동대표와 불법행위책임은 예외적으로 단독대표가 가능하다. 공동대표이사들 사이에 그 권한의 위임이 가능한지 문제되는데, 개별적인 사안에 대한 위임은 가능하지만(통설), 일반적 · 포괄적으로 위임하는 것은 허용되지 않는다고 본다(대법원 1989. 5. 23. 선고 89다카3677 판결).

공동대표이사 중 1인이 단독으로 회사를 대표하여 한 행위는 회사에 대하여 효력이 없다. 다만, 이 경우에도 표현대표이사의 책임이 성립할 수 있고, 회사가 이를 추인할 수도 있으며, 이때 추인의 의사표시는 공동대표이사 또는 상대방인 제3자 중 어느 사람에게도 할 수 있다(대법원 1992. 10. 27. 선고 92다19033 판결).

나. 표현대표이사

진정한 대표이사가 아니어서 대표권이 흠결되었더라도 선의의 제3자는 회사에 대하여 표현대표이사(제395조) 또는 부실등기(제39조) 등의 책임을 추궁할 수도 있다. 표현대표이사의 책임을 주장할 수 있는 제3자에는 어음의 제3취득자가 포함된다.[4]

표현대표이사의 책임(제395조)은 외관법리에 따라 상대방을 보호하는 제도이다. 따라서 외관책임의 요건이 필요한데, 먼저 ① 회사를 대표할 권한이 있는 것으로 인정될 만한 명칭의 사용이 있어야 한다("외관의 존재"). 이러한

4 대법원 2003. 9. 26. 선고 2002다65073 판결(제3자에 어음의 제3취득자가 포함된다고 본 사례), 대법원 1997. 8. 26. 선고 96다36753 판결(지배인의 대리권의 내부적 제한에 관하여 어음의 제3취득자가 포함된다고 본 사례). 반면에, 대법원 1999. 12. 24. 선고 99다13201 판결은, 민법상의 표현대리 규정을 유추적용할 때 그 규정의 적용을 주장할 수 있는 자는 어음행위의 직접 상대방에 한하고, 제3취득자는 직접상대방에 대한 표현대리 성립을 원용할 수 있을 뿐이라고 보았다.

명칭에는 제395조에 열거된 것 이외에도, 회장, 부회장, 본부장, 대표이사 등도 해당된다. 전무와 상무도 일단 이러한 외관에 해당되지만, 상대방의 중과실이 인정되기 쉬울 것이다.[5]

명칭을 사용한 자가 이사의 자격이 없는 경우나 주주총회의 이사선임결의에 하자가 있는 경우에도 유추적용된다.[6] 그리고 자기의 명칭이 아니라 진정한 대표이사의 명칭을 사용하는 경우를 포함하는데,[7] 이 경우 상대방의 신뢰(선의 · 무중과실)의 대상은 '표현대표이사의 대표권'이 아니라 '대표이사를 대리(대행)하여 행위 할 권한이 있는지 여부'이다. 공동대표이사가 단독 대표이사 명칭을 사용한 경우에도 적용될 수 있다(위 대법원 92다19033 판결).

다음으로 ② 회사가 명칭의 사용을 허락하거나 알면서 방치한 경우 등 회사의 귀책사유가 인정되어야 한다("외관의 부여"). 우리 대법원은 회사가 명칭의 사용을 몰랐다면 모른 데에 과실이 있더라도 회사의 귀책사유를 부정한다.[8] 그리고 회사의 귀책사유 여부는 진정한 대표이사 또는 이사회 결의의 성립이 가능한 이사의 수(정관상의 정족수 또는 과반수)의 이사들을 기준으로 판단한다(대법원 2011. 7. 28. 선고 2010다70018 판결).[9]

위와 같은 요건이 충족되면 회사의 책임이 발생하는데, 이 경우 회사는 ③ 제3자가 악의이거나 대표권이 있다고 믿은 데에 중과실이 있었음을 증명하여 항변할 수 있다("제3자의 신뢰").[10] '선의'란 대표권이 없음을 알지 못한 것

---

5 대법원 1999. 11. 12. 선고 99다19797 판결('전무이사' '상무이사' 명칭 사용에 외관의 존재와 귀책사유를 인정하였지만 상대방의 중과실을 인정한 사례).

6 대법원 1992. 7. 28. 선고 91다35816 판결(이사 아닌 자에게 유추적용한 사례).

7 대법원 2011. 3. 10. 선고 2010다100339 판결(진정한 대표이사의 명칭을 사용한 경우에도 외관의 존재를 인정한 사례).

8 대법원 2005. 9. 9. 선고 2004다17702 판결(알면서 방치한 경우에 귀책사유를 인정한 사례), 대법원 1995. 11. 21. 선고 94다50908 판결(과실로 몰랐던 경우에 귀책사유를 부정한 사례).

9 대법원 2009. 3. 12. 선고 2007다60455 판결(회사운영을 사실상 지배하는 자가 현출하고 대표이사와 이사들이 묵인하였던 사안에서 귀책사유를 긍정한 사례), 대법원 2011. 7. 28. 선고 2010다70018 판결(50% 주주가 다른 50% 주주를 배제하고 관여한 사안에서 회사의 귀책사유를 부정한 사례).

10 여기서 제3자의 '중대한 과실'이라 함은, 제3자가 조금만 주의를 기울였더라면 표현대표이사의 행위가 대표권에 기한 것이 아니라는 사정을 알 수 있었음에도 만연히 이를 대표권에 기한 행위

을 의미하지만, 대표이사의 명칭을 사용한 경우에는 "형식상 대표이사가 아니라는 사실을 알고 있었더라도 (대표이사를) 대행할 권한이 있다고 신뢰한 경우"에는 선의로 인정될 수 있다(대법원 1998. 3. 27. 선고 97다34709 판결, 대법원 2011. 3. 10. 선고 2010다100339 판결).

대법원 2011. 7. 28. 선고 2010다70018 판결(배당이의)

[1] 등기신청권자에게 제39조에 의한 부실등기 책임을 묻기 위해서는, 원칙적으로 등기가 등기신청권자에 의하여 고의·과실로 마쳐진 것임을 요하고, 주식회사의 경우 부실등기에 대한 고의·과실의 유무는 대표이사를 기준으로 판정하여야 한다. 등기신청권자 아닌 자가 주주총회 의사록 및 이사회 의사록 등을 허위로 작성하여 주주총회결의 및 이사회결의 등의 외관을 만들고 이에 터잡아 이사 및 대표이사 선임등기를 마친 경우라면, 그것이 적법하게 선임된 대표이사와 이사들 및 나머지 주주들의 관여가 배제된 채 이루어진 이상, 허위의 주주총회결의 등의 외관을 만들어 부실등기를 마친 자가 회사의 상당한 지분을 가진 주주라고 하더라도 그러한 사정만으로는 회사의 고의 또는 과실로 부실등기를 한 것과 동일시할 수는 없다.

[2] 제395조에 의하여 회사가 표현대표이사의 행위에 대하여 책임을 지려면 표현대표이사의 행위에 대하여 그를 믿었던 제3자가 선의이어야 하고, 또한 회사가 적극적 또는 묵시적으로 표현대표를 허용한 경우에 한한다. 여기서 회사가 표현대표를 허용하였다고 하기 위해서는 진정한 대표이사가 이를 허용하거나, 이사 전원이 아닐지라도 적어도 이사회결의의 성립을 위하여 회사의 정관에서 정한 이사의 수, 그와 같은 정관의 규정이 없다면 최소한 이사 정원의 과반수 이사가 적극적 또는 묵시적으로 표현대표를 허용한 경우이어야 한다.

다. 대표권의 남용

대표이사가 대표권의 범위 내에서 회사를 대표하여 법률행위를 하면서도

라고 믿음으로써 거래통념상 요구되는 주의의무에 현저히 위반하는 것으로서, 공평의 관점에서 제3자를 구태여 보호할 필요가 없다고 봄이 상당하다고 인정되는 상태를 말한다(대법원 2003. 9. 26. 선고 2002다65073 판결).

자기 또는 제3자의 이익을 위하여 대표권을 남용한 경우에도, 일단 그 행위는 회사의 법률행위로서 효력이 있다. 다만, 상대방이 대표이사의 주관적 의도(진의)를 알았거나 알 수 있었던 경우에는 민법 제107조 제1항 단서를 유추적용하여 무효로 보기도 하고("심리유보설"),[11] 제3자가 대표이사의 남용의도를 알았거나 중대한 과실로 알지 못한 경우까지 회사에 대하여 권리를 주장하는 것은 신의칙위반 또는 권리남용으로서 허용될 수 없다고 보기도 한다("권리남용설").[12]

라. 전단적 대표행위

대표이사가 대표행위에 필요한 회사 내부의 의사결정절차를 거치지 않고 대외적 법률행위를 하였거나 그 내부절차에 하자가 있는 경우에는, 회사의 이익과 상대방의 신뢰(거래의 안전)의 보호를 고려하여 그 효력 여부를 결정해야 할 것이다.

우선, ① 법률에 의하여 대표권이 제한되는 경우(제394조, 제389조 제2항 등)에는 그에 위반한 대표행위는 무효로 본다. 다만, 추인이 가능하고, 공동대표이사의 경우 표현대표이사의 책임이 성립할 수 있다.

다음으로, ② 주주총회결의를 요하는 경우, 주주총회의 결의 없이 한 대표행위는 원칙적으로 무효로 본다(통설). 그리고 제374조는 효력규정으로서 이에 위반한 처분행위는 상대방의 선의 · 악의를 불문하고 무효라고 본 판결례

---

11 대법원의 판례들의 주류적인 입장이다. 대법원 2004. 3. 26. 선고 2003다34045 판결(대표이사가 대표권의 범위 내에서 한 행위는 설사 대표이사가 회사의 영리목적과 관계없이 자기 또는 제3자의 이익을 도모할 목적으로 그 권한을 남용한 것이라 할지라도 일단 회사의 행위로서 유효하고, 다만 그 행위의 상대방이 대표이사의 진의를 알았거나 알 수 있었을 때에는 회사에 대하여 무효가 되는 것이다).

12 대법원 2016. 8. 24. 선고 2016다222453 판결(대표이사가 그 권한을 남용한 행위라 할지라도 일응 회사의 행위로서 유효하다. 그러나 그 행위의 상대방이 그와 같은 정을 알았던 경우에는 그로 인하여 취득한 권리를 회사에 대하여 주장하는 것이 신의칙에 반하므로 회사는 상대방의 악의를 입증하여 그 행위의 효과를 부인할 수 있다고 함이 상당하다). 이 판결은 대법원 1987. 10. 13. 선고 86다카1522 판결과 더불어 권리남용설(통설)에 따라 해석될 수 있는 판결이라는 점이 주목된다.

가 있다(대법원 2011. 4. 12. 선고 2011다106143 판결).[13]

다만, 이렇게 보아도 거래의 안전에 문제가 없는지에 대한 검토가 필요하다. 제3자는 주주총회결의가 필요한 중요한 거래(합병, 영업양도 등)에 관하여 주주총회결의가 있었는지 여부를 확인할 것이 기대되므로 이를 확인하지 않았다면 원칙적으로 (중대한)과실이 있다고 볼 수 있다. 그리고 합병무효의 소(제529조) 등 당해 거래를 다투는 별도의 소가 마련되어 있으므로 대부분은 그 소에서 제3자의 신뢰가 고려될 수 있을 것이다. 다만, 영업양도의 경우에는 그러한 소가 마련되어 있지 않고, 더구나 (영업의 폐지를 가져오는)중요한 영업용자산의 양도의 경우에는 상대방으로서는 우선 주주총회결의가 필요한지 여부조차 명확하게 알기 어렵다. 특히, 대표이사(또는 이사과반수)가 주주총회의사록을 위조하여 제시한 경우에는 선의의 상대방을 보호할 필요성이 크다고 볼 수 있다.

다음으로, ③ 회사의 중요한 업무집행으로서 이사회결의가 필요한 행위의 경우(제393조 제1항),[14] 우리 대법원은 이는 회사의 내부적 의사결정에 불과하다고 보아 "상대방이 이사회결의가 없음을 알았거나 알 수 있었을 경우"에 한하여 무효로 보고 있다.[15] 이때 상대방의 악의나 과실은 회사가 주장 · 입증할 책임이 있다.

마지막으로, ④ 기타 상법의 규정에 따라 이사회결의가 필요한 경우가 있

---

13 대법원 2009. 3. 12. 선고 2007다60455 판결(지배주주가 주주총회의사록과 이사회의사록을 위조하여 대표이사로 부실의 등기를 하고, 이후 주주명부를 위조하여 회사의 중요한 영업용재산을 주주총회의 결의 없이 양도한 사안에서, 그 거래를 무효로 보고 표현대표이사의 성립을 검토할 필요가 없다고 본 사례)도 참조.

14 대법원 2016. 7. 14. 선고 2014다213684 판결(제393조 제1항의 중요한 자산의 처분에 해당하는 경우에는 이사회가 그에 관하여 직접 결의하지 아니한 채 대표이사에게 그 처분에 관한 사항을 일임할 수 없는 것이므로 이사회규정상 이사회 부의사항으로 정해져 있지 아니하더라도 반드시 이사회의 결의를 거쳐야 한다), 대법원 2019. 8. 14. 선고 2019다204463 판결(주식회사에 대한 회생절차개시결정의 효과 등에 비추어 보면 회생절차개시신청은 대표이사의 업무권한인 일상 업무에 속하지 아니한 중요한 업무에 해당하여 이사회 결의가 필요하다).

15 대법원 2009. 3. 26. 선고 2006다47677 판결(제393조 제1항이 적용된 사안에서, 이사회 결의가 필요한 행위라도 상대방으로서는 특별한 사정이 없는 한 대표이사가 거래에 필요한 내부절차를 마쳤을 것으로 신뢰하는 것이 경험칙에 부합한다). 결과적으로 단순한 과실을 중과실에 가깝게 판단하는 것이다(사견).

는데, 신주발행(제416조)과 사채발행(제469조)의 경우에는 이사회의 결의가 없었더라도 거래의 안전을 이유로 유효로 본다(다수설).[16] 그러나 이사회결의의 흠결은 상법 위반이므로 원칙적으로 신주발행의 무효 원인이 될 수 있다(사견). 다만, 이는 신주발행무효의 소로써만 다투어야 하고(제429조), 우리 법원은 무효 여부를 엄격하고 신중하게 판단하고 있으므로 그 사유만으로 무효로 될 가능성이 낮을 뿐이다.[17] 그리고 회사의 이익과 거래의 안전을 고려하여 재량으로 기각될 수도 있을 것이다.

나아가 이사회 승인이 없는 자기거래(제398조)는 "제3자가 이사회 승인이 없었음을 알았거나 이를 알지 못한 데 중대한 과실이 있는 경우"에 한하여 회사가 무효를 주장할 수 있다("상대적 무효").[18] 이사회의 승인이 없는 경업(제397조)이나 회사기회유용(제397조의2)의 경우에는 이사의 책임은 별론으로 하더라도 그 행위 자체는 효력이 있다고 본다(통설).

16 대법원 2007. 2. 22. 선고 2005다77060,77077 판결(신주발행은 주식회사의 업무집행에 준하는 것으로서 대표이사가 그 권한에 기하여 신주를 발행한 이상 신주발행은 유효하고, 설령 신주발행에 관한 이사회의 결의가 없거나 이사회의 결의에 하자가 있더라도 이사회의 결의는 회사의 내부적 의사결정에 불과하므로 신주발행의 효력에는 영향이 없다).

17 대법원 2010. 4. 29. 선고 2008다65860 판결(신주발행무효)은 이러한 엄격한 기준을 적용하면서도, 신주발행을 결의한 이사회에 참여한 이사들이 나중에 취소판결이 확정된 하자 있는 주주총회에서 선임된 이사들이고, 신주발행금지가처분이 발령되었음에도 이사회를 진행하여 신주를 발행하였다면, 이는 신주의 발행사항을 이사회결의에 의하도록 한 법령과 정관을 위반하였고 그 사유가 중대하여 묵과할 수 없다는 이유로 무효를 인용하였다.

18 대법원 2014. 6. 26. 선고 2012다73530 판결(회사가 대표이사의 자기거래행위가 이사회 승인을 얻지 못하여 무효임을 제3자에게 주장하려면 이사회 승인을 얻지 못한 사실 외에 제3자가 이사회 승인이 없었음을 알았거나 이를 알지 못한 데 중대한 과실이 있다는 사실을 증명하여야 한다), 대법원 2012. 12. 27. 선고 2011다67651 판결(자기거래에 관한 제398조를 위반하였음을 이유로 무효임을 주장할 수 있는 자는 회사에 한정되고, 특별한 사정이 없는 한 거래의 상대방이나 제3자는 그 무효를 주장할 이익이 없다고 보아야 하므로, 거래의 상대방인 당해 이사 스스로가 위 규정 위반을 내세워 그 거래의 무효를 주장하는 것은 허용되지 않는다).

4. 상업사용인

가. 의의

회사의 상행위는 정형적 · 반복적으로 이루어지는 경우가 많으므로, 상법은 일정한 범위의 대리권을 가진 상업사용인 제도를 두어, 상거래의 신속과 편리함을 도모하고, 거래의 안전을 보호하고 있다.[19] 대표이사가 '지배인', '포괄적 대리권을 가진 상업사용인' 등을 선임하면, 그 상업사용인은 매 거래마다 개별적인 수권행위가 없더라도 상법에 의하여 일정한 범위에서 대리권이 인정된다.

나. 지배인

지배인은 회사에 갈음하여 본점 또는 지점에서의 영업에 관한 재판상 또는 재판외의 모든 행위를 할 수 있다(제10조, 제11조 제1항). 지배인인지 여부는 선임에 의한 대리권의 수여 여부로 결정되고, 지배인으로서 등기되었는지(제13조) 여부에 따라 결정되는 것은 아니다. 다만, 지배인의 선임과 종임을 등기하지 않으면 선의의 제3자에게 대항하지 못하고(제37조), 지배인 아닌 자를 등기한 경우 부실등기로 인한 책임을 질 수 있다(제39조).

지배인은 본점 또는 지점에서의 '영업에 관하여' 대리권이 있다(제11조 제1항). 지배인의 대리권의 범위인 영업에 관한 행위는 영업에 직접 · 간접적으로 필요한 모든 행위를 포함하며, 주관적 의사와는 관계없이 그 행위의 객관적 성질에 따라 추상적으로 판단한다.

---

19 대표이사는 이러한 상업사용인 이외에도, 개별적 행위에 대하여 대리권을 수여하여 대리인으로 하여금 회사의 법률행위를 대리하게 할 수 있음은 물론이다.

이러한 지배인의 대리권의 제한은 선의의 제3자에게 대항하지 못한다(제11조 제3항). 다만, 중과실이 있는 제3자에게는 대항할 수 있고, 악의 또는 중과실은 영업주가 증명책임을 진다.[20]

지배인이 그 대리권을 남용한 경우 그 행위의 효력과 관련하여, 민법 제107조 제1항 단서를 유추적용하는 견해("심리유보설")와 권리남용의 법리를 따르는 견해("권리남용설")가 있다. 지배권남용 사실을 모른 데에 경과실이 있는 선의의 제3자도 보호할 것인지에 차이가 있다.[21]

지배권의 남용을 방지하기 위하여 공동지배인을 선임할 수 있는데(제12조), 이를 위반하여 단독으로 한 지배인의 행위는 무권대리에 해당하여 본인에 대하여 효력이 없다. 다만, 추인 또는 표현지배인의 성립이 가능할 것이다(제14조).

다. 표현지배인

지배인으로서의 대리권이 없으면서 지배인으로 인정될 만한 명칭을 사용하는 자의 행위에 대해서는 선의의 제3자를 보호하는 규정이 있다(제14조).

표현지배인의 행위에 대한 본인의 책임이 인정되려면, 먼저 ① 지배인, 본부장, 지점장, 지사장, 영업소장 등 지배인으로 인정될만한 표현적 명칭의 사용이 있어야 한다("외관의 존재"). 지점차장, 지점장대리 등 상위직의 존재를

20 대법원 1997. 8. 26. 선고 96다36753 판결(지배인의 어떤 행위가 영업주의 영업에 관한 것인가의 여부는 지배인의 행위 당시의 주관적인 의사와는 관계없이 그 행위의 객관적 성질에 따라 추상적으로 판단되어야 한다. 지배인이 영업주가 정한 대리권에 관한 제한 규정에 위반하여 한 행위에 대하여는, 제3자가 위 대리권의 제한 사실을 알고 있었던 경우뿐만 아니라 알지 못한 데에 중대한 과실이 있는 경우에도 영업주는 그러한 사유를 들어 상대방에게 대항할 수 있고, 이러한 제3자의 악의 또는 중대한 과실에 대한 주장·입증책임은 영업주가 부담한다).

21 이와 관련하여, 대법원 1999. 3. 9. 선고 97다7721 판결 등 많은 판결들은 민법 제107조 제1항 단서를 유추적용하고 있다. 다만, 대법원 2016. 8. 24. 선고 2016다222453 판결(대표권남용 사실을 알면서도 권리를 주장하는 것은 신의칙에 반하므로 회사는 상대방의 악의를 입증하여 그 행위의 효과를 부인할 수 있다고 함), 대법원 2013. 2. 14. 선고 2011도10302 판결(대표권남용 사실을 알았거나 중대한 과실로 알지 못하였다면 회사에 대하여 무효라고 함) 등은 권리남용설과 가까운 판시를 하기도 하였다.

전제로 하는 명칭을 사용한 경우는 표현지배인의 명칭으로 보지 않는다.

그리고 해당 본점 또는 지점이 표현지배인의 대리권이 존재할 수 있을 정도로 영업소로서의 실질을 갖추고 있어야 한다(제10조 참조). 즉, 그 영업장소가 본점 또는 지점의 지휘 · 감독 아래 기계적으로 제한된 보조적 사무만을 처리하는 것이 아니라, 일정한 범위 내에서 본점 또는 지점으로부터 독립하여 독자적으로 영업활동에 관한 결정을 하고 대외적인 거래를 할 수 있는 조직을 갖추어야 한다(판례).[22]

다음으로 ② 표현지배인의 명칭사용에 대한 명시적 · 묵시적 허락 등 영업주의 귀책사유가 존재하여야 한다("외관의 부여"). 따라서 영업주가 표현지배인의 명칭의 사용을 알지 못한 경우에는 설사 이를 알지 못한 점에 과실이 있더라도 귀책사유가 인정되기 어려울 수 있다.[23]

이렇게 표현지배인의 성립요건이 충족되면 본인인 회사가 책임을 질 수 있는데, 이에 대하여 회사는 ③ 지배인이 아니라는 점에 대하여 상대방이 악의이거나 중과실이 있다는 항변을 할 수 있다("외관의 신뢰").

특히, 표현지배인의 어음행위에 관하여 선의의 제3자의 범위가 문제될 수 있는데, 제3자는 어음의 제3취득자 포함한다고 본다. 대법원도 제11조 제3항의 지배권의 내부적 제한에 어긋난 어음행위나(대법원 1997. 8. 26. 선고 96다

22 이와 관련하여, 대법원 1998. 8. 21. 선고 97다6704 판결(제약회사인 피고회사의 부산 분실은 인적 조직을 갖추고, 부산 일원의 약국 등에 피고회사가 제조한 약품을 판매하고 그 대금을 수금하며 거래처에서 수금한 약속어음 등을 할인하여 피고회사에 입금시키는 등의 업무를 담당하여 왔다는 점에서, 본점으로부터 어느 정도 독립하여 독자적으로 약품의 판매 여부에 관한 결정을 하고 그 결정에 따라 판매행위를 하는 등 영업활동을 하여 왔다고 인정되므로, 지점으로서의 실체를 인정한 사례), 대법원 1998. 10. 13. 선고 97다43819 판결(회사의 주주로서 자금조달 업무에 종사함과 아울러 지방 연락사무소장으로서 그 회사로부터 토지를 분양받은 자들과의 연락 업무와 투자중개업무를 담당해 온 사안에서 지점의 실체를 인정하지 않은 사례), 대법원 1978. 12. 13. 선고 78다1567 판결(피고회사 부산영업소의 업무내용은 본점 또는 지점의 지휘감독아래 보험의 모집, 보험료의 집금과 송금, 보험계약의 보전 및 유지관리, 보험모집인의 인사관리 및 교육 출장소의 관리감독 기타 본 · 지점으로부터 위임받은 사항으로 국한되어, 피고회사의 기본적 업무를 독립하여 처리할 수는 없었으므로, 지점으로서의 실체를 인정하지 않은 사례) 등 참조.

23 표현대표이사의 행위에 관한 대법원 1995. 11. 21. 선고 94다50908 판결 참조. 다만, 감독을 하지 않고 방치한 회사(또는 영업주)를 과도하게 보호한다는 측면에서 선뜻 찬성하기 어려운 판결이다.

36753 판결), 표현대표이사의 어음행위(대법원 2003. 9. 26. 선고 2002다65073 판결)에 대하여 그렇게 보고 있다. 다만, 민법상의 표현대리는 어음행위의 직접상대방에 한정하여 판단한 것이 있다(대법원 2002. 12. 10. 선고 2001다58443 판결).

한편, 표현지배인은 지배인의 권한 내의 행위("영업에 관한 행위")에 관하여 명칭을 사용한 경우에만 성립할 수 있고, 재판상의 행위에는 적용이 없다(제14조 제1항 단서). 영업에 관한 행위인 한 지배권을 남용한 행위나 지배권의 범위를 내부적으로 제한한 행위에 대해서도 성립할 수 있다. 다만, 이 경우에는 일단 성립한 표현지배인의 행위에 대하여 다시 지배권남용 또는 내부적 제한의 법리에 따른 검토가 필요하다.

라. 부분적 포괄대리권을 가진 상업사용인

영업의 특정한 종류 또는 특정한 사항(판매, 구매, 재무 등)에 대한 위임을 받은 사용인은 그 특정한 종류 또는 사항에 대하여 포괄적인 대리권이 있다(제15조 제1항).[24] 부분적 포괄대리권을 가진 상업사용인은 지배인과 달리 재판상의 행위에 관한 대리권은 없다(제15조 제1항). 대리권의 내부적 제한에 관한 규정이 준용된다(동조 제2항).

부분적 포괄대리권을 가진 상업사용인의 대리권의 범위는 때로는 불분명할 수 있는데, 사회통념에 따라 객관적으로 판단할 수밖에 없다. 예를 들면, 증권회사의 '지점장대리'가 고객과 손실보전약정을 하여 거래한 경우를 보면, 지점장대리는 지배인이 아닐 것이고, 표현지배인의 성립을 인정하기도 어렵다. 다만, 부분적 포괄대리권을 가진 상업사용인에 해당할 가능성이 있

24 현실적으로 많은 회사들에서는 전결규정이나 업무분장규정 등을 두어 임직원들에게 미리 일정한 유형의 행위에 대하여 포괄적으로 대리권을 수여해 두고 있다.

는데, 그렇더라도 손실보전약정을 하는 것은 객관적으로 보아 그의 대리권 범위 내라고 보기 어려울 것이다. 나아가 부분적 포괄대리권을 가진 상업사용인의 행위에 표현지배인의 책임에 관한 규정(제14조)의 유추적용하여 영업주의 책임을 인정할 것인지 검토해 볼 수 있고(대법원은 부정),[25] 민법상의 표현대리(제125조, 제126조)나 사용자책임(제756조)의 추궁을 생각해 볼 수 있다.

5. 상행위의 특칙

가. 상인자격의 취득시기

회사는 상인이므로(제4조, 제5조), 회사의 거래에 대해서는 상법상 상행위의 특칙이 적용된다. 회사는 설립등기로써 성립하여 상인자격을 취득하므로 그때부터는 상행위의 특칙이 적용된다는 점에는 의문의 여지가 없다.

그리고 설립중의 회사가 한 행위도 설립 후의 회사에 승계되어 회사의 보조적 상행위가 될 수 있다(대법원 2012. 7. 26. 선고 2011다43594 판결). 그러려면 설립중의 회사가 성립된 후에 발기인이 설립중의 회사를 위하여 그 권한범위 내에서 한 행위여야 한다. 즉, 그러한 행위만이 설립중의 회사에 귀속되고 다시 설립 후의 회사에 승계되어 회사의 보조적 상행위가 될 수 있다.[26]

---

25 대법원 2007. 8. 23. 선고 2007다23425 판결(부분적 포괄대리권을 가진 사용인의 경우에는 그 대리권에 관하여 지배인과 같은 정도의 획일성 · 정형성이 인정되지 않으므로 그 표현적 명칭의 사용에 대한 거래 상대방의 신뢰를 무조건적으로 보호한다는 것은 오히려 영업주의 책임을 지나치게 확대하는 것이 될 우려가 있으며, 이 경우 그 거래 상대방은 민법 제125조의 표현대리나 민법 제756조의 사용자책임 등의 규정에 의하여 보호될 수 있으므로, 부분적 포괄대리권을 가진 사용인의 경우 표현지배인에 관한 제14조의 규정이 유추적용되어야 한다고 할 수는 없다).

26 개인상인의 상인자격 취득시기에 관해서는, 대법원 1999. 1. 29. 선고 98다1584 판결(영업의 목적인 기본적 상행위를 개시하기 전에 영업을 위한 준비행위를 하는 자는 영업으로 상행위를 할 의사를 실현하는 것이므로 그 준비행위를 한 때 상인자격을 취득함과 아울러 이 개업준비행위는 영업을 위한 행위로서 그의 최초의 보조적 상행위가 되는 것이고, 이와 같은 개업준비행위는 반드시 상호등기 · 개업광고 · 간판부착 등에 의하여 영업의사를 일반적 · 대외적으로 표시할 필요는 없으나 점포구입 · 영업양수 · 상업사용인의 고용 등 그 준비행위의 성질로 보아 영업의사를 상대

그렇지 않고 대표이사(행위 당시에는 발기인) 개인이 회사 설립 전에 나중에 회사 자금으로 사용하기 위하여 타인으로부터 금전을 차용하였다고 하더라도, 장래 설립될 회사가 상인이라는 이유만으로 위 차용행위가 당연히 상행위가 되어 상법 규정이 적용된다고 볼 수는 없다(위 대법원 2011다43594 판결).[27] 이는 자기 명의로 상행위를 함으로써 상인자격을 취득하고자 준비행위를 하는 것이 아니라 다른 상인인 회사의 영업을 위한 준비행위를 하는 것에 불과하므로, 발기인 자신의 보조적 상행위가 될 수 없다. 회사가 상법에 의해 상인으로 의제된다고 하더라도 회사의 기관인 대표이사(또는 발기인) 개인은 상인이 아니기 때문이다.[28]

나. 상사시효

상행위로 인한 채권의 시효기간은 5년이다(제64조). 다만, 민법 · 상법 등에 이보다 단기의 시효의 규정이 있으면 그 규정에 의한다(동조 단서). 어떤 시효기간이 적용되는지는 요건사실에 관한 주장이 아니라 법률의 해석이나 적용에 관한 것이므로 변론주의가 적용되지 않고, 당사자가 민법에 따른 소멸시효기간을 주장한 경우에도 법원은 직권으로 상법에 따른 소멸시효기간을 적용할 수 있다(대법원 2017. 3. 22. 선고 2016다258124 판결).

상사시효가 적용되는 '상행위로 인한 채무'에는 상행위로 인하여 직접 생

방이 객관적으로 인식할 수 있으면 당해 준비행위는 보조적 상행위로서 여기에 상행위에 관한 상법의 규정이 적용된다) 참조.

27 발기인이 개인이 아닌 발기인으로서 자금을 차용하려면 설립중의 회사가 성립한 후에 설립중의 회사를 위하여 차입을 하였어야 한다. 이때 자금차입이 발기인의 권한 범위에 해당하는지는 논란이 있을 수 있다. 만일 권한범위에 해당한다고 보면 이는 설립중 회사의 행위로 인정되어 장래 설립될 회사에 승계되어 회사의 보조적 상행위가 될 수 있을 것이다.

28 대법원 2018. 4. 24. 선고 2017다205127 판결; 대법원 2015. 3. 26. 선고 2014다70184 판결(회사의 기관인 대표이사 개인은 상인이 아니어서 대표이사 개인이 회사 자금으로 사용하기 위해서 차용한다고 하더라도 그 차용금채무를 상사채무로 볼 수 없다). 위 사례들은 모두 상사시효의 적용을 부정하였다.

긴 채무뿐만 아니라 그와 동일성이 있는 채무 또는 그 변형으로 인정되는 채무도 포함된다.[29] 따라서 상행위로 인한 금전채무에 대한 변제기 이후의 지연손해금은 금전채무의 이행을 지체함으로 인한 손해의 배상으로 지급되는 것이므로, 그 소멸시효기간은 원본채권의 그것과 같이 상사시효가 적용된다.[30] 그리고 그 지연손해금은 민사법정이율이 아닌 상법 제54조가 정한 연 6%의 상사법정이율을 적용하여 산정한다.[31]

다만, 우리 대법원은 부당이득반환청구의 경우 대체로 '상거래와 같은 정도로 신속하게 해결할 필요성이 있는지 여부'에 따라 상사시효의 적용 여부를 결정하고 있다.[32] 면책적 채무인수의 경우 인수채무의 시효기간은 원래 채무와 동일하지만, 채무승인으로 인하여 시효가 중단되고 채무인수일로부터 시효가 새로 진행한다(대법원 1999. 7. 9. 선고 99다12376 판결).

한편, 보증채무는 주채무와는 별개의 독립한 채무이므로 보증채무와 주채무의 소멸시효기간은 채무의 성질에 따라 각각 별개로 정해진다. 예를 들면, 주채무자에 대한 확정판결에 의하여 민법 제163조 각 호의 단기소멸시효에 해당하는 주채무의 소멸시효기간이 10년으로 연장된 상태에서 주채무를 (연

---

29 대법원 2013. 11. 28. 선고 2012다202383 판결(건설공사에 관한 도급계약이 상행위에 해당하는 경우 그 도급계약에 기한 수급인의 하자담보책임은 제64조 본문에 의하여 원칙적으로 5년의 소멸시효에 걸리는 것으로 보아야 하고, 이때 신축건물의 하자보수에 갈음한 손해배상청구권의 소멸시효기간은 그 권리를 행사할 수 있는 때라고 볼 수 있는, 그 건물에 하자가 발생한 시점부터 진행한다).

30 사채의 상환청구권은 10년(제487조 제1항), 사채의 이자청구권은 5년(동조 제3항)의 시효에 걸리고, 이미 발생한 이자에 관하여 채무자가 이행을 지체한 경우에는 그 이자에 대한 지연손해금을 청구할 수 있으므로, 사채의 상환청구권에 대한 지연손해금은 사채의 상환청구권과 마찬가지로 10년간, 사채의 이자에 대한 지연손해금은 사채의 이자와 마찬가지로 5년간 행사하지 아니하면, 각 소멸시효가 완성한다(대법원 2010. 9. 9. 선고 2010다28031 판결).

31 대법원 2014. 11. 27. 선고 2012다14562 판결(상행위인 운송계약상의 채무불이행을 원인으로 한 손해배상청구권을 보험자가 대위행사하는 경우, 그 지연손해금은 민사법정이율이 아닌 상법 제54조가 정한 연 6%의 상사법정이율을 적용하여 산정하여야 한다).

32 예를 들면, 대법원 2018. 6. 15. 선고 2017다248803, 248810 판결, 대법원 2007. 5. 31. 선고 2006다63150 판결 등에서는, 쌍방적 상행위 여부, 채권 발생의 경위나 원인, 원고와 피고의 지위와 관계 등에 비추어, 그 법률관계를 상거래 관계와 같은 정도로 신속하게 해결할 필요성이 있으므로 5년의 시효기간이 적용된다고 보아 5년의 시효를 적용하였다. 반면에, 대법원 2010. 10. 14. 선고 2010다32276 판결, 대법원 2003. 4. 8. 선고 2002다64957, 64964 판결 등에서는, 상거래 관계와 같은 정도로 신속하게 해결할 필요성이 있다고 볼 만한 합리적인 근거가 없다고 보아 제64조의 적용을 부정하였다.

대)보증한 경우, 특별한 사정이 없는 한 보증채무에 대하여는 민법 제163조 각 호의 단기소멸시효가 적용될 여지가 없고, 성질에 따라 보증인에 대한 채권이 민사채권인 경우에는 10년, 상사채권인 경우에는 5년의 소멸시효기간이 적용된다(대법원 2014. 6. 12. 선고 2011다76105 판결).[33]

다. 상사매매의 특칙

상사매매(상인간의 매매)에 관해서는 민법의 매매에 관한 규정 외에 상법 제67조 내지 제71조의 특칙이 적용된다. 당사자들의 영업소가 서로 다른 국가에 있는 경우에는 국제물품매매계약에 관한 UN협약(United Nations Convention on Contracts for the International Sale of Goods)이 적용될 수 있다.[34]

민법은 목적물의 하자나 수량부족 · 일부멸실 등의 경우에 매도인이 부담하는 담보책임에 관한 규정을 두고 있다(동법 제574조, 제573조, 제580조, 581조, 제582조 등). 그런데 상인간의 매매에는 제69조의 특칙이 적용된다. 따라서 매수인은 목적물을 수령하면 지체없이 이를 검사하여 하자 또는 수량의 부족을 발견한 경우에는 즉시 매도인에게 그 통지를 발송해야 한다. 그렇지 않으면 이로 인한 계약해제, 대금감액 또는 손해배상을 청구하지 못한다(제69조 제1항).

매매의 목적물에 즉시 발견할 수 없는 하자가 있는 경우에는 매수인이 6월

33 건설자재 등 판매업을 하는 甲이 乙주식회사를 상대로 제기한 물품대금청구소송에서 甲의 승소판결이 확정된 후 丙이 乙회사의 물품대금채무를 연대보증한 사안에서, 상인인 甲이 상품을 판매한 대금채권에 대하여 丙으로부터 연대보증을 받은 행위는 반증이 없는 한 상행위에 해당하고, 따라서 甲의 丙에 대한 보증채권은 특별한 사정이 없는 한 상사채권으로서 소멸시효기간은 5년이라고 본 사례.

34 이 협약은 영업소가 있는 해당 국가가 모두 체약국인 경우, 또는 국제사법 규칙에 의하여 체약국법이 적용되는 경우에 적용될 수 있지만(동협약 제1조 제1항), 개인용 · 가족용 또는 가정용으로 구입된 물품의 매매에는 적용되지 않는다(동협약 제2조).

내에 이를 발견하여 통지하여야 한다(동항 단서). 결국 6개월 이후에 발견한 하자에 관해서는 매도인은 담보책임을 면하게 된다(판례).[35] 위 규정은 매도인이 악의인 경우에는 적용하지 아니한다(동조 제2항). 그리고 위 규정은 민법상 매도인의 담보책임에 대한 특칙으로서, 채무불이행에 해당하는 이른바 불완전이행으로 인한 손해배상책임을 묻는 청구에는 적용되지 않는다(대법원 2015. 6. 24. 선고 2013다522 판결).[36]

라. 기타 상행위의 특칙

상행위의 대리인이 본인을 위한 것임을 표시하지 아니하여도 그 행위는 본인에 대하여 효력이 있지만, 상대방이 본인을 위한 것임을 알지 못한 때에는 대리인에 대하여도 이행의 청구를 할 수 있다(제48조). 상행위의 위임을 받은 자는 위임의 본지에 반하지 아니한 범위 내에서 위임을 받지 아니한 행위를 할 수 있고(제49조), 상인이 그 영업에 관하여 수여한 대리권은 본인의 사망으로 인하여 소멸하지 아니한다(제50조).

한편, 상행위로 인한 채무의 법정이율은 연 6%이고(제54조), 상인이 그 영업에 관하여 금전을 대여한 경우나 그 영업범위 내에서 타인을 위하여 금전을 체당(替當)하였을 때에는 그 날 이후의 법정이자를 청구할 수 있다(제55조).

---

35 대법원 1999. 1. 29. 선고 98다1584 판결(제69조는 상거래의 신속한 처리와 매도인의 보호를 위한 규정이므로, 상인간의 매매에 있어서 설령 매매의 목적물에 상인에게 통상 요구되는 객관적인 주의의무를 다하여도 즉시 발견할 수 없는 하자가 있는 경우에도 매수인은 6월내에 그 하자를 발견하여 지체 없이 이를 통지하지 아니하면 과실의 유무를 불문하고 매도인에게 하자담보책임을 물을 수 없다).

36 甲유한회사가 乙주식회사를 상대로 乙회사가 유류, 중금속 등으로 오염된 토지를 매도하였다는 이유로 매도인의 하자담보책임 또는 불완전이행으로 인한 손해배상을 구한 사안에서, 甲회사와 乙회사의 매매계약은 상인 간의 매매인데 甲회사가 토지를 인도받아 소유권이전등기를 마친 때로부터 6개월이 훨씬 경과한 후에야 토지에 토양 오염 등의 하자가 있음을 통지하였다는 이유로 하자담보책임에 기한 손해배상청구는 배척하고, 乙회사가 오염된 토양을 정화하지 않은 채 토지를 인도한 것은 불완전이행에 해당한다는 이유로 오염된 토양을 정화하는 데 필요한 비용 상당의 손해배상책임을 인정한 사례.

그리고 수인이 그 1인 또는 전원에게 상행위가 되는 행위로 인하여 채무를 부담한 때에는 연대하여 변제할 책임이 있고, 보증인이 있는 경우에 그 보증이 상행위이거나 주채무가 상행위로 인한 것인 때에는 주채무자와 보증인은 연대하여 변제할 책임이 있다(제57조).[37]

나아가 상행위로 인하여 생긴 채권을 담보하기 위하여 설정한 질권에는 유질약정이 허용된다.[38]

Ⅱ. 상업등기 관련 쟁송

1. 등기에 따른 책임을 묻는 소송

가. 당사자

회사의 법인등기를 믿고 회사와 거래한 자가 원고가 되어 회사를 피고로 하여 그 거래에 기한 채무의 이행을 구하는 소송이다.

---

37 대법원 2018. 4. 12. 선고 2016다39897 판결, 대법원 2018. 8. 1. 선고 2017다246739 판결 등(조합의 채무는 조합원의 채무로서 특별한 사정이 없는 한 조합의 채권자는 각 조합원에 대하여 지분의 비율에 따라 또는 균일적으로 변제의 청구를 할 수 있을 뿐이나, 조합채무가 특히 조합원 전원을 위하여 상행위가 되는 행위로 인하여 부담하게 된 것이라면 상법 제57조 제1항을 적용하여 조합원들의 연대책임을 인정함이 상당하다). 위 사안들에서 피고는 '영농조합법인'의 조합원들인데, 위 영농조합법인에 관해서는 관련 법령에 특별한 규정이 없으면 법인격을 전제로 한 것을 제외하고는 민법의 조합에 관한 법리가 적용된다고 보았고, 따라서 위 법인의 채무에 대하여 그 조합원이 책임을 부담하는데, 그 채무가 상행위가 되는 행위로 인하여 부담하게 된 것이라면 제57조 제1항에 따라 연대책임을 진다고 보았다.

38 대법원 2017. 7. 18. 선고 2017다207499 판결(질권설정계약에 포함된 유질약정이 제59조에 따라 유효하기 위해서는 질권설정계약의 피담보채권이 상행위로 인하여 생긴 채권이면 충분하고, 질권설정자가 상인이어야 하는 것은 아니다. 또한 제3조는 "당사자 중 그 1인의 행위가 상행위인 때에는 전원에 대하여 본법을 적용한다."라고 정하고 있으므로, 일방적 상행위로 생긴 채권을 담보하기 위한 질권에 대해서도 유질약정을 허용한 제59조가 적용된다).

나. 청구취지

예를 들면, 회사의 대표이사로 등기된 자와 회사 소유의 부동산을 매수하는 계약을 체결한 상대방이 회사를 상대로 소유권이전등기절차의 이행을 구하는 경우 청구취지는 다음과 같다.

1. 피고는 원고에게 별지 목록 기재 부동산에 관하여 2020. 3. 5. 매매를 원인으로 한 소유권이전등기절차를 이행하라.
2. 소송비용은 피고가 부담한다.

라는 판결을 구합니다.

다. 청구원인

(1) 부실등기의 경우

상법은 외관법리에 따라 부실(不實)의 등기를 신뢰한 자를 보호하고 있다(제39조). 회사가 부실등기로 인한 책임을 부담하려면, 우선 ① 사실과 다른 등기가 존재해야 한다("외관의 존재"). 예를 들면, 대표이사나 지배인으로 선임되지 않았는데 사실과 달리 대표이사나 지배인의 등기를 한 경우가 이에 해당한다("적극적인 오류"). 그러나 대표이사나 지배인으로 선임되어 등기된 자가 퇴임하여 퇴임을 등기해야 하는데 하지 않은 경우에는("소극적인 오류"), 제37조의 상업등기의 효력 규정이 문제될 뿐 부실등기의 문제는 아니다.

다음으로 ② 부실의 등기에 대하여 등기신청인인 회사의 귀책사유가 있어야 한다("외관의 부여"). 회사의 귀책사유는 대표이사를 기준으로 판단하며, 부실등기를 마친 자가 회사의 상당한 지분을 가진 주주라고 하더라도 그러한 사정만으로는 회사의 고의 또는 과실로 부실등기를 한 것과 동일시할 수는 없다.[39] 대표이사가 다른 자에 의한 허위등기를 알고 방치한 경우에도 회사의 귀책사유를 인정할 수 있지만, 부실의 등기가 된 사실을 알지 못하였다면 이를 발견하지 못한 데에 과실이 있더라도 귀책사유를 인정하지 않는다.[40] 등기공무원의 과실로 인한 경우도 회사의 귀책사유로 보기 어렵다.[41]

위와 같은 요건이 충족되면 회사는 부실등기로 인한 책임을 진다. 회사가 이를 벗어나려면, ③ 제3자가 악의이거나 모른 데에 중대한 과실이 있다는 사실을 주장・입증하여야 한다("외관의 신뢰").

(2) 상업등기의 효력

대표이사로 등기된 자가 퇴임한 경우 퇴임등기를 해야 하는데, 아직 퇴임등기가 되지 않은 상태에서 그 퇴임한 대표이사를 통하여 회사와 거래한 경우 회사는 선의의 제3자에 대하여 그 거래에 따른 책임을 진다. 등기할 사항은 등기하지 않으면 선의의 제3자에게 대항하지 못하기 때문이다(제37조 제1항). 다만, 퇴임등기 전에도 악의(중과실 포함)의 제3자에게는 대항할 수 있고, 퇴임등기 후에는 선의의 제3자에게도 대항할 수 있다(동조 제2항).

대표이사 선임등기를 하였는데 그를 이사로 선임한 주주총회결의가 취소되거나 무효・부존재임을 확인하는 판결이 확정된 경우 그 효력은 소급한다(제376조 제2항, 제380조, 제190조 본문). 따라서 그 대표이사는 선임등기 당

39 대법원 2011. 7. 28. 선고 2010다70018 판결(등기신청권자가 스스로 등기를 하지 아니하였다 하더라도, 그의 책임 있는 사유로 등기가 이루어지는 데에 관여하거나 부실등기의 존재를 알고 있음에도 이를 시정하지 않고 방치하는 등 등기신청권자의 고의·과실로 부실등기를 한 것과 동일시할 수 있는 특별한 사정이 있는 경우에는, 등기신청권자에 대하여 제39조에 의한 부실등기 책임을 물을 수 있다. 허위의 주주총회결의 등의 외관을 만들어 부실등기를 마친 자가 회사의 상당한 지분을 가진 주주라고 하더라도 그러한 사정만으로는 회사의 고의 또는 과실로 부실등기를 한 것과 동일시할 수는 없다).

40 대법원 1975. 5. 27. 선고 74다1366 판결(이미 경료되어 있는 부실등기를 등기신청권자가 알면서 이를 방치한 것이 아니고 이를 알지 못하여 부실등기 상태가 존속된 경우에는, 비록 등기신청권자에게 부실등기 상태를 발견하여 이를 시정하지 못한 점에 있어서 과실이 있다 하여도, 이로써 곧 스스로 사실과 상위한 등기를 신청한 것과 동일시 할 수 없다).

41 반면에 제37조의 규정은 등기의무자의 귀책사유를 요구하지 않으므로 등기공무원의 실수로 등기가 이루어지지 않은 경우에도 적용된다.

시로 소급하여 대표권이 없었던 자로 된다. 이 경우에는 결국 처음부터 사실과 다른 등기가 되었던 셈이 되고, 그와 거래한 자는 회사에 대하여 제37조가 아닌 부실등기에 따른 책임(제39조)을 주장해야 한다.

한편, 대표이사의 직무집행을 정지하고 직무대행자를 선임하는 가처분이 내려진 경우 법원은 그에 관한 등기를 촉탁하여야 한다(비송사건절차법 제107조). 이 경우 어떤 사정으로 촉탁에 따른 등기가 되지 않은 상태에서 직무집행이 정지된 대표이사와 거래를 한 경우에는 제37조가 적용될 수 있다(대법원 2014. 3. 27. 선고 2013다39551 판결).

표현대표이사(또는 표현지배인) 제도는 제37조와는 적용범위가 다른 별개의 제도로서 함께 주장하는 것이 가능하다. 예를 들면, 대표이사 Y를 해임하였지만 아직 해임 등기를 하지 않은 상태에서 Y가 회사를 대표하여 제3자와 거래를 한 경우에, 제3자는 제37조와 표현대표이사(제395조)를 함께 주장할 수 있다. 위의 두 문단의 경우에도 어느 경우든 그 대표이사와 거래한 제3자는 대표권 없는 자와 거래한 것이므로 표현대표이사(제395조)를 주장할 수도 있다.[42]

제37조는 창설적 효력을 갖는 등기(설립, 합병 등)에는 적용되지 않는다. 불법행위에도 적용될 수 있는지에 대해서는, 적극설과 소극설이 있고, 거래행위적 불법행위에 적용을 긍정하는 제한적 적극설이 있다. 소송행위에 대해서는 적극설(다수설, 판례의 취지)과 소극설이 대립하며,[43] 공법관계에 대해

---

42 이상의 제37조, 제39조, 제395조의 적용범위 문제 문제를 정리하자면, ① 대표이사가 임기만료 해임 등으로 퇴임하였는데 퇴임등기를 게을리하여 그를 대표이사로 믿고 거래한 제3자는, 제37조와 제395조에 의하여 보호될 수 있고, ② 회사가 대표이사로 선임되지 않은 자를 대표이사로 등기하여 그를 대표이사로 믿고 거래한 제3자는, 제39조와 제395조로 보호될 수 있으며, ③ 대표이사를 선임한 주주총회결의취소의 소의 승소판결의 확정된 후 그를 대표이사로 믿고 거래한 제3자도 역시 제39조와 제395조로 보호될 수 있다.

43 위 대법원 2013다39551 판결은, 직무집행정지 및 직무대행자선임 가처분은 제37조 제1항에 의하여 이를 등기하지 아니하면 선의의 제3자에게 대항하지 못한다고 하였다. 소송행위가 문제되었던 사안이었는데, 위 판결은 소송행위에도 제37조가 적용될 수 있다는 취지로 판시하였다. 참고로, 소송행위에는 민법상의 표현대리 규정이 적용 또는 준용될 수 없다는 판결례들이 있다(대법원 1994. 2. 22. 선고 93다42047 판결 등). 그리고 통설은 제395조는 소송행위에 적용되지 않는다고 보고 있다. 표현지배인에 관한 제14조 제1항 단서가 재판상의 행위를 예외로 하고 있다는 점이

서는 부정하는 것이 일반적이다.[44]

2. 등기관의 처분 관련 쟁송

가. 당사자

상업등기의 신청이 있으면, 등기관은 이를 접수하고 지체없이 모든 사항을 조사하여, 적법한 등기신청은 이를 실행하고, 부적법한 등기신청은 이를 각하하는 처분을 하여야 한다(상업등기법 제24조, 제26조 등). 등기관의 결정이나 처분에 이의가 있는 자는 이의신청을 할 수 있다(동법 제82조).

등기공무원의 처분 등에 대하여 이의신청을 할 수 있는 자는 등기상 직접적인 이해관계를 가진 자에 한한다. 예를 들면, 이사선임등기를 신청한 등기신청인(회사), 기존 또는 새로 선임된 이사 등이 등기상 직접적인 이해관계를 가지는 자로서 등기관의 등기신청각하 또는 등기실행 등의 처분을 이의신청으로 다툴 수 있다.

나. 신청취지

등기관의 등기실행을 다투는 이의신청의 신청취지는 다음과 같다.

1. 수원지방법원 용인등기소 등기관이 2020. 4. 13. 접수 제4690호 한국주

근거가 된다.

44 제37조 제1항 소정의 제3자라 함은 대등한 지위에서 하는 보통의 거래관계의 상대방을 말한다 할 것이고, 조세권에 기하여 조세의 부과처분을 하는 경우의 국가는 여기에 규정된 제3자라 할 수 없다(대법원 1990. 9. 28. 선고 90누4235 판결 등). 따라서 국가는 합명회사의 무한책임사원이 퇴사한 후 퇴사등기를 하지 않았다고 하더라도 그에게 회사가 부담하는 조세에 대한 2차 납세의무를 과할 수는 없다.

식회사 변경등기 신청을 수리하여 같은 날 한 위 주식회사 변경등기 기입 처분을 취소한다.

2. 위 등기관은 위 주식회사 변경등기를 말소하라.

라는 재판을 구합니다.

다. 청구원인

요건사실은 등기관의 등기신청을 기각하거나 등기를 실행하는 처분이 부당하거나 위법하다는 것이다. 이는 결국 등기신청을 각하할 사유가 존재하는지(상업등기법 제26조, 제27조), 등기를 실행한 경우 등기원인이 존재하며 적법하고 효력이 있는지 여부에 달려 있다.

이의신청은 등기소에 이의신청서를 제출하는 방법으로 하는데(동법 제83조), 이의신청을 받은 등기관은 이유있다고 인정하면 그에 해당하는 처분을 하고, 그렇지 않으면 3일 이내에 이유를 붙여 관할 지방법원에 보내야 한다(동법 제85조 제1항, 제2항). 등기관이 등기를 실행한 후에 이의신청을 받은 경우에는, 직권말소사유(상업등기법 제78조 제1항, 제77조 각호)에 해당하는 사유가 있으면 스스로 직권말소 절차를 거쳐 말소할 수 있고,[45] 그렇지 않으면 3일 이내에 이유를 붙여 관할 지방법원에 보내야 한다(동조 제3항).[46]

관할 지방법원은 송부된 이의신청에 대하여 이유를 붙인 결정으로 등기실행명령 또는 등기말소명령 등을 하거나 이의신청을 기각할 수 있다(동법 제87조 제1항). 이 재판(비송사건)에 대해서는 항고 및 재항고를 할 수 있다

---

45 등기관의 직권말소사유는 다음과 같다(동법 제78조 제1항, 제77조, 제26조). ① 사건이 그 등기소의 관할이 아닌 경우, ② 사건이 등기할 사항이 아닌 경우, ③ 사건이 그 등기소에 이미 등기되어 있는 경우, ④ 등기된 사항에 무효의 원인이 있는 경우(소로써만 그 무효를 주장할 수 있는 경우는 제외한다).

46 등기관의 등기실행처분이 부당한 것이었다 하더라도 직권말소사유에 해당하지 아니하는 한 이의의 방법으로는 그 말소를 구할 수 없고 소송으로 그 등기의 효력을 다투어야 한다(대법원 2008. 12. 15. 자 2007마1154 결정).

(동법 제87조 제2항, 비송사건절차법 제20조 제2항, 제23조, 민사소송법 제442조).

한편, 등기공무원은 등기신청에 대하여 실체법상의 권리관계와 일치하는지 여부를 심사할 '실질적 심사권한'은 없고, 오직 신청서 및 그 첨부서류와 등기부에 의하여 등기요건에 합당하는지 여부를 심사할 '형식적 심사권한'만 있다(대법원 1995. 1. 20. 자 94마535 결정 등). 따라서 등기관이 등기신청의 각하 여부를 심사할 권한이 있다고 하여도 그 심사방법에 있어서는 등기부 및 신청서와 법령에서 그 등기의 신청에 관하여 요구하는 각종 첨부서류만에 의하여 그 가운데 나타난 사실관계를 기초로 판단하여야 하고, 그 밖에 다른 서면의 제출을 받거나 그 외의 방법에 의해 사실관계의 진부를 조사할 수는 없다(대법원 2008. 12. 15. 자 2007마1154 결정).

Ⅲ. 상호 관련 쟁송

1. 동일상호의 말소를 구하는 소

가. 당사자

상호를 등기(또는 가등기)한 자가 원고가 되어, 동일한 특별시 · 광역시 · 시 · 군에서 동종영업의 상호로 후(後)에 등기한 자를 피고로 하여 제기할 수 있다(제22조, 제22조의2 제4항).

나. 청구취지

1. 피고는 원고에게 서울중앙지방법원 상업등기소가 비치 · 관리하는 법인 등기부(등기번호 제000570호)의 상호 '한국건설 주식회사'에 관한 말소 등기절차를 이행하라.
2. 소송비용은 피고가 부담한다.

라는 판결을 구합니다.

다. 청구원인

타인이 등기한 상호를 "동일한 특별시, 광역시, 시, 군"에서 "동종영업"에 관한 상호로 등기한 경우여야 한다(제22조). 여기서 "동종영업"이란 영업의 주요 부분이 일치하면 족하다.

현행 상업등기법 제29조는 '동일'한 상호의 등기를 금지하고 있으므로, 상법 제22조의 등기말소청구권도 '동일한' 상호에 한정하여 인정된다. 따라서 예를 들면 선등기자인 '동부주택건설 주식회사'의 상호와 후(後)등기자인 '동부건설 주식회사'의 상호가 동일하지 않음이 외관 · 호칭에서 명백한 경우에는 제22조의 등기말소청구권이 인정되지 않는다(대법원 2011. 12. 27. 선고 2010다20754 판결). 이렇게 유사한 상호는 일단 등기가 가능하지만, 제23조의 요건을 충족하는 경우에는 그에 의하여 말소청구가 가능할 것이다.

제22조를 위반한 등기의 경우, 선등기자가 후등기자를 상대로 실체법상 상호등기의 말소를 구할 수 있다는 견해("실체법설")와 등기법상 등기공무원으로 하여금 동일등기를 금지하는 효력만 있을 뿐이라는 견해("등기법설")가 있다. 등기된 상호를 두텁게 보호하기 위해서는 실체법설이 타당하다(통설, 위 대법원 2010다20754 판결 등). 따라서 동일등기의 경우 선등기자는 제23조는 물론 제22조에 기해서도 등기의 말소를 청구할 수 있다.

상호의 가등기는 회사설립시에는 주식회사와 유한회사에 한하여 가능하고, 상호나 목적의 변경, 본점의 이전 등의 경우에는 모든 회사가 할 수 있다(제22조의2). 상호의 가등기는 제22조의 적용에 관하여 본등기와 동일한 효력이 있다. 따라서 상호를 가등기하면 타인은 그와 동일한 상호를 등기할 수 없다(제22조).

2. 상호전용권에 기한 소송

가. 당사자

상호권을 가진 자가 원고가 되어, 그 상호권을 침해하는 자를 피고로 하여 상호사용의 폐지 또는 손해배상을 청구할 수 있다(제23조).

나. 청구취지

1. 피고는 '동부에스티'라는 문자를 피고의 상호로 사용하여서는 아니된다.
2. 피고는 원고에게 수원지방법원 상업등기소가 비치·관리하는 피고의 법인등기부(등기번호 제11315호)의 상호 "동부에스티 주식회사" 중 "동부에스티" 부분에 관한 말소등기절차를 이행하라.
3. 피고는 원고에게 1억 원 및 이에 대하여 이 사건 소장부본 송달일 다음날부터 다 갚는 날까지 연 15%의 비율에 의한 돈을 지급하라.
4. 소송비용은 피고가 부담한다.
5. 제3항은 가집행할 수 있다.

라는 판결을 구합니다.

다. 청구원인

(1) 의의

'상호권'은 상호를 자유롭게 사용할 권리("상호사용권")와 타인이 부정한 목적으로 자신의 영업으로 오인할 수 있는 상호를 사용할 경우 이를 배척할 수 있는 권리("상호전용권", 제23조)를 그 내용으로 한다.

누구든지 부정한 목적으로 타인의 영업으로 오인할 수 있는 상호를 사용하지 못하므로, 이로 인하여 손해를 받을 염려가 있는 자는 상호의 폐지를 청구하거나 손해배상을 청구할 수 있다(제23조). 따라서 상호권자는 ① 타인이 자신의 영업으로 오인할 수 있는 동일하거나 유사한 상호를 사용한 사실, ② 부정한 목적, ③ 손해를 받을 염려가 있다는 사실 등을 입증하여 상호의 폐지를 청구할 수 있다.

상호의 폐지는 간판이나 광고물에 그 상호를 표시하지 못하게 하는 것뿐만 아니라 등기된 상호의 말소를 청구하는 것을 포함한다. 손해가 이미 발생한 경우에는 상호의 폐지청구와 함께(또는 별개로) 손해배상을 청구할 수 있다(제23조 제3항).

상호권은 등기 여부와 무관하게 가질 수 있다. 다만, 상호를 등기한 경우에는 상호전용권이 강화된다. 예를 들면, 자신이 등기한 상호와 동일한 상호를 같은 지역에 등기한 경우 이의 폐지를 청구할 수 있고(제22조), 타인이 그 등기상호와 유사한 상호를 사용한 경우 '손해를 받을 염려', '부정한 목적' 등이 추정되어 증명책임이 전환된다(제23조 제2항, 제4항).

회사의 상호는 정관의 기재 및 등기 사항이다(제289조 제1항 제2호, 제317조 제2항 제1호). 자연인 상인의 상호의 등기 여부는 자유이다. 다만, 자연인 상인의 상호도 일단 등기하면 그 등기한 사항에 변경이 있거나 그 사항이 소멸한 때에는 지체없이 변경 또는 소멸의 등기를 해야 한다(제40조).

상호는 영업을 폐지하거나 영업과 함께 하는 경우에만 양도할 수 있는데,

자연인 상인이 상호를 등기한 후 이를 양도하는 경우에는 이를 등기해야만 제3자에게 대항할 수 있다(제25조 제2항). 등기 전에 상호를 양도하는 경우에는, 제25조 제2항이 적용되지 않고 양수만으로 대항할 수 있다고 본다(다수설).

(2) 오인가능성

타인의 영업으로 오인할 수 있는 동일하거나 유사한 상호를 사용해야 하는데, 그 사용의 방법에는 제한이 없다. 그리고 오인 가능성은 영업주체에 대한 오인 가능성을 말하는바, 타인의 영업과 동종영업에 사용되는 경우에 한정되지 않으며, 영업의 종류, 규모, 지역성 등 종합적인 사정을 토대로 오인가능성을 판단한다.

즉, 타인의 영업으로 오인할 수 있는 상호는 그 타인의 영업과 동종영업에 사용되는 상호만을 한정하는 것은 아니고, 각 영업의 성질이나 내용, 영업방법, 수요자층 등에서 서로 밀접한 관련을 가지고 있는 경우로서, 일반 수요자들이 양 업무의 주체가 서로 관련이 있는 것으로 생각하거나, 또는 그 타인의 상호가 현저하게 널리 알려져 있어 일반 수요자들로부터 기업의 명성으로 인하여 절대적인 신뢰를 획득한 경우에는, 영업의 종류와 관계없이 오인 · 혼동시킬 염려가 있는 것에 해당한다(대법원 2002. 2. 26. 선고 2001다73879 판결).[47]

(3) 부정한 목적

'부정한 목적'이란 "타인이 가지고 있는 사회적 신용을 자신의 영업에 유리

---

47 서울에서 전자부품 · 전자제품 · 반도체부품의 도소매업을 하는 '파워컴 주식회사'(자본금 6억4천)와 한전 자회사로서 전기통신회선설비 임대사업, 종합유선방송 분배망 및 전송망 사업 등을 하는 '주식회사 파워콤'(자본금 7,500억)은 동일 · 유사한 상호이기는 하지만, 공급 재화와 용역, 고객층이 다르고 그 사업규모에 있어서 큰 차이가 있어, 일반 수요자들이 오인할 가능성이 없다고 본 사례. 이 사안에서는 영업과 수요층이 달라 이른바 '역혼동으로 인한 손해'가 있다고 보기도 어렵다고 하였다.

하게 이용하려는 목적"을 말한다. 상인의 명성이나 영업의 규모, 영업의 지역성 등을 종합하여 판단한다.[48] 다만, 동일한 지역에서 동종영업으로 타인이 등기한 상호를 사용하는 경우에는 부정한 목적으로 사용하는 것으로 법률상 추정한다(제23조 제4항).

(4) 손해를 받을 염려 또는 손해의 발생

상호를 등기한 자는 이 요건 없이도 폐지를 청구할 수 있다(제23조 제2항). 미등기 상호권자는 손해를 받을 염려가 있어야 한다.

(5) 제22조와 제23조의 관계

상호권을 등기(또는 가등기)한 자는 동일한 상호를 등기한 후등기자를 상대로 그 상호등기의 말소를 구할 수 있다(제22조, 제22조의2). 상업등기법 제29조는 '동일'한 상호의 등기를 금지하고 있으므로 다시 동일한 등기가 되는 경우는 거의 없을 것이다. 유사한 상호는 일단 등기가 가능하지만 후에 등기한 자가 상호권자라면 그는 제23조의 요건을 증명하여 먼저 이루어진 상호등기의 폐지(말소)를 청구할 수 있다.

등기 없이 상호를 먼저 사용하고 있었는데 타인이 동일한 상호를 등기한 경우에는, 선사용자가 동일한 지역에서 그 상호를 등기할 수 없게 된다(상업등기법 제29조). 이 경우 상호권자는 제23조의 요건을 증명하여 타인의 상호등기를 말소한 후에 자신의 상호등기를 할 수 있을 것이다. 이때 선등기자는 그의 등기가 제23조에 따라 이미 말소되었으므로 다시 후등기자를 상대로 제

48 대법원 1993. 7. 13. 선고 92다49492 판결은, A가 ㈜고려당으로부터 상호사용권을 얻어 마산에서 간판에 "SINCE 1945 신용의 양과 서울 고려당 마산분점"이라고 표시하고 영업을 시작하였는데, 그 이전에 이미 B가 마산에서 "고려당"이라는 상호로 제과점을 하고 있는 있었던 사안에서, A가 ㈜고려당과의 관계를 나타내기 위하여 그 상호를 표시한 것이라면, A에게 위 상호의 사용과 관련하여 부정경쟁의 목적이 있는가를 판단함에 있어서는 A가 아닌 고려당과 B의 명성 또는 신용을 비교하여 판단해야 하고, A가 구태여 B의 명성이나 신용에 편승한 이유가 없었고, 분점임을 분명히 표시하였으며, 두 영업소가 원거리인 점을 감안하여 부정한 목적이 없다고 보았다.

22조에 기한 말소청구를 하지 못하고, 상호권자가 아니므로 제23조에 기한 말소청구도 인용되기 어렵다.

3. 명의대여자의 책임을 묻는 소

가. 당사자

명의대여자를 거래 상대방인 영업주로 오인하여 거래한 자가 원고가 되어, 명의대여자(및/또는 명의사용자)를 피고로 하여 그 거래로 인한 의무의 이행을 청구하는 소송이다(제24조).

나. 청구취지

1. 피고들은 각자 원고에게 30,000,000원 및 이에 대하여 2020. 3. 5.부터 이 사건 소장부본 송달일까지는 연 6%의, 그 다음날부터 다 갚는 날까지는 연 15%의 각 비율로 계산한 돈을 지급하라.
2. 소송비용은 피고가 부담한다.
3. 제1항은 가집행할 수 있다.

라는 판결을 구합니다.

다. 청구원인

명의대여자의 책임은 외관법리에 근거한 것으로서, 우선 ① '명칭의 동일성'의 동일성과 '영업의 동일성'이 인정되어야 한다("외관의 존재"). 명칭의 동일성이란, 동일한 성명 또는 상호 등(예명, 약칭 등 포함)을 사용하는 것을 말하는데, 지점, 영업소, 출장소, 현장사무소 등의 명칭이 부가된 경우를 포함한다. 다만 '대리점'이라는 명칭을 부가한 경우에는 외관의 존재를 인정하기 어렵다(판례).[49] 영업의 동일성이란 거래상대방이 영업주로 오인할만한 영업 외관의 동일성이 있는 경우를 말한다.[50]

나아가 ② 명의대여자의 명의사용의 허락이 있어야 한다("외관의 부여"). 묵시적 허락도 가능한데, 단순히 명의사용을 알고 있는 것으로는 부족하고, 영업의 임대나 영업점포의 사용허가 등 부수적 사실관계와 결부되거나, 명의대여의 철회 또는 종료 후에 그 외관을 제거하지 않은 경우 등에 귀책사유가 인정될 수 있다. 그리고 허락(명의대여)의 주체는 상인임을 요하지 않는다.[51]

이러한 요건이 증명되면 명의대여자의 책임이 인정될 수 있는데, ③ 명의대여자는 제3자가 영업주가 아님을 알고 있었거나 오인한 데에 중과실이 있음을 항변사실로 증명하여 책임을 면할 수 있다("외관의 신뢰").[52]

라. 책임의 범위

명의차용자의 영업과 관련된 거래상의 채무에 대하여 변제책임을 부담한

---

49 대법원 1989. 10. 10. 선고 88다카8354 판결(일반거래에 있어서 실질적인 법률관계는 대리상, 특약점 또는 위탁매매업 등이면서도 두루 대리점이란 명칭으로 통용되고 있는데다가, 타인의 상호 아래 대리점이란 명칭을 붙인 경우는 그 아래 지점, 영업소, 출장소 등을 붙인 경우와는 달리 타인의 영업을 종속적으로 표시하는 부가부분이라고 보기도 어렵기 때문에 제3자가 자기의 상호아래 대리점이란 명칭을 붙여 사용하는 것을 허락하거나 묵인하였더라도 상법상 명의대여자로서의 책임을 물을 수는 없다).

50 대법원 판결례 중에는 호텔과 나이트클럽 영업 사이에서 명의대여자의 책임을 인정한 사례가 있다(대법원 1978. 6. 13. 선고 78다236 판결).

51 대법원 1987. 3. 24. 선고 85다카2219 판결은, 인천직할시가 사단법인 한국병원관리연구소의 병원업(제2조, 제5조 의제상인)에 인천직할시 시립병원이라는 명칭 사용 허락한 사안에서, 제24조의 적용범위는 상인 또는 사법인에 한정되지 않는다고 보아 외관의 존재(명칭사용)와 외관의 부여(명칭사용 허락)를 인정하였다. 다만, 위 병원과 다년간 의약품 거래를 해온 원고는 인천직할시를 영업주로 오인하였다고 보기 어렵다(악의이거나 모른 데에 중과실 있다)고 하여 결국 명의대여자의 책임을 인정하지는 않았다.

52 대법원 2001. 4. 13. 선고 2000다10512 판결(제24조의 규정에 의한 명의대여자의 책임은 명의자를 영업주로 오인하여 거래한 제3자를 보호하기 위한 것이므로, 거래 상대방이 명의대여사실을 알았거나 모른 데 대하여 중대한 과실이 있는 때에는 책임을 지지 않는바, 이때 거래의 상대방이 명의대여사실을 알았거나 모른 데 대한 중대한 과실이 있었는지 여부에 대하여는 면책을 주장하는 명의대여자가 입증책임을 부담한다).

다.[53] 명의차용자의 피용자의 행위인 경우에 대해서는, 그 피용자가 명의차용자의 적법한 대리인이거나 표현대리가 성립한 경우에는 명의대여자도 책임을 부담한다고 본다. 다만, 불법행위책임에는 적용이 없다고 보는데(통설), 거래행위적 불법행위에 한하여 적용을 긍정하는 견해도 있다.

명의차용자의 어음행위에 대해서도 책임을 지는지 문제되는데, 이를 긍정한 판결례가 있다(대법원 1969. 3. 31. 선고 68다2270 판결). 명의사용자가 허락없이 명의대여자 이름으로 어음행위를 하면 어음행위의 위조가 되어 피위조자인 명의대여자는 원칙적으로 책임을 지지 않는다. 그렇지만 제24조는 명의대여자의 변제책임을 인정하고 어음책임도 영업으로 인한 채무로 볼 수 있으므로, 제24조의 요건을 충족하면 명의대여자도 제24조에 따라 어음책임을 질 수 있다(통설).

나아가 어음행위에만 명의를 대여한 경우에는 자신의 명의를 사용하여 영업할 것을 허락한 것은 아니지만 다수설은 제24조의 유추적용을 인정한다. 그런데 이는 제24조가 적용 또는 유추적용될 문제가 아니고 결국 어음법상 누구의 어음행위로 되는지의 문제이다. 어음의 문언성과 유통성을 고려하면 이 경우에는 원칙적으로 명의대여자의 어음행위로 성립한다고 보아야 하고, 명의차용자도 명의대여자의 이름을 빌어 어음행위를 하고 자신이 어음채무를 부담하려는 의사가 있었던 것이므로 그도 어음상의 책임을 부담한다고 본다(사견).[54]

---

53 대법원 1983. 3. 22. 선고 82다카1852 판결은, 정미소 영업에 상호 사용을 허락한 경우에 그에 딸린 살림집 임대로 인한 임대차계약상의 책임을 지는 것은 아니라고 보았다.

54 이상의 사견을 예를 들어 설명하자면 다음과 같다. 어음의 발행인의 명의를 대여한 자는 원칙적으로 자신이 발행인으로서 어음채무를 부담하겠다는 의사로 볼 수 있다. 그의 실제 의사가 자신은 어음채무를 지지 않겠다는 것이었다고 하더라도 어음의 문언성과 유통성을 보장하기 위해서는 명의대여자가 어음채무를 부담한다고 본다. 이때 어음행위의 상대방(수취인)이 그러한 사실(즉, 명의대여자가 아닌 명의차용자가 진정한 어음행위자라는 사실)을 알고 있었던 경우라면(그런 경우는 드물 것이다), 명의대여자는 수취인에 대해서는 그 사실을 항변할 수 있을 것이다(어음항변). 나아가 명의차용자는 어음면상 나타나 있지 않지만, 어음의 위조자가 책임을 지는 것(학설대립)과 같이 책임을 부담한다.

Ⅳ. 불법행위책임 관련 소송

1. 당사자와 청구취지

가. 당사자

회사의 행위(대표이사 또는 피용자의 업무집행)로 인하여 손해를 입은 자가 원고가 되어, 회사를 피고로 하는 소송이다. 이 경우 회사는 대표이사와 연대하여 배상할 책임이 있으므로 회사와 대표이사를 공동피고로 할 수 있다(제389조 제3항, 제210조). 또는 직무상 불법행위를 한 피용자를 공동피고로 할 수도 있다(민법 제750조, 제756조).

나. 청구취지

회사와 대표이사의 공동불법행위책임을 묻는 경우의 청구취지는 다음과 같다.

1. 피고들은 연대하여 원고에게 10,000,000원 및 이에 대하여 2020. 3. 5.부터 이 사건 소장 송달일까지는 연 5%, 그 다음날부터 다 갚는 날까지는 연 15%의 각 비율에 의한 돈을 지급하라.
2. 소송비용은 피고들이 부담한다.
3. 제1항은 가집행할 수 있다.

라는 판결을 구합니다.

2. 청구원인

대표이사가 그 업무집행과 관련하여 고의 또는 과실에 의한 위법한 가해행위로 제3자에게 손해를 입혔어야 한다(제389조 제3항, 제210조).[55] 또는 회사의 피용자인 대표이사 이외의 임직원이 그 사무집행과 관련하여 제3자에게 손해를 가하였어야 한다(민법 제756조).

대표이사의 '업무집행'이 그의 대표권한을 남용하였거나 그 권한의 범위를 벗어난 행위라 하더라도 외형상으로 대표이사의 직무범위 내의 행위로 보이는 경우에는 회사의 불법행위가 성립할 수 있다(대법원 2017. 9. 26. 선고 2014다27425 판결). 다만, 그 대표이사의 행위가 직무에 관한 행위에 해당하지 아니함을 피해자 자신이 알았거나 또는 중대한 과실로 인하여 알지 못한 경우에는 회사가 손해배상책임을 지지 않는다(위 대법원 판결).[56]

대표이사도 연대책임을 지는데(제389조 제3항, 제210조), 회사의 불법행위능력을 인정하여 대표이사의 직무상의 불법행위를 회사의 불법행위로 보는 이상 논리적으로는 대표이사 개인의 불법행위책임이 성립할 여지가 없지만, 피해자를 보호하기 위하여 대표이사에게 법정책임으로서 (부진정)연대책임을 지운 것으로 이해할 수 있다. 그 대표이사에게 민법 제750조에 따른 불법행위책임을 추궁할 수도 있다.[57]

---

55 대법원 2003. 3. 11. 선고 2000다48272 판결(타인의 실용신안권 침해행위를 결정하고 실행한 대표이사와 그 회사는 공동불법행위책임을 진다).

56 대법원 2004. 3. 26. 선고 2003다34045 판결은, 원고법인(공제조합)의 대표자가 개인적 목적을 위하여 대표권한을 남용하여 피고은행으로부터 예금담보대출을 받았던 사안에서, 피고은행이 대표권한 남용 사실을 '알 수 있었음에도' 불구하고 대출을 해주었으므로 대출행위는 원고에 대하여 효력이 없다고 보았다. 다만, 원고법인의 대표자의 불법행위로 인한 손해배상책임과 관련하여, 피고은행이 대표자의 행위가 직무에 관한 행위에 해당하지 않음을 알았거나 '중대한 과실로 알지 못하였던' 것은 아니라는 보아, 원고법인의 불법행위책임을 인정하였다.

57 대법원 2013. 6. 27. 선고 2011다50165 판결(대표이사가 업무집행을 하면서 고의 또는 과실에 의한 위법행위로 타인에게 손해를 가한 경우 회사는 제389조 제3항, 제210조에 의하여 제3자에게 손해배상책임을 부담하게 되고, 대표이사도 민법 제750조 또는 상법 제389조 제3항, 제210조에 의하여 주식회사와 연대하여 불법행위책임을 부담하게 된다).

그리고 제3자는 그 대표이사와 그 행위에 관여하거나 감시의무를 위반한 이사들을 피고로 하여 손해배상을 구할 수도 있다(제401조). 다만, 이 경우 이사들이 고의 또는 중대한 과실로 그 임무를 해태하였음을 증명해야 한다.[58]

한편, 대표이사 외의 피용자인 임직원이 그 사무집행과 관련하여 고의 또는 과실에 의한 위법행위로 타인에게 손해를 가한 경우에는, 그 피용자는 민법 제750조에 의한 불법행위책임을, 회사는 민법 제756조에 따른 사용자책임을 부담할 수 있다. 이때 '사무집행 관련성'은 행위자의 주관적 사정을 고려하지 않고 외형상 객관적으로 사용자의 사무집행에 관련된 것인지에 따라 판단하지만, 피용자의 행위가 사용자의 사무집행 행위에 해당하지 않음을 피해자 자신이 알았거나 또는 중대한 과실로 인하여 알지 못한 경우에는 사용자책임을 물을 수 없다.[59]

58 대법원 1993. 1. 26. 선고 91다36093 판결(주주가 대표이사의 악의 또는 중대한 과실로 인한 임무해태행위로 직접 손해를 입은 경우에는 이사와 회사에 대하여 제401조, 제389조 제3항, 제210조에 의하여 손해배상을 청구할 수 있다).

59 대법원 2007. 9. 20. 선고 2004다43886 판결은, 증권회사 직원이 피해자 회사의 경리이사와 공모하여 피해자 회사의 채권계좌의 자금을 임의로 사용하여 주식거래를 한 사안에서, 위 증권회사 직원의 행위가 증권회사의 사무집행행위에 속하지 않는다는 것을 위 경리이사(자금관리에 관한 포괄적 대리권을 가진 상업사용인)가 알고 있었으므로 피해자 회사가 이를 알았다고 보아 피해자 회사는 위 증권회사에 대하여 사용자책임을 물을 수 없다고 하였다.

제7장

이사의 의무와 책임

제7장

이사의 의무와 책임

Ⅰ. 회사의 이사에 대한 손해배상청구소송

1. 당사자와 청구취지

가. 원고

원고는 회사이며(제399조), 이 소에서 회사를 대표할 자는 감사이다(제394조). 따라서 감사가 아닌 대표이사가 회사를 대표하여(또는 소송대리인을 선임하여) 한 소송행위는 원칙적으로 무효이다. 이 경우 법원은 직권으로 기간을 정하여 보정을 명해야 하고, 원고회사가 변론종결 전에 대표자를 감사로 보정하여 감사가 대표이사의 소송행위를 추인하면 소급적으로 유효하게 된다(대법원 2011. 7. 28. 선고 2009다86918 판결, 민사소송법 제64조, 제59조, 제60조).

다만, 피고 이사가 이미 이사의 직을 떠난 경우 회사를 대표할 자는 감사가 아닌 대표이사이다(대법원 2002. 3. 15. 선고 2000다9086 판결). 그리고 원고회사의 소 제기 전에 법원에 의하여 일시대표이사가 선임된 경우, 이후 원고회사의 이사를 상대로 한 소송에서 그 일시대표이사가 원고회사를 대표하였더라도 적법하다.[1]

나. 피고

피고는 이사이다. 계속직무집행이사와 일시이사(제386조), 이사직무대행자(제407조), 이사선임결의의 취소 · 부존재판결이 확정되기 전까지 재임한 이사나 부실등기된 이사(이사로서 또는 제401조의2 제3호에 따라) 등도 피고가 될 수 있다. 나아가 업무집행지시자 등(제401조의2)과 감사(제414조 제1항), 집행임원(제408조의2 제2항, 제408조의8, 제408조의9), 청산인(제542조 제2항) 등도 피고로 될 수 있다.

제401조의2에서 정하는 업무집행지시자 등은 제399조, 제401조, 제403조의 적용에서 이사로 본다. 다만, 이 조항이 충실의무를 구체화하고 있는 자기거래(제398조), 경업(제397조), 회사기회유용(제397조의2) 등에도 적용된다는 규정은 없다. 업무집행지시자 등이 주요주주나 그 특수관계인에 해당하는 경우에는 자기거래(제398조)의 범위에 포함될 수 있을 것이다.

제401조의2 제1호의 '업무집행지시자'는 '영향력'과 '지시'를 요건으로 한다. 예를 들면, 모회사 등 지배주주가 법인인 경우도 이에 포함될 수 있다(대

1 이 경우 공정한 소송수행을 저해하는 것이라고 보기 어려우므로 제394조 제1항이 적용되지 않는다(대법원 2018. 3. 15. 선고 2016다275679 판결).

법원 2006. 8. 25. 선고 2004다26119 판결). 제2호의 '무권대행자'는 이사의 명의로 직접 업무를 집행한 자를 말하는데, 이 경우에도 '영향력' 요건이 필요하다(대법원 2009. 11. 26. 선고 2009다39240 판결). 제3호의 이른바 '표현이사'는 업무집행권한이 있는 듯한 명칭을 사용하여 업무를 집행한 자를 말하는데, 이 경우에는 '영향력'까지 요구되지는 않는다(위 대법원 2009다39240 판결).

다. 청구취지

1. 피고들은 연대하여 원고에게 금 6,000,000,000원 및 이에 대하여 이 사건 소장 송달일 다음날로부터 다 갚는 날까지 연 15%의 비율에 의한 금원을 지급하라.[2]
2. 소송비용은 피고들이 부담한다.
3. 제1항은 가집행할 수 있다.

라는 판결을 구합니다.

2. 청구원인

가. 요건사실

이사가 ① 고의 또는 과실로, ② 법령 또는 정관에 위반하였거나 그 임무를 게을리하고, ③ 회사의 손해가 발생하였으며, ④ 임무해태와 손해 사이에 인과관계가 있어야 한다(제399조). 이사가 아니면서 사실상 이사로서의 권한이

2 제399조의 책임은 채무불이행으로 인한 손해배상채무로서 이행기의 정함이 없는 채무이고, 손해 발생일로부터의 지연손해금을 청구하더라도 받아들여지기 어려우므로, 소장 송달일 다음날부터의 지연손해금만을 청구하는 것으로 기재한다.

나 영향력을 행사하는 자는 이사와 동일한 책임을 질 수 있다(제401조의2).

문제된 행위가 이사회의 결의에 의한 것인 때에는 그 결의에 찬성한 이사도 손해배상책임이 있다(제393조 제2항). 그 이사회 결의에 참가한 이사로서 이의를 한 기재가 의사록에 없는 자는 그 결의에 찬성한 것으로 추정한다(동조 제3항). 이사가 결의에 '기권'하였다고 의사록에 기재된 경우에는 위 조항에 따라 이사회 결의에 찬성한 것으로 추정할 수는 없다.[3]

제399조의 책임은 불법행위책임이 아니라 위임관계로 인한 채무불이행책임이므로 그 소멸시효기간은 일반채무의 경우와 같이 10년이다(민법 제162조 제1항, 대법원 1985. 6. 25. 선고 84다카1954 판결). 즉, 불법행위로 인한 단기소멸시효(민법 제776조 제1항)나 상사시효(제64조)는 적용되지 않는다. 그리고 위 책임에는 상사법정이율(연 6%)이 아닌 민사법정이율(연 5%)이 적용된다.

회사가 제399조에 따른 이사의 책임을 추궁하는 소를 제기하지 않으면 주주는 상법이 정한 바에 따라 대표소송을 제기할 수 있다(제403조).

나. 임무해태(선관주의의무 위반)

회사와 이사의 관계는 민법의 위임에 관한 규정을 준용한다(제382조 제2항). 따라서 이사는 '회사'의 수임인으로서 선량한 관리자의 주의로써 회사의 사무를 처리할 의무가 있다(민법 제681조). 이사의 '선관주의의무'는 회사와의 위임관계를 전제로 하므로, 이사가 주주 또는 채권자에 대하여 직접 선관주의의무를 부담하는 것은 아니다.

---

3 대법원 2019. 5. 16. 선고 2016다260455 판결(제399조 제3항은 제2항의 책임을 전제로 하면서, 원고로서는 어떤 이사가 이사회 결의에 찬성하였는지를 알기 어렵다는 점을 고려하여 증명책임을 이사에게 전가하는 규정이다. 그렇다면 이사가 결의에 기권하였다고 의사록에 기재된 경우에 그 이사는 "이의를 한 기재가 의사록에 없는 자"라고 볼 수 없으므로, 제3항에 따라 이사회 결의에 찬성한 것으로 추정할 수 없고, 따라서 제2항의 책임을 부담하지 않는다). 그가 감시의무 위반 등으로 책임을 지는지는 별개의 문제이다.

이사의 행위기준으로서의 선관주의의무는, 행위자의 직업, 사회적 지위 및 활동영역 등에 비추어 그러한 자에게 '통상적 · 객관적으로 요구되는 정도의 주의'를 말한다(일반적 · 추상적 평균인의 주의의무).[4]

그리고 선관주의의무는 회사의 이익을 위하여 필요하고 적절한 조치를 다 해야 하는 '수단채무'이지, 손해가 발생하지 않도록 담보하는 '결과채무'는 아니다. "필요하고 적절한 조치"가 무엇인지는 회사의 업종이나 상황, 이사의 직책이나 구체적인 업무분야 등에 따라 달라질 수 있다.

선관주의의무에는 법령을 준수할 의무, 이사회에 출석할 의무, 다른 이사의 업무집행을 감시할 의무 등이 포함된다.

다. 경영판단의 원칙

경영에는 위험이 따르기 마련이므로, 이사가 신중하게 합리적으로 내린 경영상의 결정은 사후적으로 실패와 손해로 판명되더라도 책임을 면해줄 필요가 있다.

우리 대법원도 경영판단의 원칙의 적용을 인정한다(대법원 2007. 10. 11. 선고 2006다33333 판결 등). 즉, ① 합리적으로 이용 가능한 범위 내에서 필요한 정보를 충분히 수집 · 조사하고 검토하는 절차를 거친 다음("절차적 요건"), ② 이를 근거로 회사의 최대 이익에 부합한다고 합리적으로 신뢰하고 신의성실에 따라 경영상의 판단을 내렸고("주관적 요건"), ③ 그 내용이 현저히 불합리하지 않은 것으로서 통상의 이사를 기준으로 할 때 합리적으로 선택할 수 있는 범위 안에 있는 것이라면("내용적 요건"), 그 이사의 행위는 허용되는 경영판단의 재량범위 내에 있는 것으로 본다.[5]

---

4 이는 무상수취인이 지는 '자기재산과 동일한 주의'(주관적 · 구체적인 주의의무로서 선관주의보다 경감된 것)와 구별된다.

5 미국에서의 경영판단의 원칙의 적용은 다음과 같다. 이사의 경영상 행위는, 일단 ① 합리적인 정

다만, 이사의 '법령위반행위'는 그 자체가 회사에 대한 채무불이행이 되므로 경영판단의 원칙이 적용되지 않는다(판례). 여기서 '법령'이란, 상법은 물론 회사가 기업활동을 함에 있어서 준수해야 할 제 규정을 의미하고(대법원 2005. 10. 28. 선고 2003다69638 판결), 법률과 법규명령으로서의 대통령령, 총리령, 부령 등을 의미한다.[6]

경영판단의 원칙은 이사가 어떤 행위를 적극적으로 하기로 결정하거나 하지 않기로 결정한 경우에 적용되며, 단순한 업무 방치나 아예 임무를 수행하지 않은 경우에는 적용되지 않는다.

대법원 2011. 10. 13 선고 2009다80521 판결(손해배상(기))
대법원 2007. 10. 11. 선고 2006다33333 판결(손해배상(기))

[1] 금융기관이 그 임원을 상대로 대출과 관련된 임무 해태를 내세워 채무불이행으로 인한 손해배상책임을 물음에 있어서는 임원이 한 대출이 결과적으로 회수곤

보에 기하여(informed), ② 성실하게(in good faith), ③ 회사의 최선의 이익이라고 합리적으로 믿고(honestly believed that the decision was in the best interests of the corporation) 이루어진 것으로 추정한다. 선관주의의무(duty of care) 위반을 이유로 이사의 책임을 묻는 소송(대표소송 포함)이 제기된 경우, 피고 이사는 이러한 추정에 근거하여 소의 원인(cause of action)이 없음을 이유로 각하(dismissal)를 구하거나 약식판결(summary judgement)을 청구한다. 이에 대하여 원고인 회사나 주주가 이러한 추정을 깨뜨리는 사실, 즉, 이사의 행위에 사기(fraud), 위법(illegality), 이익충돌(conflict of interest), 불성실(bad faith), 중과실(gross negligence) 또는 무모함(recklessness) 등이 있었다는 것(disabling factor)을 입증하지 못하면, 그 소가 각하되거나 기각된다. 원고인 회사나 주주가 이러한 입증에 성공하면, 이제는 피고 이사가 그 거래의 공정성(entire fairness)을 증명할 책임을 진다. 우리 상법에서도 이사의 책임 발생의 원인사실(고의 또는 과실로 임무를 게을리한 점)의 증명책임은 원고(회사나 주주)에게 있다. 다만, 미국처럼 경영판단의 추정을 통하여 안전항(safe harbor)으로서의 역할을 하거나 원고의 입증의 정도를 (중과실에 가깝게) 높이고 있는 것은 아니다.

6 대법원 2006. 11. 9. 선고 2004다41651 판결에서는, 종금사 임원들의 제399조에 따른 손해배상책임이 문제되었는데 원고는 피고들의 법령위반을 이유로 경영판단의 원칙이 적용될 수 없다고 다투었다. 법원은 원고가 내세우고 있는 종합금융회사 업무운용지침, 외화자금거래취급요령, 외국환관리규정, 영남종금 내부의 심사관리규정 등은 여기에서 말하는 '법령'에 해당하지 않는다고 보았다. 이와 달리 "법령의 규정이 특정 행정기관에 그 법령 내용의 구체적 사항을 정할 수 있는 권한을 부여하면서 그 권한 행사의 절차나 방법을 특정하고 있지 않아 수임행정기관이 행정규칙인 고시의 형식으로 그 법령의 내용이 될 사항을 구체적으로 정하고 있는 경우", 그 고시는 당해 법령의 위임 한계를 벗어나지 않는 한, 그와 결합하여 대외적으로 구속력이 있는 법규명령으로서 효력을 가질 수 있다(대법원 2008. 4. 10. 선고 2007두4841 판결 등). 따라서 비록 행정규칙에 해당하는 지식경제부 고시라도 위와 같은 경우에는 대외적인 효력을 가지게 되는 법규명령에 해당할 수 있고, 그 결과 제399조 제1항에서 말하는 법령에 해당할 수 있다(서울중앙지법 2012. 10. 5. 선고 2011가합80239 판결).

란 또는 회수불능으로 되었다고 하더라도 그것만으로 바로 선량한 관리자로서의 주의의무 내지 충실의무를 위반한 것이라고 단정할 수 없다.

[2] 금융기관의 이사가 대출 관련 임무를 수행함에 있어, ① 합리적으로 이용가능한 범위 내에서 필요한 정보를 충분히 수집·조사하고 검토하는 절차를 거친 다음, ② 이를 근거로 회사의 최대 이익에 부합한다고 합리적으로 신뢰하고 신의성실에 따라 경영상의 판단을 내렸고, ③ 그 내용이 현저히 불합리하지 않은 것으로서 통상의 이사를 기준으로 할 때 합리적으로 선택할 수 있는 범위 안에 있는 것이라면, 비록 사후에 회사가 손해를 입게 되는 결과가 발생하였다 하더라도 그 이사의 행위는 허용되는 경영판단의 재량범위 내에 있는 것이어서 회사에 대하여 손해배상책임을 부담한다고 할 수 없다. 이사가 이러한 과정을 거쳐 임무를 수행한 것이 아니라 단순히 회사의 영업에 이익이 될 것이라는 일반적·추상적인 기대 하에 일방적으로 임무를 수행하여 회사에 손해를 입게 한 경우에는, 그와 같은 이사의 행위는 허용되는 경영판단의 재량범위 내에 있는 것이라고 할 수 없다.

라. 감시의무

이사는 대표이사로 하여금 업무에 관하여 이사회에 보고하도록 요구할 수 있고(제393조 제3항, 제4항), 이사회의 구성원으로서 소집권자에게 이사회의 소집을 요구할 수 있으며(제390조 제2항), 회사에 현저하게 손해를 미칠 염려가 있는 사실을 발견한 경우 이를 감사에게 보고해야 한다(제412조의 2). 따라서 이사(상무에 종사하지 않는 이사나 사외이사도 포함)는 단지 이사회에 상정된 의안에 대하여 찬부의 의사표시를 하는 데에 그치지 않고, 본인의 담당업무는 물론 다른 업무담당이사의 업무집행을 전반적으로 감시할 의무가 있다.

이사가 다른 업무담당이사의 업무집행이 위법하다고 의심할만한 사유가 있음에도 불구하고 이를 방치한 경우에는 감시의무 또는 선관주의의무위반으로 인한 책임을 질 수 있다. 즉, 이사가 어느 업무를 결정 또는 집행하는 데에 직접 참여하거나 관여하지 않았더라도 감시의무 위반으로 인한 책임이 인정될 수 있다. 이렇게 감시의무는 이사의 '부작위'가 선관주의의무 위반으로 되는 경우 중의 하나이다. 예를 들면, 이사가 이사회에 참석하여 위법한 업무집행에 관한 결의에 이의를 밝히지 않은 경우 그 이사에게 연대책임이 발생할 수 있고(제399조 제2항, 제3항), 아예 이사회에 참석하지 않은 경우에도 감시의무 위반으로 인한 책임이 인정될 수 있다.[7]

이사의 감시의무의 구체적인 내용은, 회사의 규모나 업종, 영업상황 및 재무상태, 그 이사의 직책이나 구체적인 업무분야 등에 따라 달라질 수 있다. 특히, 대규모의 회사에서 내부적인 사무분장에 따른 담당 업무 분야가 있더라도 다른 이사들의 업무집행에 관한 감시의무를 면할 수 없고, 이 경우 무엇보다 합리적인 정보보고시스템과 내부통제시스템을 구축하고 제대로 작동하도록 배려할 의무가 있다(판례).

대법원 2008. 9. 11. 선고 2006다68636 판결(손해배상(기))

[1] 이사의 임무는 단지 이사회에 상정된 의안에 대하여 찬부의 의사표시를 하는 데에 그치지 않으며 대표이사를 비롯한 업무담당이사의 전반적인 업무집행을 감시할 수 있는 것이므로, 대표이사나 다른 업무담당이사의 업무집행이 위법하다고 의심할 만한 사유가 있음에도 악의 또는 중대한 과실로 인하여 감시의무를 위반하여 이를 방치한 때에는 이로 말미암아 제3자가 입은 손해에 대하여 배상책임을 면할 수 없다(제401조).

[2] 일정한 업무분장하에 회사의 일상적인 업무를 집행하는 업무집행이사는 회사의 업무집행을 전혀 담당하지 아니하는 평이사에 비하여 보다 높은 주의의무를 부담한다고 보아야 한다.

[3] 감시의무의 구체적인 내용은 회사의 규모나 조직, 업종, 법령의 규제, 영업상황

7 대법원 2019. 11. 28. 선고 2017다244115 판결은, 피고들이 회사의 이사 또는 감사로 재직하는 기간 동안 한 번도 이사회가 개최된 적이 없었는데도 계속 이사회 회의록이 작성되어 공시되었고, 회사의 유상증자 및 유상증자대금의 사용변경 등에 대한 공시가 되었음에도 이에 대하여 아무런 의문을 제기하지 않았는바, 피고들은 이사 및 감사로서 이사회에 출석하고 상법의 규정에 따른 감사활동을 하는 등 기본적인 직무조차 이행하지 않음으로써 회장과 대표이사 등의 전횡과 위법한 직무수행에 관한 감시·감독의무를 지속적으로 소홀히 한 것이고, 이러한 임무해태와 회장 등이 유상증자대금을 횡령함으로써 회사가 입은 손해 사이에 상당인과관계가 인정된다고 보았다.

및 재무상태에 따라 크게 다를 수 있는바, 고도로 분업화되고 전문화된 대규모의 회사에서 공동대표이사와 업무담당이사들이 내부적인 사무분장에 따라 각자의 전문분야를 전담하여 처리하는 것이 불가피한 경우라 할지라도, 그러한 사정만으로 다른 이사들의 업무집행에 관한 감시의무를 면할 수는 없고, 그러한 경우 무엇보다 합리적인 정보 및 보고시스템과 내부통제시스템을 구축하고 그것이 제대로 작동하도록 배려할 의무가 이사회를 구성하는 개개의 이사들에게 주어진다는 점에 비추어 볼 때, 그러한 노력을 전혀 하지 않거나, 위와 같은 시스템이 구축되었다 하더라도 이를 이용한 회사 운영의 감시·감독을 의도적으로 외면한 결과 다른 이사의 위법하거나 부적절한 업무집행 등 이사들의 주의를 요하는 위험이나 문제점을 알지 못한 경우라면, 다른 이사의 위법하거나 부적절한 업무집행을 구체적으로 알지 못하였다는 이유만으로 책임을 면할 수는 없고, 위와 같은 지속적이거나 조직적인 감시소홀의 결과로 발생한 다른 이사나 직원의 위법한 업무집행으로 인한 손해를 배상할 책임이 있다.[8]

마. 이사의 충실의무

제382조의3은 '이사의 충실의무'라는 제목으로 "이사는 법령과 정관의 규정에 따라 회사를 위하여 직무를 충실하게 수행하여야 한다."고 규정한다. 이러한 충실의무가 영미법상의 '충실의무(duty of loyalty)'를 수용한 것인지에 대해서는 견해가 나뉜다. 영미법상의 충실의무는, 수탁자(fiduciary)인 이사에게 회사와 자신의 이익 충돌 상황에서 (무조건) 회사의 이익을 우선해야 하며 자신의 이익을 추구하지 않을 의무, 즉 이익충돌금지(no conflict rule)와 이익

8 ㈜대우의 회사채를 인수한 신한은행 등이 ㈜대우의 분식회계를 이유로 그 이사들을 상대로 미회수액 상당의 손해의 배상을 청구한 사건이었다(제401조). 당시 ㈜대우는 무역부문과 건설부문이라는 두 부문의 업무와 회계가 조직상 뚜렷이 구분되어 운영되었는데, 당시 대표이사 및 업무집행이사들의 전횡과 위법한 직무수행에 관한 감시가 지속적으로 소홀하였고, 이사회가 실제로는 거의 개최되지도 않았으며, 심지어 이사들이 회계의 적정성에 관하여 관심을 갖는 것이 이례적으로 받아들여질 정도로 대규모의 회계분식이 아무런 견제나 저항도 받지 아니한 채 이루어졌다. 대법원은 이러한 회계분식 등 위법한 업무집행이나 전횡이 사무분장이라는 명목 하에 구조적·조직적으로 장기간 방치된 결과로 발생하였다고 보고, 회사의 업무분장이 내부적으로 구분되어 있다거나 어느 이사가 회계분식의 구체적인 내용을 알지 못하였다 하여 임무해태나 상당인과관계가 부인될 수는 없다고 판단하였다.

획득금지(no profit rule) 의무를 지우는 것을 내용으로 한다. 반드시 주의의무 위반을 전제로 하지 않는다는 점, 구제방법이 원칙적으로 손해의 배상이 아니라 부당한 이득의 반환이라는 점 등이 특징이다.

상법상 회사와 이사 사이의 이익충돌을 규제하는 조항으로는, 경업 및 겸직(제397조), 회사기회의 유용(제397조의2), 자기거래(제398조), 이사의 보수(제395조) 등이 있다. 그 외의 이익충돌의 상황에서도 충실의무를 규정한 제382조의3 위반으로 인한 손해배상책임을 인정할 수 있는지에 대한 문제라고 할 수 있다.

일원설(동질설)은 제382조의3의 충실의무는 선관주의의무를 강조하고 구체화한 것에 불과하다는 견해이다. 이원설(이질설)에서는, 제382조의3의 충실의무는 선관주의의무와는 다른 의무를 규정한 것으로서, 회사와 이사의 이익 충돌의 상황에서 자신의 이익을 도모하는 것을 금지하는 영미법상의 충실의무를 도입한 것으로 이해한다. 다만, 우리 대법원은 아직 그러한 독자적인 충실의무의 법리를 적용한 바 없다.

충실의무가 적용되는 대표적인 충돌상황인 '자기거래'는 회사를 한쪽 당사자로 하고 이사와 주요주주 및 그 특수관계인들을 다른 한편으로 하는 거래를 말한다(제398조). 우리 대법원은, 모회사와 자회사는 독립된 별도의 법인이므로, 이사 등의 거래 상대방이 100% 자회사라고 하더라도, 회사가 거래의 주체가 아닌 이상 자기거래에 해당하지 않는다고 보았다(광주신세계Case).

이사등이 자기거래를 하기 위해서는, ① '미리' 이사회에서 해당 거래에 관한 중요사실을 밝히고, ② 이사 3분의2 이상의 수에 의한 이사회의 승인을 받아야 하며, ③ 그 거래의 절차와 내용이 '공정'하여야 한다.[9]

'경업제한' 규정(제397조)은, 회사의 영업부류에 속하는 경업거래를 하거나

---

9 춘천지방법원 속초지원 2019. 10. 17. 선고 2018가합200456 판결(회사의 이사가 회생채권으로 전환되어 소멸될 예정이었던 경제적 가치가 없는 채권을 회사에 양도하고 그 대가로 양도대금 채권을 취득한 것은, 이사가 오로지 개인적 이익을 위해 회사의 이익을 희생시킨 것으로서 제398조에 반하는 현저히 불공정한 자기거래에 해당하여 무효이다).

동종영업을 목적으로 하는 다른 회사에 겸직을 하려면 이사회의 승인(일반결의)을 받도록 제한하는 것을 내용으로 한다. '협의의 경업'은 자기 또는 제3자의 계산으로 회사의 영업부류에 속한 거래를 하는 것이므로, 다른 회사의 이사나 대표이사가 되어 경업을 하는 경우뿐만 아니라 지배주주가 되어 의사결정과 업무집행에 관여할 수 있게 되는 경우에도 경업에 해당될 수 있다. 다만, '겸직'은 동종영업을 목적으로 하는 다른 회사의 무한책임사원이나 이사가 되는 것을 의미하므로 지배주주가 된 것만으로는 겸직에 해당한다고 보기는 어렵다(광주신세계Case).

제397조의2의 규제 대상이 되는 '회사기회'란, 회사의 이익이 될 수 있는 사업기회로서, ① 회사의 직무를 수행하는 과정에서 알게 되거나 회사의 정보를 이용한 사업기회("지득사유기준"), 또는 ② 회사가 수행하고 있거나 수행할 사업과 밀접한 관련이 있는 사업기회("사업관계기준")를 말한다. 이사가 이러한 회사기회를 이용하려면 이사회의 승인(3분의 2 이상)을 얻어야 한다.

우리 대법원은, 이사회가 충분한 정보를 수집·분석하고 정당한 절차를 거쳐 회사의 사업기회를 포기하거나 어느 이사로 하여금 그것을 이용할 수 있도록 승인하였다면, 그 의사결정과정에 현저한 불합리가 없는 한 그와 같이 결의한 이사들의 경영판단은 존중되어야 한다고 보았다(광주신세계Case, 한화Case 등).

그러나 위와 같이 이사와 회사의 이익이 충돌하는 상황에서 경영판단의 원칙이 적용될 수 있다고 보는 것은 타당하지 못하다. 충실의무가 문제되는 상황에서는 경영판단의 원칙이 적용되지 않고, 이사가 자신의 행위가 공정하다는 점(예를 들면, 자기거래의 경우, 거래의 공개와 이해관계 없는 이사회나 주주총회의 승인 및 그 거래의 공정성 등)을 입증하도록 하는 것이 타당하다고 본다.

서울중앙지법 2011. 2. 25. 선고 2008가합47881판결[10]

대법원 2013. 9. 12. 선고 2011다57869 판결(손해배상(기))[11]

대법원 2017. 9. 12. 선고 2015다70044 판결(손해배상(기))[12]

[1] 상법이 제397조 제1항으로 "이사는 이사회의 승인이 없으면 자기 또는 제3자의 계산으로 회사의 영업부류에 속한 거래를 하거나 동종영업을 목적으로 하는 다른 회사의 무한책임사원이나 이사가 되지 못한다."고 규정한 취지는, 이사가 그 지위를 이용하여 자신의 개인적 이익을 추구함으로써 회사의 이익을 침해할 우려가 큰 경업을 금지하여 이사로 하여금 선량한 관리자의 주의로써 회사를 유효적절하게 운영하여 그 직무를 충실하게 수행하여야 할 의무를 다하도록 하려는 데 있다. 따라서 이사는 경업 대상 회사의 이사, 대표이사가 되는 경우뿐만 아니라 그 회사의 지배주주가 되어 그 회사의 의사결정과 업무집행에 관여할 수 있게 되는 경우에도 자신이 속한 회사 이사회의 승인을 얻어야 하는 것으로 볼 것이다.[13]

---

10 현대자동차는 필요한 물류업무를 아웃소싱하여 외부 업체들에 위탁하여 처리해 왔는데, 그룹회장이자 대표이사인 甲은 그룹 내에 물류전문회사의 설립을 추진하고자 현대자동차를 비롯한 그룹 내 임직원들에게 물류회사 설립준비작업을 지시하였다. 그 결과 甲이 40%, 그의 장남인 乙이 60%의 자본금을 출자하여 물류영업을 하는 글로비스를 설립하였다. 글로비스의 대표이사로는 乙이 선임되었고, 甲은 이사로 선임되지는 않았다. 위 설립과 주식인수 등에 대하여 현대자동차의 이사회나 주주총회의 결의는 없었다. 그 후 그룹 계열회사들은 글로비스에 대부분의 물류를 위탁하였고, 글로비스와의 거래에서 운송단가를 업계평균 인상폭보다 높게 인상해 주었는데, 현대자동차는 이로 인하여 공정거래위원회로부터 과징금을 부과받았다. 현대자동차의 이사회는 글로비스에의 물류위탁거래에 대하여 논의하거나 승인을 한 적은 없었다("글로비스Case").

11 주식회사 광주신세계는 주식회사 신세계의 100% 자회사로서 1995년경부터 광주광역시에서 신세계의 상표를 사용하여 백화점을 운영하였다. 신세계는 광주신세계를 사실상 지점처럼 운영하였고, 대외적으로도 그와 같이 인식되었다. 광주신세계는 1997년 말에 발생한 외환위기로 자금조달 및 회사 운영에 어려움을 겪게 되자, 이를 해결하기 위하여 신세계와 협의하여 유상증자를 추진하였다. 그러나 신세계의 이사회는 신세계 역시 구조조정이 필요하므로 광주신세계의 유상증자에 참여할 형편이 되지 못한다는 이유로 실권하기로 결정하였다. 광주신세계는 1998. 4. 위 실권주를 신세계의 이사이자 지배주주의 아들인 피고 A에게 주당 5천원에 인수하도록 하여, A가 광주신세계의 주식 83.3%를 보유하게 되었다. 이로 인하여 신세계는 광주신세계의 최대주주로서의 지위를 잃고 2대주주가 되었지만, 광주신세계는 여전히 신세계와 동일한 기업집단에 소속되어 지점처럼 경영되었다. 광주신세계는 2002년에 이르러 주당 3만3천원에 상장되었다. 이후 신세계의 주주들이 A등 신세계 이사들을 상대로 주주대표소송을 제기하였다("광주신세계Case").

12 주식회사 한화는 2005년 6월경 보유하고 있던 한화S&C 주식을 이사인 피고 K(한화그룹회장)의 아들 K2에게 주당 5천원에 전량 매도하였다. 2007년 11월 한화S&C는 유상증자를 하였는데, 발행가액은 주당 3만3천원이었다. 한화의 소액주주들인 원고는 피고 K 등 한화의 이사들을 상대로 위 주식매매로 인한 회사의 손해배상을 구하는 대표소송을 제기하였다. 자기거래 규정 위반과 회사의 사업기회의 포기와 관련된 선관주의의무 또는 충실의무 위반 등이 문제되었다("한화Case").

13 광주신세계Case에서는 이사인 A의 제397조 위반이 문제되었는데, 우선 A가 광주신세계의 지배주주로 된 것이 "동종 영업을 목적으로 하는 다른 회사의 무한책임사원이나 이사"가 된 것('겸직')이라고 보기는 어려울 것이다. 나아가 "자기 또는 제3자의 계산으로 회사의 영업부류에 속한 거래"를 한 것('협의의 경업')인지 문제되었는데, 대법원은 위와 같이 A가 다른 회사(자회사)의 지배주주가 되어 영업을 하는 것도 제397조의 '경업'에 해당될 수 있다고 보았다. 다만, 피고 A가 지배

[2] 이사는 회사에 대하여 선량한 관리자의 주의의무를 지므로, 법령과 정관에 따라 회사를 위하여 그 의무를 충실히 수행한 때에야 이사로서의 임무를 다한 것이 된다. 이사는 이익이 될 여지가 있는 사업기회가 있으면 이를 회사에 제공하여 회사로 하여금 이를 이용할 수 있도록 하여야 하고, 회사의 승인 없이 이를 자기 또는 제3자의 이익을 위하여 이용하여서는 아니 된다. 그러나 회사의 이사회가 그에 관하여 충분한 정보를 수집·분석하고 정당한 절차를 거쳐 회사의 이익을 위하여 의사를 결정함으로써 그러한 사업기회를 포기하거나 어느 이사가 그것을 이용할 수 있도록 승인하였다면 그 의사결정과정에 현저한 불합리가 없는 한 그와 같이 결의한 이사들의 경영판단은 존중되어야 할 것이므로, 이 경우에는 어느 이사가 그러한 사업기회를 이용하게 되었더라도 그 이사나 이사회의 승인 결의에 참여한 이사들이 이사로서 선량한 관리자의 주의의무 또는 충실의무를 위반하였다고 할 수 없다.[14][15]

[3] 제398조에 의하여 이사회의 승인이 필요한 이사와 회사의 거래에는 이사가 거

주주가 된 후에도 광주신세계는 여전히 사실상 신세계의 지점처럼 운영되었고 공동의 이익을 추구하는 관계(광주신세계는 전과 동일하게 신세계 상표 사용, 구매대행 위탁, 경영지도 등 협력관계를 유지하였고, 그 대기로 매년 일정액의 경영수수료를 지급함)에 있었으므로 이익충돌의 염려가 없다고 보아 이사회의 승인이 필요한 것은 아니라고 하였다. 사견으로는 이때에도 이해충돌의 가능성이 있으므로 A가 광주신세계의 실권주를 인수함에 있어서는 신세계의 이사회의 실권 결의와는 별개로 그에 관한 승인을 받았어야 한다고 본다. 한편, 글로비스Case에서는 물류업과 자동차제조업을 동종영업이나 같은 영업부류로 보기 어려웠고, 한화Case에서도 마찬가지였다.

14 광주신세계Case에서 원고들은, 신세계의 이사회가 광주신세계의 신주발행에서 실권하기로 결의함으로써 결국 실권주를 신세계의 이사인 피고 A에게 배정되도록 하여 신세계는 광주지역에서 백화점업을 영위할 사업기회를 잃게 되었는바, A가 신세계의 사업기회를 유용하도록 한 것은 이사의 선관주의의무 또는 충실의무를 위반한 것이라고 주장하였다(제382조 제2항, 제382조의3, 민법 제681조). 한화Case에서도 한화가 보유하던 한화S&C 주식을 매도함으로써 사업기회를 포기하고 이를 K2가 이용할 수 있게 한 것이 선관주의의무 또는 충실의무 위반인지 여부가 문제되었다. 위 사건들이 발생할 당시에는 회사기회유용금지(제397조의2) 조항이 없었다. 대법원은 위 판시와 같이 이사들의 결정에 경영판단의 원칙을 적용하여 선관주의의무 또는 충실의무위반이 없었다고 판단하였다. 현행법에 따르더라도 이사회의 승인이 있었으므로 제372조의2 위반으로 인한 손해배상책임(동조 제2항)은 인정하기 어려운 점이 있다. 다만, 그 승인한 이사들의 선관주의의무 또는 충실의무위반으로 인한 책임(제399조)을 판단하는 데 있어서는, 회사와 이사의 이익이 충돌하는 상황이므로 경영판단의 원칙을 적용한 것은 타당하다고 보기 어렵다.

15 그 외에도 대법원 2018. 10. 25. 선고 2016다16191 판결이 있는데, A주식회사의 이사 甲은 B주식회사를 설립하여 이사 또는 실질주주로서 B회사의 의사결정과 업무집행에 관여하였다("경업"). B회사는 A회사와 C외국회사가 체결한 C회사 제품 독점판매계약의 기간이 종료하기 전부터 C회사의 제품을 수입·판매하는 사업을 하였고, 위 계약기간 종료 후에는 C회사와 독점판매계약을 체결하여 C회사의 한국 공식총판으로서 영업을 하고 그 후 그 영업권을 제3자에게 양도하여 이득을 얻었다("사업기회유용"). A회사는 위 사업기회를 상실한 후 운영에 어려움을 겪다가 해산하였는데, A회사의 주주인 乙은 대표소송으로 甲을 상대로 손해배상을 구하였고, 甲의 경업금지의무 위반 및 사업기회 유용으로 인한 손해배상책임이 인정되었다("던롭Case"). A회사가 입은 손해는 A회사의 매출액 감소에 따른 영업수익 상실액 상당이고 A회사의 매출액 감소분은 B회사가 판매한 C회사 제품의 매출액 상당이며, B회사는 영업권을 제3자에게 양도하면서 얻은 이익 속에는 A회사가 상실한 C회사와의 독점판매계약권의 가치도 포함되어 있으므로, 그 부분도 A회사의 손해로 인정되었다. 현행 상법에 따르면, 제397조 제2항, 제397조의2 제2항이 적용될 수 있을 것이다.

래의 상대방이 되는 경우뿐만 아니라 상대방의 대리인이나 대표자로서 회사와 거래를 하는 경우와 같이 회사와 이사 사이에 이해충돌의 염려 내지 회사에 불이익을 생기게 할 염려가 있는 거래도 해당된다. 이러한 이사의 거래에 이사회의 승인을 요하는 이유는 이사와 회사 사이의 이익상반거래가 비밀리에 행해지는 것을 방지하고 그 거래의 공정성을 확보함과 아울러 이사회에 의한 적정한 직무감독권의 행사를 보장하기 위해서이다. 따라서 그 거래와 관련된 이사는 이사회의 승인을 받기에 앞서 이사회에 그 거래에 관한 자기의 이해관계 및 그 거래에 관한 중요한 사실들을 개시하여야 할 의무가 있다.[16]

[4] 제398조가 적용되기 위하여는 이사 또는 제3자의 거래상대방이 이사가 직무수행에 관하여 선량한 관리자의 주의의무 또는 충실의무를 부담하는 당해 회사이어야 한다. 따라서 자회사가 모회사의 이사와 거래를 한 경우에는 설령 모회사가 자회사의 주식 전부를 소유하고 있더라도, 모회사와 자회사는 상법상 별개의 법인격을 가진 회사이고, 그 거래로 인한 불이익이 있더라도 그것은 자회사에게 돌아갈 뿐 모회사는 간접적인 영향을 받는 데 지나지 아니하므로, 자회사의 거래를 곧바로 모회사의 거래와 동일하게 볼 수는 없다. 따라서 모회사의 이사와 자회사의 거래는 모회사와의 관계에서 제398조가 규율하는 거래에 해당하지 아니하고, 모회사의 이사는 그 거래에 관하여 모회사 이사회의 승인을 받아야 하는 것이 아니다.[17]

바. 감사의 의무와 책임

감사는 회사의 수임인으로서(제415조, 제382조 제2항), 이사의 직무집행을

16 한화Case에서, 이사인 K의 아들인 K2가 한화로부터 한화S&C 주식을 전량 매수한 것이 자기거래(현행상법에서는 바로 제398조 제2호의 자기거래에 해당함)에 해당한다고 하더라도, 이를 승인하는 한화의 이사회 결의 당시 매수인인 K2가 이사인 K의 아들로서 특수관계인이라는 사실과 매매가격과 같은 주요한 거래조건이 명시적으로 공개된 점, 이사회 당시 한화S&C의 증자요청 및 증자의 필요성, 한화가 출자총액제한으로 인하여 응할 수 없는 사정, 회계법인이 산정한 매매가격이라는 점 등에 관하여 설명을 들은 후, K를 제외한 이사들로 이사회 승인결의가 이루어졌으므로, 자기거래규정에 위반하였다고 볼 수 없다고 판단하였다(현행상법은 사전개시 요건과 공정성 요건이 있는데, 사전개시가 있었고, 또한 당시 회계법인이 수행한 가치평가에 일부 오류가 있기는 하지만 그 수행과정 및 주식가치평가결과가 부당한 것은 아니었으므로, 현행상법에 의하더라도 결론은 달라지지 않을 것으로 보인다).

17 신세계Case에서 이사 A가 광주신세계의 신주를 인수한 것은 신세계와의 자기거래에 해당하지 않는다. 모회사와 자회사는 독립된 별도의 법인이므로, 신세계가 광주신세계의 주식 100%를 보유한 모회사였다고 하여 달리 볼 수 없다. 한편, 광주신세계에 대해서는 자기거래에 해당하는가? 광주신세계의 거래상대방인 甲이 신주발행 당시 광주신세계의 이사이거나 주요주주가 아니었던 이상 자기거래에 해당하지 않는다.

감사하는 업무(제412조, "업무감사")와, 재무제표등에 관한 감사 및 감사보고서 작성 업무(제412조, 제447조의4, "회계감사")를, 선량한 관리자의 주의로써 수행하여야 한다.

감사가 그 권한을 행사하는 방법으로는, 이사회에의 출석과 의견진술(제391조의2), 영업에 대한 보고요구와 업무 및 재산상태 검사(제412조 제2항, 제3항, 제412조의2), 주주총회의 소집청구와 안건에 관한 조사 및 보고(제412조의3, 제413조), 이사회소집청구(제412조의4), 자회사의 조사(제412조의5), 감사보고서에의 기재(제447조의4 제2항 10호, 제3항 등), 유지청구(제402호)와 각종의 소제기권(제394조, 제376조, 제429조 등) 등이 있다.

감사의 구체적인 주의의무는 회사의 규모, 업종, 지배구조, 재정상태, 감사 개인의 경력이나 근무 여건 등에 따라 다를 수 있다. 예를 들면, 중요한 재무정보에 대한 감사의 접근이 조직적·지속적으로 차단되고 있는 상황인지 여부, 이사의 위법행위가 조직적으로 교묘하게 이루어져서 감사가 이를 발견하는 것이 용이하였는지 여부 등에 따라 달라질 수 있다.[18]

감사 또는 감사위원회의 위원이 고의·과실로 선량한 관리자의 주의의무를 위반하여 그 임무를 해태한 때에는 그로 인하여 회사가 입은 손해를 배상할 책임이 있다(제414조 제1항, 제415조, 제415조의2 제7항, 제382조 제2항).

---

18 대법원 2008. 9. 11. 선고 2006다68636 판결(감사의 제401조 책임이 문제된 사안에서, 중요한 재무정보에 대한 접근이 조직적·지속적으로 차단되고 있는 상황이라면 주의의무가 더 가중된다고 보아 중과실을 인정한 사례), 대법원 2008. 2. 14. 선고 2006다82601 판결(감사업무를 수행하였으나 분식결산이 조직적으로 교묘하게 이루어진 것이어서 발견하지 못한 경우 중과실을 부정한 사례).

Ⅱ. 제3자의 이사에 대한 손해배상청구소송

1. 당사자와 청구취지

가. 원고

회사와 이사 이외의 제3자가 원고가 된다. 따라서 주주나 회사채권자도 제401조에서 말하는 제3자에 해당한다. 다만, 뒤에서 보는 바와 같이 주주의 간접적인 손해도 제401조에 의하여 배상받을 수 있는 손해인지에 대해서는 견해가 나뉜다.

나. 피고

피고는 이사(제401조), 집행임원(제408조의8 제2항), 감사 또는 감사위원회위원(제414조 제2항, 제415조의2 제7항), 업무집행지시자 등(제401조의2)이 될 수 있다.

원래 이사는 회사의 수임인으로서 회사에 대하여 선량한 관리자의 주의의무를 질뿐이므로 그 임무해태로 인하여 제3자에게 손해를 가하였다 하더라도 불법행위가 성립하지 않는 한 당연히 손해배상책임을 지는 것은 아니다. 다만, 사회 · 경제적으로 중요한 지위에 있는 주식회사의 활동이 그 기관인 이사의 직무집행에 의존하는 것을 고려하여, 제401조는 이사가 악의 또는 중대한 과실로 임무를 해태하여 제3자에게 손해를 입힌 때에는 제3자를 특별히 보호하기 위하여 특수한 책임을 인정한 것이다(대법원 2006. 12. 22. 선고 2004다63354 판결).

다. 청구취지

1. 피고들은 연대하여 원고에게 금 6,000,000,000원 및 이에 대하여 이 사건 소장 송달일 다음날로부터 다 갚는 날까지 연 15%의 비율에 의한 금원을 지급하라.
2. 소송비용은 피고들이 부담한다.
3. 제1항은 가집행할 수 있다.

라는 판결을 구합니다.

2. 청구원인

가. 책임의 요건

이사 등이 ① 고의 또는 중대한 과실로, ② 임무를 해태하고, ③ 제3자에게 손해가 발생하였으며, ④ 인과관계가 인정되어야 한다. 제3자의 손해에는 주주가 이사의 행위로 인하여 직접적인 손해를 입은 경우("직접손해")를 포함한다.

대표이사가 업무집행을 하면서 고의 또는 과실에 의한 위법행위로 타인에게 손해를 가한 경우, 회사는 제389조 제3항, 제210조에 의하여 제3자에게 불법행위책임을 지고, 대표이사도 제389조 제3항, 제210조(또는 민법 제750조)에 의하여 회사와 연대하여 손해를 배상할 책임을 질 수 있다(대법원 2007. 5. 31. 선고 2005다55473 판결 등).

따라서 제3자가 대표이사의 업무집행으로 인하여 손해를 입은 경우, 대표이사를 상대로 제401조의 책임을 물을 수도 있고, 제389조 제3항, 제210조(또는 민법 제750조)의 책임을 물을 수도 있다.

제401조에 따른 이사의 제3자에 대한 책임은 상법이 인정한 특수한 책임

이므로 일반불법행위책임의 단기소멸시효나 상사시효는 적용되지 않고, 별도의 규정이 없는 이상 일반채무와 같이 10년이라고 본다(위 대법원 2004다63354 판결).

나. 주주의 간접손해의 경우

이사의 행위로 회사에 손해가 발생하고, 그 결과 주주의 경제적 이익이 침해되는 손해와 같은 주주의 간접적인 손해("간접손해")도 위 조항에 따라 배상받을 수 있는 '제3자의 손해'인지에 대해서는 견해가 나뉜다.

우리 대법원은 제401조에 따라 배상받을 수 있는 손해에서 주주의 간접손해는 제외된다는 입장이다.[19] 이러한 '제외설'의 근거로는, ① 주주가 대표소송을 제기하여 회사가 배상을 받으면 주주의 손해는 자동적으로 전보될 수 있다는 점("자동회복논리"), ② 주주가 간접손해를 직접 배상 받으면 회사재산이 주주에게 유출되는 결과가 된다는 점("채권자보호논리"), ③ 이사가 주주와 회사에게 이중으로 배상하게 될 위험이 있다는 점("이중배상위험") 등이 제시된다.

이에 대하여 주주의 간접손해가 포함된다는 견해('포함설')는, ① 제401조는 법정책임이므로 손해의 유형에 제한이 없다는 점, ② 주주의 대표소송 제기에 현실적인 어려움이 있다는 점, ③ 주주에게 배상한 금액만큼 회사에 대한 배상책임을 감액하면 이중배상의 위험은 없다는 점 등을 근거로 한다.

주주의 간접손해는 그 요건을 입증하기 어렵고 채권자의 이익을 해칠 수

19 대법원 1993. 1. 26. 선고 91다36093 판결은, "대표이사가 회사의 돈을 횡령하여 회사재산을 감소시켰다면 그 이사는 회사에 대하여 손해배상책임을 부담할 것이나(제399조), 이로 인하여 결과적으로 주주의 경제적 이익이 침해되는 손해와 같은 간접적인 손해는 제401조 제1항에서 말하는 손해의 개념에 포함되지 아니하므로 제401조에 따른 배상을 구할 수 없고, 또한 위 손해는 어디까지나 법률상 회사가 입은 손해이므로 주주인 원고가 그 손해가 경제적으로 자기에게 귀속된다는 사유만으로 직접 회사와 이사에 대하여 자신이 투자한 주식인수액 상당을 손해라고 하여 배상을 구할 수가 없으며, 대표이사의 횡령이 바로 주주에 대한 일반불법행위(민법 제750조)로 된다거나 회사의 불법행위(제389조 제3항, 제210조)로 되는 것은 아니"라고 하였다.

있는 위험이 있음을 부인하기 어렵다. 따라서 주주는 원칙적으로 대표소송을 통하여 회사의 손해를 회복함으로써 그로 인하여 자신이 입은 간접손해를 회복하는 것이 타당하다. 그리고 주주가 대표소송을 제기하는 데에 장애가 되는 요건을 완화함으로써 주주의 이익보호를 충실하게 하는 방향이 옳다. 아울러 주주가 직접 배상을 청구할 수 있는 '직접손해'에 관하여 보다 구체적인 해석론을 발전시킬 필요가 있을 것이다.

예를 들면, 대법원 2012. 12. 13. 선고 2010다77743 판결은, 주주의 간접손해는 제401조에서 말하는 손해의 개념에 포함되지 않는다고 보았지만, 이사가 거액의 회사 재산을 횡령하고 악의 또는 중대한 과실로 부실공시를 하여 재무구조의 악화 사실이 증권시장에 알려지지 아니함으로써 회사 발행주식의 주가가 정상주가보다 높게 형성되고, 주식매수인이 그러한 사실을 알지 못한 채 주식을 취득하였다가, 그 후 그 사실이 증권시장에 공표되어 주가가 하락한 경우에는, 주주는 이사의 부실공시로 인하여 정상주가보다 높은 가격에 주식을 매수하였다가 주가가 하락함으로써 직접 손해를 입은 것이므로, 제401조에 따라 이사에 대하여 손해배상을 청구할 수 있다고 보았다.[20]

위 사례에서, 원고들이 주식을 취득한 후 피고의 횡령과 그에 관한 부실공시가 이루어지고, 그로 인한 회사의 재무구조의 악화 사실이 나중에 공표되면서 자본잠식 등이 결정적인 원인이 되어 회사의 코스닥등록이 취소되고 그 과정에서 주가가 하락하게 되었다면, 그 주가하락분 상당의 손해는 결국 피고의 횡령으로 회사의 재무구조가 악화되어 생긴 간접적인 손해에 불과하므로, 이러한 경우라면 제401조에 의하여 손해배상을 청구할 수 없을 것이다.

또한 피고의 주가조작으로 인한 주가 부양의 효과가 사라진 후 주식을 취득하였다면, 피고의 주가조작과 원고들의 주식취득 후 생긴 주가하락으로 인

20 이때 횡령이나 부실공시를 알지 못하고 정상주가보다 높게 형성된 주가에 주식을 취득한 주주들의 손해를 어떻게 산정할 것인가? 그 손해는 취득가격과 정상주가와의 차액이 될 것인데, 정상주가를 산정하는 것이 쉽지 않다. 따라서 사견으로는 특별한 사정이 없는 한 부실공시 사실이 알려진 후에 안정적으로 형성된 가격을 정상주가로 인정할 수도 있다고 본다.

한 손해 사이에 상당인과관계가 있다고 볼 수 없으므로, 그와 같은 경우에는 제401조에 의하여 손해배상을 청구할 수 없을 것이다.

대법원 2012. 12. 13. 선고 2010다77743 판결(손해배상(기))

[1] 주식회사의 주주가 이사의 악의 또는 중대한 과실로 인한 임무해태행위로 직접 손해를 입은 경우에는 이사에 대하여 제401조에 의하여 손해배상을 청구할 수 있으나, 이사가 회사의 재산을 횡령하여 회사의 재산이 감소함으로써 회사가 손해를 입고 결과적으로 주주의 경제적 이익이 침해되는 손해와 같은 간접적인 손해는 제401조 제1항에서 말하는 손해의 개념에 포함되지 아니하므로 이에 대하여는 위 법조항에 의한 손해배상을 청구할 수 없다.

[2] 그러나 이사가 악의 또는 중대한 과실로 부실공시를 하여 재무구조의 악화 사실이 증권시장에 알려지지 아니함으로써 회사 발행주식의 주가가 정상주가보다 높게 형성되고, 주식매수인이 그러한 사실을 알지 못한 채 주식을 취득하였다가 그 후 그 사실이 증권시장에 공표되어 주가가 하락한 경우에는, 주주는 이사의 부실공시로 인하여 정상주가보다 높은 가격에 주식을 매수하였다가 주가가 하락함으로써 직접 손해를 입은 것이므로, 이사에 대하여 제401조 제1항에 의하여 손해배상을 청구할 수 있다.

3. 신주발행의 경우

회사가 현저하게 저가로 신주를 발행하는 경우 기존 주주들이 가진 주식가치가 하락할 수 있다. 이때 주주배정의 신주발행이라면 주주들은 저가의 신주를 인수할 기회를 갖거나 신주인수권을 양도할 기회를 가질 수 있어 손해가 있다고 보기 어렵다. 그런데 제3자 배정의 신주발행의 경우에는 기존의 주주들에게 손해가 발생할 수 있다.

실제로 에버랜드 사건(대법원 2009. 5. 29. 선고 2007도4949 판결)에서는 신주(전환사채)가 정상가격의 20분의1에 상당하는 저가로 발행되었음이 밝혀졌다.[21] 이렇게 현저하게 저가로 발행된 경우 배임죄의 요건인 이사의 '임무위배'가 있는지 문제되었는데, 주주배정의 경우에는 임무위배를 인정할 수 없지만, 제3자 배정의 경우에는 임무위배가 있었다고 보았다. 이 사건 발행은 형식적으로는 주주배정이었지만 대부분의 주주들이 실권하였고 이사회가 바로 실권주를 제3자에게 배정할 것을 결정하였다. 다수의견은 이를 주주배정으로 보았고 따라서 임무위배가 인정되지 않았다.

만일, 실질에 따라 제3자 배정이라고 가정하면 어떠한가? 제3자 배정에서 현저하게 저가로 신주를 발행하면 이사의 임무해태가 인정된다. 그리고 이로 인하여 회사에 손해가 발생한다. 즉, 회사는 공정한 발행가액의 총액과 실제 발행가액의 총액의 차액 상당의 손해를 입었다고 볼 수 있다. 주주들의 주식 가치가 하락하는 손해도 있겠지만 이는 회사의 손해로 인한 '간접손해'에 해당한다.

따라서 이 경우 주주는 대표소송으로 이사가 회사에 대하여 손해를 배상하도록 청구할 수 있을 뿐, 제401조의 손해배상을 구할 수는 없다. 그리고 주주는 불공정한 가액으로 주식을 인수한 자에게 공정한 발행가액과의 차액에 상당하는 금액을 회사에 반환할 것을 청구하는 대표소송을 제기하는 것도 가능하다(제424조의2).

에버랜드의 주주인 제일모직은 배정된 전환사채를 인수하지 않고 실권함으로써 손해를 입었다. 이에 대하여 제일모직의 주주들이 실권을 결정한 제일모직의 이사들을 상대로 대표소송을 제기한 사례가 있다(대구고법 2012. 8. 22. 선고 2011나2372 판결). 이 사건에서는, 그룹본부의 지시에 따라 실권을 결정한 제일모직 이사들의 임무해태와 회사(제일모직)의 손해가 인정되어 주주들의 청구가 인용되었다.

한편, 제3자 배정의 요건(제418조 제2항)을 갖추지 못하여 주주의 신주인수

---

21 대구고법 2012. 8. 22. 선고 2011나2372 판결이 인정한 사실이다.

권을 침해하는 위법한 신주발행의 경우, 기존의 주주들은 그 지분비율이 하락하는 손해를 입게 된다. 그런데 이는 회사의 손해를 매개로 하지 않는 주주의 '직접손해'에 해당한다. 따라서 주주는 이사를 상대로 제401조에 따른 손해배상청구가 가능한데, 다만 지분율 하락으로 인한 손해를 산정하기는 쉽지 않을 것이다.[22]

대법원 2009. 5. 29. 선고 2007도4949 전원합의체 판결(특경가법위반(배임))[23]

[1] [다수의견] 주주 배정의 방법으로 신주를 발행하는 경우 회사의 이사로서는 원칙적으로 액면가를 하회하여서는 아니 된다는 제약 외에는 주주 전체의 이익, 회사의 자금조달의 필요성, 급박성 등을 감안하여 경영판단에 따라 자유로이 그 발행조건을 정할 수 있다고 보아야 하므로, 시가보다 낮게 발행가액 등을 정함으로써 주주들로부터 가능한 최대한의 자금을 유치하지 못하였다고 하여 배임죄의 구성요건인 임무위배, 즉 회사의 재산보호의무를 위반하였다고 볼 것은 아니다. 그러나 제3자 배정으로 시가보다 현저하게 낮은 가액에 신주 등을 발행하는 경우에는 회사법상 공정한 발행가액과 실제 발행가액과의 차액에 발행주식수를 곱하여 산출된 액수만큼 회사의 자산을 증가시키지 못하게 되어 회사가 손해를 입은 것으로 보아야 한다. 이는 이사의 임무위배행위에 해당하는 것으로서 이사에 대하여 배임죄의 죄책을 물을 수 있다.[24]

[별개의견] 신주를 저가로 발행하여 제3자에게 배정하게 되면 기존 주주의 지분율이 떨어지고 주식가치의 희석화로 말미암아 구 주식의 가치도 하락하게 되어 기존

---

22 만일 지분율 하락으로 인하여 경영권을 상실하였다면 경영권 프리미엄 상당액을 상실하는 손해를 입증하여 배상받을 수 있을 것이다. 경영권 프리미엄의 가치는 통상 회사의 현재 및 미래 가치, 경영권 획득으로 인한 파급효과, 경영권 확보에 필요한 주식을 공개시장에서 매수할 경우의 필요비용 등을 고려하여 결정되는 것이지만 궁극적으로는 거래 상대방과의 교섭조건, 교섭능력 등에 따라 구체화될 수밖에 없는 것이므로 역시 그 산정이 쉽지 않다(대법원 2009. 10. 29. 선고 2008도11036 판결).

23 피고인들은 에버랜드의 대표이사 및 이사인바, 1996. 10. 30. 이사회에서 주주배정 방식으로 주당 7,700원을 전환가격으로 정하여 주주배정방식으로 전환사채를 발행하기로 하였다. 그런데 청약기일인 1996. 12. 3. 16:00까지 대부분의 주주들이 청약을 하지 않자, 곧바로 이사회를 열어 실권된 전환사채를 L 등에게 배정할 것을 결의하였다. L 등은 위 실권 전환사채를 인수하고 곧바로 주식으로 전환하여 에버랜드 주식의 약 64%에 해당하는 주식을 취득하게 되었다.

24 제3자 배정의 저가발행의 경우 이사의 임무해태가 인정되고 회사의 손해가 발생하므로 이사의 회사에 대한 손해배상책임(제399조)도 인정될 수 있다. 다만, 주주의 손해는 간접손해에 해당하여 제401조에 따른 손해배상책임은 성립하기 어려울 것이다.

주주의 회사에 대한 지배력이 그만큼 약화되므로 기존 주주에게 손해가 발생하나, 신주발행을 통하여 회사에 필요한 자금을 형성하였다면 회사에 대한 관계에서는 임무를 위배하였다고 할 수 없고, 신주발행으로 인해 종전 주식의 가격이 하락한다 하여 회사에 손해가 있다고 볼 수도 없으며, 주주의 이익과 회사의 이익을 분리하여 평가하는 배임죄의 원칙상 이를 회사에 대한 임무위배로 볼 수 없어, 배임죄가 성립한다고 볼 수 없다.

[2] [다수의견] 회사가 기존 주주들에게 지분비율대로 신주 등을 인수할 기회를 부여하였는데도 주주들이 그 인수를 포기함에 따라 발생한 실권주 등을 제3자에게 배정한 결과 회사 지분비율에 변화가 생기고, 이 경우 신주 등의 발행가액이 시가보다 현저하게 낮아 그 인수권을 행사하지 아니한 주주들이 보유한 주식의 가치가 희석되어 기존 주주들의 부(富)가 새로이 주주가 된 사람들에게 이전되는 효과가 발생하더라도, 그로 인한 불이익은 기존 주주들 자신의 선택에 의한 것일 뿐이므로, 이사가 회사에 대한 관계에서 어떠한 임무에 위배하여 손해를 끼쳤다고 볼 수는 없다.[25]

[반대의견] 주주에게 배정된 신주 등을 주주가 인수하지 아니함으로써 생기는 실권주의 처리에 관하여는 상법에 특별한 규정이 없으므로 이사는 그 부분에 해당하는 신주 등의 발행을 중단하거나 동일한 발행가액으로 제3자에게 배정할 수 있다. 그러나 주주 배정방식으로 발행되는 것을 전제로 하여 신주 등의 발행가액을 시가보다 현저히 저가로 발행한 경우에, 그 신주 등의 상당 부분이 주주에 의하여 인수되지 아니하고 실권되는 것과 같은 특별한 사정이 있는 때에는, 대량으로 발생한 실권주에 대하여 발행을 중단하고 추후에 그 부분에 관하여 새로이 제3자 배정방식에 의한 발행을 모색할 의무가 있고, 그렇게 하지 아니하고 그 실권주를 제3자에게 배정하여 발행을 계속할 경우에는 그 실권주를 처음부터 제3자 배정방식으로 발행하였을 경우와 마찬가지로 취급하여 발행가액을 시가로 변경할 의무가 있다고 봄이 상당하다.

[3] [다수의견] 상법상 신주를 주주 배정방식에 의하여 발행하는 경우에도 주주가 그 인수권을 잃은 때에는 회사는 이사회의 결의에 의하여 그 인수가 없는 부분에 대하여 자유로이 이를 제3자에게 처분할 수 있다. 다만, 단일한 기회에 발행되는 신주의 발행조건은 동일하여야 하므로, 주주배정의 방법으로 주주에게 신주인수권을 부여하였지만 주주들이 인수청약하지 아니하여 실권된 부분을 제3자에게 발행하더

25 주주배정의 경우 이사의 임무해태가 인정되지 않으므로 이사의 회사에 대한 손해배상책임(제399조)이나 제3자에 대한 책임(제401조)은 성립하기 어려울 것이다.

라도 주주의 경우와 같은 조건으로 발행할 수밖에 없고, 이러한 법리는 주주들이 전환사채의 인수청약을 하지 아니함으로써 발생하는 실권의 규모에 따라 달라지는 것은 아니다.[26]

[반대의견] 상법에 특별한 규정은 없지만, 일반적으로 동일한 기회에 발행되는 신주의 발행조건은 균등하여야 한다고 해석된다. 그러나 주주에게 배정하여 인수된 신주와 실권되어 제3자에게 배정되는 신주를 '동일한 기회에 발행되는 신주'로 보아야 할 논리필연적인 이유나 근거는 없고, 실권된 부분의 제3자 배정에 관하여는 다시 이사회 결의를 거쳐야 하는 것이므로, 당초의 발행결의와는 동일한 기회가 아니라고 볼 수 있다.

4. 합병의 경우

합병의 경우에는 소멸회사가 존속회사로 흡수되면서 소멸회사의 주주들에게 합병신주가 발행된다. 이는 소멸회사를 현물출자하여 제3자(소멸회사의 주주)에게 신주를 발행하는 것과 같다고 볼 수 있다. 다만, 통상의 신주발행과 달리 합병의 경우에는 존속회사에 인수대금(현금)이 아닌 소멸회사 자체를 현물출자하는 것과 같다.

이 경우 합병비율이 현저하게 불공정하더라도 존속회사에 흡수되는 소멸회사의 재산상태에 어떤 영향이 있는 것은 아니다. 다만, 어느 당사회사들의 주주들이 보유하는 주식의 가치가 영향을 받을 수 있다. 즉, 합병비율이 불공정한 경우에는 합병 당사회사들 차원에서는 손해가 없고, 어느 일방 회사의 주주들의 손해가 발생할 수 있다.

따라서 합병 당사회사들의 주주들은 그들 회사의 이사들을 상대로 대표소

26 회사는 신주발행에서 실권주를 미발행주식으로 남겨놓아도 되고 다시 주주를 모집할 수도 있다. 이와 관련하여, 특히 주주배정의 신주발행의 경우 실권주의 인수자를 모집할 때 주주에게 공평하게 다시 기회를 주어야 하는지, 그 발행가액은 어떻게 정해야 하는지 문제될 수 있다. 사견으로는, 이사회가 실권주를 반드시 제3자에게 배정해야 할 의무는 없고, 발행조건의 변경이 불가능하다고 볼 근거도 없으며, 주주의 지분가치가 희석되는 주주의 손해 이외에도 회사가 조달 가능한 자금을 조달하지 못한 소극적 손해가 있을 수 있으므로, 합리적인 경영상의 필요가 인정되지 않는 이상(제418조 제2항 단서) 실권주를 저가로 제3자에게 배정하는 것은 이사의 임무해태라고 본다.

송을 통하여 제399조의 책임을 묻기는 어렵지만, 어느 한 회사의 주주들이 '직접손해'를 입은 것이므로 제401조에 따라 손해배상을 구할 수 있을 것이다.

다만, 현금 등 교부금이 지급되는 합병에서는, 존속회사에 불리한 합병비율로 합병이 되었다면 존속회사에 손해가 생길 수 있고(대법원 2009. 5. 29. 선고 2007도4949 판결 참조), 따라서 그것을 결정한 존속회사 이사들의 회사에 대한 책임(제399조)의 책임이 문제될 수 있을 것이다.

한편, 대법원 2015. 7. 23. 선고 2013다62278 판결의 사안에서는, 비상장회사인 A회사가 비상장회사인 B회사를 흡수하는 합병을 함에 있어서 B회사의 75% 주주인 C회사가 합병에 찬성하였다. 이때 C회사의 이사인 피고들은 C회사의 이사회를 개최함이 없이 위 합병에 동의하였다. C회사의 주주인 원고들은 이사들을 상대로 대표소송을 제기하였다. 원고들은 C회사가 중요한 재산인 B회사 주식(75%)을 처분함에 이사회의 결의가 없었다는 점과, 의결권 행사(합병 찬성)에서의 선관주의의무 위반을 주장하였다.

위 합병으로 인하여 주주인 C회사가 보유하던 B회사 주식이 소멸하고 A회사 주식을 합병신주로 받게 된다. 이는 C회사가 보유하고 있는 자산(B회사 주식)을 처분하는 것에 해당하므로 중요한 자산인 경우 이사회의 승인이 필요하다(즉, 주주인 C회사가 합병을 승인하는 B회사의 주주총회에서 의결권을 행사하기 위해서는 C회사의 이사회의 결의가 필요하다).

합병승인 총회에서의 의결권 행사와 관련하여 법원은, "합병비율이 합병할 각 회사의 일방에게 불리하게 정해진 경우에는 그 회사의 주주가 실질적으로 주식의 일부를 상실하게 되는 결과를 초래하므로, 소멸회사의 주주인 회사의 이사로서는 합병비율이 합병할 각 회사의 재산 상태와 그에 따른 주식의 실제적 가치에 비추어 공정하게 정하여졌는지를 판단하여 회사가 합병에 동의할 것인지를 결정하여야 한다."고 보았다.

다만, 피고들이 합당한 정보를 가지고 합병비율의 적정성을 판단하여 합병에 동의하였다면 선관주의의무를 위반하였다고 볼 수 없고, 실제로 합병비율이 현저히 불공정한 것이라고 볼 수 없으며, 합병비율이 현저히 불공정하다고 볼 수 없는 이상 그로 인하여 주주인 C회사에 손해가 발생하였다고 할 수 없고, 이사회의 결의 없이 합병에 찬성하였던 법령(제393조 제1항) 위반이 있었지만 C회사에 손해가 없는 이상 회사에 대하여 손해배상책임을 부담한다고 볼 수 없다고 하여, 결국 원고들의 청구를 기각하였다.

대법원 2015. 7. 23. 선고 2013다62278 판결(손해배상(기))

[1] 흡수합병 시 존속회사가 발행하는 합병신주를 소멸회사의 주주에게 배정・교부함에 있어서 적용할 합병비율을 정하는 것은 합병계약의 가장 중요한 내용이고, 만일 합병비율이 합병할 각 회사의 일방에게 불리하게 정해진 경우에는 그 회사의 주주가 합병 전 회사의 재산에 대하여 가지고 있던 지분비율을 합병 후에 유지할 수 없게 됨으로써 실질적으로 주식의 일부를 상실하게 되는 결과를 초래하므로, 비상장법인 간 흡수합병의 경우 소멸회사의 주주인 회사의 이사로서는 합병비율이 합병할 각 회사의 재산 상태와 그에 따른 주식의 실제적 가치에 비추어 공정하게 정하여졌는지를 판단하여 회사가 합병에 동의할 것인지를 결정하여야 한다.

[2] 비상장법인 간 합병의 경우 합병비율의 산정방법에 관하여는 법령에 아무런 규정이 없을 뿐만 아니라 합병비율은 자산가치 이외에 시장가치, 수익가치, 상대가치 등의 다양한 요소를 고려하여 결정되어야 하는 만큼 엄밀한 객관적 정확성에 기하여 유일한 수치로 확정할 수 없는 것이므로, 소멸회사의 주주인 회사의 이사가 합병의 목적과 필요성, 합병 당사자인 비상장법인 간의 관계, 합병 당시 각 비상장법인의 상황, 업종의 특성 및 보편적으로 인정되는 평가방법에 의하여 주가를 평가한 결과 등 합병에 있어서 적정한 합병비율을 도출하기 위한 합당한 정보를 가지고 합병비율의 적정성을 판단하여 합병에 동의할 것인지를 결정하였고, 합병비율이 객관적으로 현저히 불합리하지 아니할 정도로 상당성이 있다면, 이사는 선량한 관리자의 주의의무를 다한 것이다.[27]

27 만일 합병비율이 현저히 불공정하였다고 가정하면 어떠한가? 그로 인하여 소멸회사(B회사)의 주주인 C회사에 손해가 발생할 수 있으므로 이사회의 결의도 없이 합병에 찬성한 C회사의 이사들의 C회사에 대한 손해배상책임이 인정될 수 있을 것이다. 그 손해는 합병비율이 공정하였다면 C회사가 배정받을 수 있었던 합병신주(A회사 주식)와의 차액 상당액과 그 지분율 차이라고 볼 수 있다.

Ⅲ. 이사의 위법행위 유지청구의 소(가처분)

1. 당사자와 청구취지

가. 당사자

감사 또는 발행주식총수의 1% 이상의 주식을 가진 주주(상장회사의 경우 제542조의6 제5항의 특례 규정이 있음)가 원고가 되어, 이사를 피고로 하여 제기한다(제402조).

나. 청구취지

1. 피신청인은 한국주식회사와 대한주식회사의 2020. 4. 13.자 영업양도 계약에 기한 영업양도절차를 중단하고, 이를 더 이상 속행하여서는 아니 된다.[28]
2. 신청비용은 피신청인이 부담한다.

라는 재판을 구합니다.

2. 청구원인

이사가 법령 또는 정관에 위반한 행위를 하여 이로 인하여 회사에 회복할 수 없는 손해가 발생할 염려가 있어야 한다. 예를 들면, 대표이사가 이사회결

28 영업양도를 위하여 주주총회결의가 필요한 경우, 더 구체적으로 이사의 주주총회소집통지 및 결의를 금지하는 내용의 가처분을 신청하거나, 영업양도를 승인하는 내용의 결의가 이루어질 경우 그 결의의 집행을 금지하는 가처분을 신청할 수도 있다.

의도 없이 자기 또는 제3자의 이익을 위하여 회사의 중요한 재산을 처분하려고 하는 경우에는, 법령에 위반한 행위로 인하여 회사에 손해가 발생할 염려가 있으므로 유치청구의 대상이 될 수 있다.[29]

참고로, 주주는 회사의 재산관계에 대하여는 단순히 사실상 · 경제상 또는 일반적 · 추상적인 이해관계만을 가질 뿐, 구체적 또는 법률상의 이해관계를 가진다고는 할 수 없고, 주주는 직접 회사의 경영에 참여하지 못하고 주주총회의 결의를 통해서 또는 주주의 감독권에 의하여 회사의 영업에 영향을 미칠 수 있을 뿐이다.

그러므로 주주는 일정한 요건에 따라 이사를 상대로 그 이사의 행위에 대하여 유지청구권을 행사하여 그 행위를 유지시키거나(제402조), 또는 대표소송에 의하여 그 책임을 추궁하는 소를 제기할 수 있을 뿐(제403조), 직접 제3자와의 거래관계에 개입하여 회사가 체결한 계약의 무효를 주장하거나 회사 또는 제3자의 별도의 거래행위에 직접적으로 개입하여 이의 금지를 청구할 수는 없다.[30]

3. 주주의 견제수단과 권리행사

주주의 이사에 대한 견제수단은 두 가지로 나누어 볼 수 있다. 첫째, 회사의

29 서울지방법원 2003. 7. 4. 선고 2003카합980 판결(대표이사가 제393조 제1항에 따른 이사회의 결의도 없이 대표권을 남용하여 회사의 부동산을 처분하는 경우, 선관주의의무에 위반하여 법령 또는 정관에 위반한 행위를 하였다는 점이 소명되고, 또한 양수인이 이미 기존건물을 철거하고 신축건물에 대한 건축허가를 받은 점으로 보아 이를 방치할 경우 수분양자 등과의 관계에서 야기될 복잡한 법률관계로 말미암아 사실상 회사가 위 부동산을 원상회복하기 어려울 수도 있으므로, 회사에 회복할 수 없는 손해가 생길 염려가 있다). 법원은 담보제공을 조건으로 "피신청인은 별지 목록 기재 부동산에 대하여 신청외 한국주식회사, 대한주식회사 기타 제3자에게 양도, 저당권의 설정, 임대 기타 일체의 처분을 하여서는 아니 된다."는 내용의 가처분결정을 하였다.

30 대법원 2001. 2. 28. 선고 2000마7839 판결에서는, 백화점을 운영하는 회사가 제3자에게 백화점 분점의 분양업무를 위임하였는데, 주주인 신청인은 제374조 제1항에 따른 주주총회의 특별결의 없이 한 위 분양위임계약은 무효라는 이유로, 회사 및 제3자를 상대로 분양금지 및 분양개시금지 가처분을 신청하였다. 법원은 이사가 아닌 회사 또는 제3자를 피신청인으로 한 위 가처분신청에서는 유지청구권이 피보전권리가 될 수 없다고 하였다.

이익을 위한 대위적 저지수단이다. 사전적인 수단으로 위법행위유지청구(제402조)를, 사후적인 수단으로 대표소송(제403조)을 들 수 있다. 이들은 회사의 손해를 요건으로 하고, 일정 비율 이상의 주식 소유를 요구하는 소수주주권인 경우가 많다.

둘째, 주주 자신의 이익을 위한 견제수단인데, 사전적인 수단으로 신주발행유지청구(제424조)를, 사후적인 수단으로 손해배상청구(제401조), 신주발행무효의 소(제429조) 등을 생각할 수 있다. 주주의 손해를 요건으로 하고, 단독주주권에 속한다.

그 외에도 이사를 직무에서 배제하기 위한 수단도 위 첫째에 속한다고 볼 수 있다. 이사해임의 소(제385조 제2항), 이사직무집행정지 · 직무대행자선임 가처분(제407조), 회계서류의 열람 · 등사청구(제466조) 등이 그것이다.

한편, 회사는 누구에게든지 주주의 권리행사와 관련하여 재산상의 이익을 공여할 수 없다(제467조의2 제1항).[31] 회사가 특정의 주주에 대하여 무상으로 재산상의 이익을 공여한 경우, 또는 회사가 특정의 주주에 대하여 유상으로 재산상의 이익을 공여하였지만 회사가 얻은 이익이 공여한 이익에 비하여 현저하게 적은 경우 등에서는, 주주의 권리행사와 관련하여 이를 공여한 것으로 추정한다(동조 제2항).

회사가 이에 위반하여 재산상의 이익을 공여한 때에는 그 이익을 공여받은 자는 이를 회사에 반환하여야 하고, 위 이익의 반환을 청구하는 소에 대해서는 주주의 대표소송이 인정된다(동조 제3항, 제4항). 그리고 주주들의 의결권 행사와 관련하여 사회통념상 허용되는 범위를 넘어서는 위법한 이익을 제공한 경우 그 주주총회 결의는 결의방법이 법령에 위반하여 취소사유에 해당하

31 대법원 2017. 1. 12. 선고 2015다68355 판결(제467조의2 제1항에서 정한 '주주의 권리'란 법률과 정관에 따라 주주로서 행사할 수 있는 모든 권리를 의미하고, 주주총회에서의 의결권, 대표소송 제기권, 주주총회결의에 관한 각종 소권 등과 같은 공익권뿐만 아니라 이익배당청구권, 잔여재산분배청구권, 신주인수권 등과 같은 자익권도 포함하지만, 회사에 대한 계약상의 특수한 권리는 포함되지 아니한다. 그리고 '주주의 권리행사와 관련하여'란 주주의 권리행사에 영향을 미치기 위한 것을 의미한다).

는 하자가 있다.[32]

IV. 주주대표소송

1. 당사자와 청구취지

가. 원고

의결권이 제한되는 주식을 포함하여 발행주식총수의 1% 이상의 주식을 가진 주주가 원고가 되어 제기할 수 있다(제403조 제1항). 회사의 손해가 발생한 후에 주식을 취득한 주주도 제기할 수 있다.

타인의 승낙을 얻어 주식을 인수하고 주식대금을 납입하였더라도, 특별한 사정이 없는 한, 주주명부에 적법하게 주주로 기재되어 있는 자가 회사에 대한 관계에서 그 주식에 관한 주주권을 행사할 수 있으므로, 명의대여자인 주주명부상의 주주가 대표소송을 제기할 수 있는 주주이다.[33]

상장회사의 경우 특례조항이 있다(제542조의6 제6항, 제7항, 제8항). 상장회사의 주주는 선택적으로 제546조의6 또는 제403조의 요건을 충족하여 대표소송을 제기할 수 있는가? 부정설("배타적 적용설")은 상장회사의 특례조항이 우선적 · 배타적으로 적용된다고 본다. 제542조의2 제2항이 특례조항의

32 대법원 2014. 7. 11. 자 2013마2397 결정은, 위와 같은 이유로 그 주주총회결의로 선임된 이사에 대한 직무집행정지가처분 신청을 인용하였다. 그리고 대법원 2018. 2. 8. 선고 2015도7397 판결은 같은 사안에서 제634조의2 제1항의 이익공여죄의 성립을 인정하였다.

33 대법원 2011. 5. 26. 선고 2010다22552 판결은, 대표소송을 제기할 수 있는 주주는 명의상의 주주가 아닌 실질주주라고 보았지만, 대법원 2017. 3. 23. 선고 2015다248342 전원합의체 판결로 폐기되었으므로, 이제는 주주명부상의 주주가 대표소송을 제기할 수 있는 주주라고 보아야 한다.

우선적 적용을 분명히 하였고, 선택적 적용을 의도하였다면 굳이 위 조항을 신설할 필요가 없었다는 점, 주식거래가 빈번하고 용이한 상장회사에서 소수주주권이 악용될 우려가 있어 보유기간요건을 추가한 것이라는 점, 제542조의6 제7항이 정관으로 6개월의 보유기간을 낮출 수 있게 한 점 등을 근거로 제시한다.

반면에 긍정설("선택적 적용설")은, 제542조의2 제2항이 일률적으로 배타적인 적용을 의도한 것은 아니고 개별 조항의 입법 목적과 해당 법률관계의 성격을 고려하여 합리적으로 해석해야 한다는 점, 제542조의6의 소수주주권에 관한 조항의 입법 취지는 그 주된 목적이 소수주주권의 활성화에 있고, 보유기간은 남용의 방지라는 부수적인 목적을 위한 것이라는 점을 근거로 한다.

대법원 2004. 12. 10. 선고 2003다41715 판결은 (2011년 개정 전)상법과 증권거래법의 임시주주총회소집청구권과 관련하여 선택적 적용을 긍정한바 있으나, 당시에는 제542조의2 제2항과 같은 규정이 없었다. 2011년 상법 개정 후에는 법원의 판결례들이 나뉘어져 있다.[34] 소수주주권을 강화하려는 제542조의6의 입법 취지를 고려하면 선택적 적용을 긍정하는 것이 타당하다고 본다.

제소시에 지분요건을 충족하면 그 후 지분이 감소하여 요건에 미달하더라도 제소의 효력에는 영향이 없다(제403조 제5항). 다만, 원고 주주들 중 일부가 그의 주식을 전부 처분한 경우 그가 제기한 부분의 소는 부적법하여 각하한다(판례). 이는 그 주주가 자신의 의사에 반하여 주주의 지위를 상실하였다 하여 달리 볼 것은 아니다(판례).

변론종결시에 모든 원고 주주들이 모든 주식을 처분하거나, (주식의 소각

---

34 선택적 적용을 부정한 사례로는, 서울고법 2015. 7. 16. 자 2015라20485 결정, 서울중앙 2011. 1. 13. 자2010카합3874 결정 등이 있고, 긍정한 사례로는, 서울고법 2011. 4. 1. 자 2011라123 결정이 있는데, 대법원 2011. 8. 19.자 2011그114 결정은 위 판결에 대한 특별항고를 기각한 바 있다.

등으로) 주식의 효력이 소멸한 경우에는, 소 전부가 부적법하여 각하될 것이다. 처분의 경우 주식 양수인이 원고의 지위를 승계할 수 있는가? 긍정하는 것이 타당하다고 본다.[35] 그리고 주식 소각의 경우 각하되기 전에 회사가 당사자로서 참가(공동소송참가)하는 것이 가능하다(대법원 2002. 3. 15. 선고 2000다9086 판결).

대법원 2018. 11. 29. 선고 2017다35717 판결(손해배상(기))

주주는 회사에 대하여 이사의 책임을 추궁할 소의 제기를 청구할 때와 회사를 위하여 그 소를 제기할 때 상법이 정하는 주식보유요건을 갖추면 되고, 대표소송의 제기 후에는 보유주식의 수가 그 요건에 미달하게 되어도 무방하다. 그러나 대표소송을 제기한 주주가 소송의 계속 중에 주식을 전혀 보유하지 않게 되어 주주의 지위를 상실하면, 특별한 사정이 없는 한 그 주주는 원고적격을 상실하여 그가 제기한 소는 부적법하게 되고(제403조 제5항), 이는 그 주주가 자신의 의사에 반하여 주주의 지위를 상실하였다 하여 달리 볼 것은 아니다.[36]

나. 주주의 제소청구

대표소송을 제기하려는 주주는 먼저 회사에 대하여 이사의 책임을 추궁하는 소를 제기할 것을 청구해야 한다(제403조 제1항). 소제기 청구는 감사에게 그 이유를 기재한 서면으로 한다(제403조 제1항, 제2항, 제394조 제1항). 회사가 주주의 제소청구 받은 날로부터 30일 내에 소를 제기하지 않으면 주주가 대표소송을 제기할 수 있다(제403조 제3항). 만일 30일의 경과로 회복할 수

35 대법원 2003. 2. 26. 선고 2000다42786 판결(신주발행무효의 소 계속중 주식을 양도한 경우 양수인은 제소기간 내라면 신소를 제기할 수도 있고, 기존의 소송을 승계하는 것도 가능하다. 승계참가의 경우 제소기간 준수 여부는 원래의 소 제기시를 기준으로 판단한다. 이때 명의개서 없이 승계참가 신청을 하였더라도 변론종결 이전에 명의개서를 마치고 추인하면 하자가 치유된다).

36 외환은행 주주의 대표소송의 계속 중 외환은행과 하나금융지주가 주식교환을 완료하여 하나금융지주가 외환은행의 100% 주주가 되고 원고는 더 이상 외환은행의 주주가 아니게 되어 원고적격을 상실하였다. 바로 이러한 경우에 이중대표소송을 인정할 필요가 있다(사견).

없는 손해가 생길 염려가 있으면 제소청구절차를 생략할 수 있다(제403조 제4항)[37]

위와 같은 사전절차를 제대로 거치지 않은 경우 주주의 대표소송은 부적법하여 각하한다(대법원 2010. 4. 15. 선고 2009다98058 판결). 사전에 제소청구절차를 제대로 거치지 않았더라도, 30일이 경과하도록 회사가 소를 제기하지 않았다면 절차의 하자가 치유될 수 있는가? 그렇게 본 사례들이 많다.[38]

다. 피고

이사 또는 업무집행지시자(제401조의2) 등이 피고로 될 수 있다. 현직 이사가 피고인 경우, 주주가 소제기를 청구할 때 또는 회사가 대표소송에 참가할 때, 감사가 회사를 대표한다(제394조). 다만, 피고가 전직 이사인 경우에는 대표이사가 회사를 대표한다(위 대법원 2000다9086 판결).[39]

한편, 회사의 파산절차가 진행 중인 경우에는 제403조의 적용이 없고, 주주가 파산관재인에 대하여 이사 또는 감사에 대한 책임을 추궁할 것을 청구하였는데 파산관재인이 이를 거부하였다고 하더라도, 주주가 대표소송으로 이사 또는 감사의 책임을 추궁하는 소를 제기할 수 없다(각하).[40]

---

37 대법원 2010. 4. 15. 선고 2009다98058 판결(제소청구를 생략할 수 있는 '회복할 수 없는 손해가 생길 염려가 있는 경우'라 함은 이사에 대한 손해배상청구권의 시효가 완성된다든지 이사가 도피하거나 재산을 처분하려는 때와 같이 이사에 대한 책임추궁이 불가능 또는 무익해질 염려가 있는 경우 등을 의미한다).

38 예를 들면, 위 대법원 2000다9086 판결 등.

39 나아가 대법원 2018. 3. 15. 선고 2016다275679 판결(회사를 적법하게 대표할 사람이 없다는 이유로 주주가 법원에 일시대표이사의 선임을 청구하여 일시대표이사가 선임되었고, 이후 회사가 이사를 상대로 임원지위부존재확인의 소를 제기할 때 일시대표이사가 회사를 대표하였더라도, 그것이 공정한 소송수행을 저해하는 것이라고 보기는 어려우므로 제394조 제1항이 적용된다고 볼 수 없다)도 참고할 것.

40 대법원 2002. 7. 12. 선고 2001다2617 판결. 이 사안에서는 주주가 회사에 대하여 책임추궁의 소의 제기를 청구하였지만 회사가 소를 제기하지 않고 있는 사이에 회사에 대하여 파산선고가 내려졌다. 이 경우에도 주주의 대표소송은 부적법하여 각하되었다.

라. 청구취지

1. 소외 한국주식회사에게,

   가. 피고 홍길동은 금 7,000,000,000원 및 이에 대하여 이 사건 소장 송달일 다음날부터 판결선고일까지는 연 5%의, 그 다음날부터 다 갚는 날까지는 연 15%의 각 비율에 의한 금원을,[41]

   나. 피고 장길산은 피고 홍길동과 연대하여 위 가.항 기재 금원 중 금 1,000,000,000원 및 이에 대하여 이 사건 소장 송달일 다음날부터 판결선고일까지는 연 5%의, 그 다음날부터 다 갚는 날까지는 연 15%의 각 비율에 의한 금원을,

   각 지급하라.

2. 소송비용은 피고들이 부담한다.
3. 제1항은 가집행할 수 있다.

라는 판결을 구합니다.

2. 청구원인

이사의 회사에 대한 손해배상책임(제399조)을 추궁하는 주주대표소송의 요건사실은 위에서 본 제399조의 요건사실과 같다.

그밖에 주주의 대표소송이 인정되는 경우로는, ① 발기인(제324조), 감사(제415조) 등의 회사에 대한 손해배상책임, ② 불공정한 가액으로 신주를 인수한 자의 회사에 대한 차액 지급의무(제424조의2), ③ 주주권 행사와 관련하여 이익을 공여받은 자의 회사에 대한 이익반환의무(제467조의2), ④ 단기매

41 원고가 소장 송달일 다음날부터 소송촉진 등에 관한 특례법에 따른 비율에 의한 지연이자를 청구하는 경우에는 "피고 홍길동은 금 7,000,000,000원 및 이에 대하여 이 사건 소장 송달일 다음날부터 다 갚는 날까지 연 15%의 비율에 의한 금원을"이라고 기재한다.

매차익을 얻는 자의 회사에 대한 이득반환의무(자본시장법 제172조 제2항) 등이 있다.

3. 소송절차 등

대표소송을 제기한 주주는 지체없이 회사에 대하여 그 소송의 고지를 하여야 한다(제404조 제2항). 회사는 주주가 제기한 소송에 참가할 수 있는데(제404조 제1항), 회사가 공동소송참가를 하는 것도 가능하다(위 대법원 2000다9086 판결).[42]

주주대표소송에 다른 주주가 참가할 수 있는가? 주주대표소송의 확정판결은 다른 주주에게도 반사적 효력이 미치므로(통설), 여러 주주들이 제기한 대표소송은 유사필수적 공동소송이 되고, 주주는 다른 주주가 제기한 대표소송에 공동소송참가를 할 수 있다고 본다(학설대립).[43]

회사가 주주의 청구에 따라 소를 제기하거나 주주가 대표소송을 제기한 경우 당사자는 법원의 허가 없이 소 취하, 청구 포기 · 인낙, 화해를 할 수 없다(제403조 제6항). 주주가 대표소송을 제기한 경우 회사는 주주의 악의를 소명하면서 법원에 상당한 담보를 제공할 것을 명하도록 청구할 수 있다(제403조 제7항, 제176조 제3항, 제4항). 원고와 피고의 공모로 인하여 회사의 권리를 사해하는 판결을 하게 한 때에는 회사 또는 주주가 재심의 소를 제기할 수 있

42 이와 달리 중복제소에 해당하므로 공동소송적 보조참가를 할 수 있을 뿐이라는 견해도 있다. 공동소송참가와 공동소송적 보조참가의 차이점은, 전자는 당사자로 되고 후자는 당사자가 아닌 보조참가인에 불과하다는 점, 피참가인의 소가 부적법하게 되거나 피참가인이 소를 취하하는 경우에, 전자는 당사자로서 계속 소송을 수행할 수 있지만, 후자는 그렇지 않다다는 점, 전자는 청구의 범위를 확대 또는 축소할 수 있다는 점(축소에는 피참가인의 동의 필요) 등을 생각할 수 있다. 참고로, 공동소송적 보조참가인은 통상의 보조참가인과 달리 피참가인의 행위와 어긋나는 행위를 할 수 있다(민사소송법 제78조, 제67조, 제76조 제2항).

43 한전의 주주들이 이사를 상대로 제기한 대표소송에 다른 주주들이 공동소송참가를 신청하였던 사안에서, 법원은 변론종결일을 기준으로 주식을 전혀 보유하지 않게 된 주주들을 제외한 나머지 공동소송참가인의 참가신청을 허용한 사례가 있다(서울중앙 2012. 10. 5. 선고 2011가합80239 판결). 이와 달리 다른 주주는 반사적 효력을 받을 뿐이므로 공동소송적 보조참가가 가능할 뿐이라는 견해도 있다.

다(제406조).

주주대표소송은 법정소송담당에 해당하고, 그 (승소 및 패소)판결은 회사에 대해서도 효력이 있다(동법 제218조 제3항). 주주와 회사에 대하여 집행력이 있으므로 주주는 회사를 위하여 승소판결을 집행할 수 있다.[44] 승소한 주주는 회사에 대하여 소송비용 및 그 밖에 소송으로 인하여 지출한 비용 중 상당한 금액의 지급을 청구할 수 있다(제405조 제1항). 패소한 주주가 악의인 경우에는 회사에 대하여 손해를 배상할 책임이 있다(제405조 제2항).

대법원 2002. 3. 15. 선고 2000다9086 판결(손해배상(기))[45]

[1] 주주의 대표소송에 있어서 원고 주주가 원고로서 제대로 소송수행을 하지 못하거나 혹은 상대방이 된 이사와 결탁함으로써 회사의 권리보호에 미흡하여 회사의 이익이 침해될 염려가 있는 경우 그 판결의 효력을 받는 권리귀속주체인 회사가 이를 막거나 자신의 권리를 보호하기 위하여 소송수행권한을 가진 정당한 당사자로서 그 소송에 참가할 필요가 있으며, 회사가 대표소송에 당사자로서 참가하는 경우 소송경제가 도모될 뿐만 아니라 판결의 모순・저촉을 유발할 가능성도 없다는 사정과, 제404조 제1항에서 특별히 참가에 관한 규정을 두어 주주의 대표소송의 특성을 살려 회사의 권익을 보호하려한 입법 취지를 함께 고려할 때, 제404조 제1항에서 규정하고 있는 회사의 참가는 공동소송참가를 의미하는 것으로 해석함이 타당하고, 나아가 이러한 해석이 중복제소를 금지하고 있는 민사소송법 제259조에 반하는 것도 아니다.

[2] 제394조 제1항에서는 이사와 회사 사이의 소에 있어서 양자 간에 이해의 충돌

---

44 대법원 2014. 2. 19. 자 2013마2316 결정(주주대표소송의 확정판결의 집행력은 확정판결의 당사자인 주주와 회사 모두에게 미치므로 주주도 집행채권자가 될 수 있다).

45 제일은행의 주주들이 제일은행 이사들의 한보철강에 대한 여신과 관련하여 대표소송을 제기한 사안이었다. 주주들은 1997. 5.경부터 대표이사에게 소를 제기할 것을 구두로 수차례 요구해 오다가, 7월경 서면으로 소제기를 청구하면서 다음 날 바로 대표소송을 제기하였다. 위 대표소송의 1심 계속 중에 다른 주주들이 공동소송인으로 참가하였다. 그런데 항소심에 이르러 금융감독위원회의 자본금감소명령에 따라 모든 주주들의 주식이 무상소각될 것이 예정되었다. 이에 제일은행의 대표이사가 은행의 공동소송참가를 신청하였고, 그 후 원고 주주들의 모든 주식이 소각되었다. 주주대표소송이 진행 중에 회사가 공동소송참가를 할 수 있는지(판시사항[1]), 그 공동소송참가를 감사가 아닌 대표이사가 한 것이 적법한지([2]), 제일은행의 참가신청 후 원고들의 주식이 모두 소각됨으로써 공동소송참가가 부적법하게 되는지([3]), 공동소송참가를 항소심에서도 할 수 있는지([4]) 등이 쟁점이 되었다.

이 있기 쉬우므로 그 충돌을 방지하고 공정한 소송수행을 확보하기 위하여 비교적 객관적 지위에 있는 감사로 하여금 그 소에 관하여 회사를 대표하도록 규정하고 있는바, 소송의 목적이 되는 권리관계가 이사의 재직 중에 일어난 사유로 인한 것이라 할지라도 그 이사가 이미 이사의 자리를 떠난 경우에 회사가 그 사람을 상대로 제소하는 경우에는 특별한 사정이 없는 한 제394조 제1항은 적용되지 않는다. 따라서 전 이사들을 상대로 하는 주주대표소송에 회사가 참가하는 경우, 제394조 제1항의 적용이 배제되어 회사를 대표하는 자는 감사가 아닌 대표이사이다.

[3] 비록 원고 주주들이 주주대표소송의 사실심 변론종결시까지 대표소송상의 원고 주주 요건을 유지하지 못하여 종국적으로 소가 각하되는 운명에 있다고 할지라도 회사가 원고 공동소송참가인으로 참가한 시점에서는 원고 주주들이 적법한 원고적격을 가지고 있었으므로 회사의 참가는 적법하다고 할 것이고, 뿐만 아니라 원고 주주들의 대표소송이 확정적으로 각하되기 전에는 여전히 그 소송계속 상태가 유지되고 있는 것이어서, 그 각하판결 선고 이전에 회사가 원고 공동소송참가를 신청하였다면 그 참가 당시 피참가소송의 계속이 없다거나 그로 인하여 참가가 부적법하게 된다고 볼 수는 없다.

[4] 공동소송참가는 항소심에서도 할 수 있는 것이고, 항소심절차에서 공동소송참가가 이루어진 이후에 피참가소가 소송요건의 흠결로 각하된다고 할지라도 소송의 목적이 당사자 일방과 제3자에 대하여 합일적으로 확정될 경우에 한하여 인정되는 공동소송참가의 특성에 비추어 볼 때, 심급이익 박탈의 문제는 발생하지 않는다.

4. 이중대표소송

자회사의 이사의 자회사에 대한 손해배상을 구하기 위하여 모회사의 주주가 자회사의 이사를 상대로 대표소송을 제기할 원고적격이 있는지 문제된다.

모회사와 자회사는 별개의 법인격을 가지므로 모회사의 주주는 제403조의 제소주주에 해당하지 않는다는 견해가 있다(부정설). 이 견해는, 모회사의 주주는 모회사의 이사를 상대로 대표소송을 제기하거나, 자회사의 이사를 상대로 제401조에 따른 손해배상을 구하면 족하다고 본다. 우리 대법원은 이중대표소송을 부정한 바 있다(대법원 2004. 9. 23. 선고 2003다49221 판결).

그러나 모회사의 주주가 모회사의 이사를 상대로 대표소송을 제기하는 경우, 모회사의 이사의 임무해태와 그로 인한 모회사의 손해를 입증해야 하는데, 자회사에 대한 감독을 게을리한 점이나 자회사의 이사를 상대로 대표소송을 제기하지 않은 점 등에 관하여 이를 입증하기가 쉽지 않다. 또한 모회사나 자회사의 이사를 상대로 제401조의 책임을 추궁하는 것도 주주의 간접손해에 해당하여 한계가 있다.

완전자회사를 설립하는 것이 어렵지 않으므로, 모회사 및 자회사에 대한 경영권을 모두 지배하고 있는 자가 자회사를 통하여 부정행위를 하는 것을 견제할 필요가 있다는 점에서 이중대표소송을 도입할 필요성을 인정할 수 있다. 특히 완전모자회사 관계에 있거나 법인격이 남용되는 등의 특별한 사정이 있는 경우에는 이중대표소송을 인정할 필요가 크다.[46]

Ⅴ. 회사서류의 열람 · 등사청구

1. 당사자와 청구취지

가. 당사자

원고(또는 신청인)는 주주 또는 회사채권자이고, 피고(또는 피신청인)는 회사이다. 주주와 회사채권자는 주주총회의사록과 주주명부(제396조), 재무제표(제448조 제2항) 등을 열람할 수 있다. 주주는 그 외에도 이사회의사록(제

46 2016년 상법개정안은 모자회사 사이에서의 다중대표소송(개정안 제406조의2) 도입을 입안한 바 있다. 그리고 일본의 2014년 개정 회사법은 완전모자관계에서 이중대표소송을 도입하였다.

391조의3)과 회계장부(제466조)의 열람·등사를 청구할 수 있다.[47]

발행주식의 총수의 100분의 3 이상에 해당하는 주식을 가진 주주는 이유를 붙인 서면으로 회계의 장부와 서류의 열람 또는 등사를 청구할 수 있는데, 열람과 등사에 시간이 소요되는 경우에는 열람·등사를 청구한 주주가 전 기간을 통하여 발행주식 총수의 100분의 3 이상의 주식을 보유하여야 하고, 회계장부의 열람·등사를 재판상 청구하는 경우에는 소송이 계속되는 동안 위 주식 보유요건을 구비하여야 한다(대법원 2017. 11. 9. 선고 2015다252037 판결).[48]

열람·등사를 청구할 수 있는 주주는 주주명부에 기재된 주주이고, 주주의 지위를 취득하였더라도 주주명부에 명의개서를 마치지 않는 한 원칙적으로 위 권리를 행사할 수 없다(대법원 2017. 12. 5. 선고 2016다265351 판결).

한편, 주식매수청구권을 행사한 주주도 회사로부터 주식의 매매대금을 지급받지 아니하고 있는 동안에는 주주로서의 지위를 여전히 가지고 있으므로 신청인적격이 있다(대법원 2018. 2. 28. 선고 2017다270916 판결).

나. 신청취지

1. 피신청인은 이 결정을 송달받은 날로부터 공휴일을 제외한 15일 동안 영업시간 내에 한하여 피신청인의 본점 내 사무실에서 신청인 및 그 위임을

47 주주의 이사회 의사록 열람청구에 대하여 회사는 이유를 붙여 거절할 수 있고(제391조의3 제4항), 이 경우 주주는 법원의 허가를 얻어 열람할 수 있다(상사비송사건, 비송사건절차법 제72조 제1항). 회계장부 열람청구에 대해서는 회사가 주주의 청구가 부당함을 증명하여 거부할 수 있다(제466조 제2항). 제396조는 주주의 주주명부 열람청구에 대하여 회사가 이를 거절할 수 있음을 규정하고 있지 않다. 다만, 이 경우에도 회사가 정당한 목적이 없다는 점을 증명하여 거절이 가능하다는 취지의 판결례들이 있다(대법원 2010. 7. 22. 선고 2008다37193 판결, 대법원 2017. 11. 9. 선고 2015다235841 판결 등).

48 이 사안에서는 열람청구 이후 피고회사가 주주배정의 신주발행을 하였고 원고가 실권하여 발행주식 총수의 100분의 3에 미달하게 되었는데, 대법원은 그 신주발행이 무효이거나 부존재한다는 등의 특별한 사정이 없는 한, 원고는 당사자적격을 상실한다고 보았다. 대표소송의 경우와 비교하여 균형이 맞지 않는 점이 있다.

받은 대리인들에 대하여 제1목록 기재 각 장부를 열람 · 등사하도록 허용하여야 한다.[49]

2. 신청비용은 피신청인이 부담한다.

와 같은 재판을 구합니다.

2. 청구원인

발행주식의 총수의 100분의 3 이상에 해당하는 주식을 가진 주주가 이유를 붙인 서면으로 회계의 장부와 서류의 열람 또는 등사를 청구하는 경우, 회사는 주주의 청구가 부당함을 증명하지 않으면 이를 거부하지 못한다(제466조).

회사가 주주의 열람 · 등사청구를 거부할 수 있는지는 결국 '부당함'을 증명할 수 있는지 여부에 달려있다. 열람청구의 정당성 여부는, 주주가 열람청구권 행사에 이르게 된 경위, 행사의 목적, 악의성 유무 등 제반 사정을 종합적으로 고려하여, 회사의 경영상태에 대한 주주의 알권리와 열람을 허용할 경우 초래될 수 있는 회사의 불이익을 비교형량하여 판단한다.

특히 주주의 열람 · 등사권의 행사가 회사업무의 운영 또는 주주 공동의 이익을 해치거나 주주가 회사의 경쟁자로서 그 취득한 정보를 경업에 이용할 우려가 있거나, 또는 회사에 지나치게 불리한 시기를 택하여 행사하는 경우 등에는 정당한 목적을 결하여 부당한 것이라고 본다.[50]

---

49 피신청인이 가처분 결정에 응하지 않고 열람을 거부하는 경우가 있는바, 이에 대비하여 신청인은 "2. 피신청인이 위 1.항의 의무를 이행하지 아니할 때에는 위반행위 1일당 5,000,000원씩의 돈을 지급하라."라는 간접강제(민사집행법 제261조)를 구하는 신청취지를 추가할 수 있다.

50 대법원 2004. 12. 24. 자 2003마1575 결정. 소주제조업체인 M주식회사(무학)는 D주식회사(대선주조)의 주주로서 회계장부열람청구 외에도 주식공개매수, 이사해임요구, 손해배상청구 등을 통하여 경영권 인수를 시도하고 있는 점, 두 회사가 모두 부산 · 경남 지역에 영업기반을 두고 오랜 기간 경쟁관계에 있어 회계장부의 열람 · 등사 청구를 통하여 얻은 영업상 비밀이 경업에 악용될 우려가 있다는 점 등을 근거로, M회사가 주주로서 부실경영에 책임이 있는 D회사의 현 경영진에 대한 해임청구 내지는 대표소송을 위한 사실관계 확인 등 경영감독을 위한 것이 아니라, 주주라는 지위를 내세워 상대방을 압박함으로써 궁극적으로는 자신의 목적인 경영권 인수(적대적 M&A)를

영업양도를 반대하는 주주가 주식매수청구권을 행사한 후 주식매수가액산정 재판의 계속 중에, 주주대표소송과 사해행위취소소송을 제기하면서 회계장부열람을 청구한 사안에서, 주식매수가액의 산정 및 주주대표소송의 수행에 필요한 범위에서는 정당하다고 보아 인용하고 사해행위취소소송과 관련해서는 부당하다고 보아 기각한 사례가 있다(대법원 2018. 2. 28. 선고 2017다270916 판결).

한편, 열람청구의 대상은 당해 회사의 서류인데, 자회사의 회계서류가 모회사에 보관되어 있고 모회사의 회계상황을 파악하기 위하여 필요한 경우에는 자회사의 회계서류에 대한 청구도 인정될 수 있다(대법원 2001. 10. 26. 선고 99다58051 판결).

대법원 2018. 2. 28. 선고 2017다270916 판결(회계장부와서류 · 열람등사)[51]
대법원 2014. 7. 21. 자 2013마657 결정(이사회의사록열람및등사허가신청)[52]

용이하게 하기 위한 것이어서 정당한 목적을 결하였다고 판단하였다.

51 甲주식회사의 주주인 乙이 회계장부 및 서류의 열람 · 등사를 청구하는 소를 제기하였는데, 소송 계속 중 甲회사가 丙주식회사에 공장용지와 공장건물을 양도하는 과정에서 乙이 반대하며 주식매수청구권을 행사하였다. 주식매수가액의 협의가 이루어지지 않자 乙은 법원에 주식매수가액 산정결정신청을 하여 재판이 계속 중이었고, 그 후 乙이 甲회사의 이사들을 상대로 주주대표소송을 제기하였으며, 甲회사를 상대로 사해행위취소소송을 제기하여 각 소송이 계속 중이었다. 대법원은, 乙이 주식매수가액의 산정에 필요한 범위에서 열람 · 등사의 필요성을 인정하였고, 나아가 乙이 甲회사의 재무제표에 나타난 재무상태 악화의 경위를 확인하여 주주대표소송을 수행하는 데 필요한 범위에서도 열람 · 등사를 청구할 권리가 있다고 보았다. 乙이 주식매수청구권을 행사하였고 이전에 甲회사를 상대로 다수의 소송을 제기한 적이 있다는 등의 사정만으로는 그 청구가 부당하다고 볼 수는 없다고 하였다. 다만 사해행위취소소송은 乙이 甲회사에 대한 금전채권자의 지위에서 제기한 것이지 주주의 지위에서 제기한 것으로 보기 어려우므로 이를 이유로 회계장부의 열람 · 등사청구를 하는 것은 부당하다고 하였다.

52 甲주식회사(현대엘리베이터)의 엘리베이터 사업부문을 인수할 의도로 甲회사의 주식을 대량 매집하여 지분율을 끌어올려 오던 乙외국법인(쉰들러)이, 甲회사가 체결한 파생상품계약의 정당성 등을 문제 삼으면서 이사회 의사록의 열람 · 등사를 청구한 사안이었는데, 乙법인이 이사에 대하여 대표소송을 통한 책임추궁이나 유지청구, 해임청구를 하는 등 주주로서의 권리를 행사하기 위하여 이사회 의사록의 열람 · 등사가 필요하다고 인정되는 점, 乙법인이 이사회 의사록으로 취득한 정보를 경업에 이용할 우려가 있다거나 甲회사에 지나치게 불리한 시기에 행사하였다고 볼 수 없는 점 등의 사정에 비추어, 乙법인의 청구가 甲회사의 경영을 감독하여 甲회사와 주주의 이익을 보호하기 위한 것과 관계없이 甲회사에 대한 압박만을 위하여 행하여진 것으로서 부당하다고 할 수는 없다고 판단하였다. 이 판결은 나아가, "적대적 인수합병을 시도하는 주주의 열람 · 등사청구라고 하더라도 목적이 단순한 압박이 아니라 회사의 경영을 감독하여 회사와 주주의 이익을 보호하기 위한 것이라면 허용되어야 한다."고 판시하였다.

[1] 제391조의3 제3항, 제466조 제1항에서 규정하고 있는 주주의 이사회의 의사록 또는 회계의 장부와 서류 등에 대한 열람・등사청구가 있는 경우, 회사는 그 청구가 부당함을 증명하여 이를 거부할 수 있는바, 주주의 열람・등사권 행사가 부당한 것인지 여부는 그 행사에 이르게 된 경위, 행사의 목적, 악의성 유무 등 제반 사정을 종합적으로 고려하여 판단하여야 할 것이고, 특히 주주의 이와 같은 열람・등사권의 행사가 회사업무의 운영 또는 주주 공동의 이익을 해치거나 주주가 회사의 경쟁자로서 그 취득한 정보를 경업에 이용할 우려가 있거나, 또는 회사에 지나치게 불리한 시기를 택하여 행사하는 경우 등에는 정당한 목적을 결하여 부당한 것이라고 보아야 한다.

[2] 주식매수청구권을 행사한 주주도 회사로부터 주식의 매매대금을 지급받지 아니하고 있는 동안에는 주주로서의 지위를 여전히 가지고 있으므로 특별한 사정이 없는 한 주주로서의 권리를 행사하기 위하여 필요한 경우에는 위와 같은 회계장부 열람・등사권을 가진다. 주주가 주식의 매수가액을 결정하기 위한 경우뿐만 아니라 회사의 이사에 대하여 대표소송을 통한 책임추궁이나 유지청구, 해임청구를 하는 등 주주로서의 권리를 행사하기 위하여 필요하다고 인정되는 경우에는 특별한 사정이 없는 한 그 청구는 회사의 경영을 감독하여 회사와 주주의 이익을 보호하기 위한 것이므로, 주식매수청구권을 행사하였다는 사정만으로 청구가 정당한 목적을 결하여 부당한 것이라고 볼 수 없다.

기업법실무강의 III(회사소송)

제8장

기업금융

제8장

기업금융

Ⅰ. 신주발행무효의 소

1. 당사자와 청구취지

가. 당사자

원고는 주주, 이사, 감사 등이고, 피고는 회사이다(제429조). 주식의 양수인도 소제기가 가능하고, 양도인이 제기한 소를 승계하는 것도 가능하지만, 소제기나 승계참가로 회사에 대항하려면 명의개서가 필요하다.[1]

1 대법원 2003. 2. 26. 선고 2000다42786 판결은, 신주발행무효의 소 계속 중 그 원고 적격의 근거가

나. 제소기간

신주를 발행한 날로부터 6월내에 제기할 수 있다(제429조). '신주를 발행한 날'이란 신주의 납입기일의 다음날을 의미한다(제423조 제1항).

대법원은, 위 6월의 출소기간의 경과 후에는 새로운 무효사유를 추가하여 주장할 수 없다고 한다(대법원 2007. 2. 22. 선고 2005다77060 판결 등).[2] 출소기간 경과 후에도 새로운 무효사유를 주장할 수 있도록 하면 신주발행에 수반되는 복잡한 법률관계를 조기에 확정하고자 하는 규정의 취지가 몰각되기 때문이라고 한다.

그러나 무효사유는 공격방어방법에 불과하므로 제소기간에 구애받지 않고 주장하도록 허용하는 것이 타당하다(사견). 법률관계의 안정과 신속한 분쟁해결은 실기한 공격방법의 각하(민사소송법 제149조) 등으로써 도모할 수 있을 것이다.

다. 청구취지

1. 피고가 2020. 4. 15.에 한 액면 5,000원의 보통주식 700,000주의 신주발행을 무효로 한다.
2. 소송비용은 피고가 부담한다.

되는 주식이 양도된 경우에 그 양수인은 제소기간 등의 요건이 충족된다면 새로운 주주의 지위에서 신소를 제기할 수 있을 뿐만 아니라, 양도인이 이미 제기한 기존의 위 소송을 적법하게 승계(민사소송법 제81조)할 수도 있다고 보았다. 승계참가가 인정되는 경우에는 소가 제기된 당초에 소급하여 기간준수의 효력이 발생하는 것이므로, 그 제소기간의 준수 여부는 승계참가시가 아닌 원래의 소 제기시를 기준으로 판단하여야 한다. 그리고 주식의 양수인이 이미 제기된 신주발행무효의 소에 승계참가하는 것을 피고회사에 대항하기 위하여는 주주명부에 주주로서 명의개서를 해야 한다(사실심 변론종결 이전에 주주명부에 명의개서를 마친 후 그때까지의 소송행위 추인 가능).

2 신주발행무효의 소(대법원 2007. 2. 22. 선고 2005다77060 판결), 전환사채발행무효의 소(대법원 2004. 6. 25. 선고 2000다37326 판결), 감자무효의 소(대법원 2010. 4. 29. 선고 2007다12012 판결) 등에서 6개월의 제소기간이 지나면 더이상 무효사유를 추가하여 주장할 수 없다고 본다.

라는 판결을 구합니다.

2. 청구원인

가. 무효원인

상법은 신주발행의 무효사유를 구체적으로 규정하고 있지 않다(제429조). 신주발행유지청구 사유인 '법령이나 정관 위반 또는 발행방법의 현저한 불공정'을 무효사유로 생각할 수 있지만, 사후적인 구제수단이므로 거래의 안전을 위하여 보다 엄격하게 해석할 필요가 있다(대법원 2010. 4. 29. 선고 2008다65860 판결).

우리 대법원은, 법령이나 정관의 중대한 위반이나 현저한 불공정이 있어("중대한 규범위반"), 주식회사의 본질이나 회사법의 기본원칙에 반하거나 기존 주주들의 이익과 회사의 경영권 내지 지배권에 중대한 영향을 미치는 경우로서("주주이익에 대한 중대한 영향"), 거래의 안전이나 이해관계인의 이익을 고려하더라도 묵과할 수 없는 정도라고 평가되는 경우에("고려요소의 형량"), 신주발행을 무효로 할 수 있다고 한다(위 대법원 판결 등).

대법원 2010. 4. 29. 선고 2008다65860 판결(신주발행무효)

신주발행 무효의 소를 규정하는 제429조에는 그 무효원인이 따로 규정되어 있지 않으므로 신주발행유지청구의 요건으로 제424조에서 규정하는 '법령이나 정관의 위반 또는 현저하게 불공정한 방법에 의한 주식의 발행'을 신주발행의 무효원인으로 일응 고려할 수 있지만, 신주가 일단 발행되면 그 인수인의 이익을 고려할 필요가 있고, 또 발행된 주식은 유가증권으로서 유통되는 것이므로 거래의 안전을 보호하여야 할 필요가 크며, 신주발행유지청구권은 위법한 발행에 대한 사전 구제수단임에 반하여 신주발행 무효의 소는 사후에 이를 무효로 함으로써 거래의 안전과 법적 안정성을 해칠 위험이 큰 점을 고려할 때, 그 무효원인은 가급적 엄격하게 해석하여야 하고, 따라서 법령이나 정관의 중대한 위반 또는 현저한 불공정이 있어 그것이 주식회사의 본질이나 회사법의 기본원칙에 반하거나 기존 주주들의 이익과 회사의 경영권 내지 지배권에 중대한 영향을 미치는 경우로서, 신주와 관련된 거래의 안전, 주주 기타 이해관계인의 이익 등을 고려하더라도 도저히 묵과할 수 없는 정도라고 평가되는 경우에 한하여 신주의 발행을 무효로 할 수 있다.[3]

나. 주주의 신주인수권 침해

주주는 그가 가진 주식수에 따라서 신주를 배정받을 권리가 있다(제418조 제1항). 위와 같은 주주의 신주인수권은 정관의 규정으로 제한할 수 있다(제418조 제2항). 즉, '정관에 규정'을 두어 주주 외의 자에게 신주를 배정할 수 있다("제3자 배정"). 다만, 이 경우에는 '신기술의 도입, 재무구조의 개선 등 회사의 경영상 목적을 달성하기 위하여 필요한 경우'에 한한다(제418조 제2항 단서).

경영권의 방어나 경영권의 승계가 위에서 말하는 '경영상 목적'에 포함될 수 있는지 문제되었는데, 대법원은 "신주를 발행함에 있어 신기술의 도입, 재무구조의 개선 등 회사의 경영상 목적을 달성하기 위하여 필요한 범위 안에서 정관이 정한 사유가 없는데도, 회사의 경영권 분쟁이 현실화된 상황에서 경영진의 경영권이나 지배권 방어라는 목적을 달성하기 위하여 제3자에게 신주를 배정하는 것은 제418조 제2항을 위반하여 주주의 신주인수권을 침해하는 것"이라고 보았다(대법원 2009. 1. 30 선고 2008다50776 판결).

현물출자의 경우는 그 성질상 주주의 신주인수권이 배제되는 제3자 배정에

---

3 신주발행을 결의한 이사회에 참여한 이사들이 하자 있는 주주총회에서 선임된 이사들이고, 그 후 위 이사 선임에 관한 주주총회결의가 확정판결로 취소되었으며, 위와 같은 하자를 지적한 신주발행금지가처분이 발령되었음에도, 위 이사들로 이루어진 이사회에서 신주발행을 결의하고 이를 추진하였던 자들만이 신주를 인수한 사안에서, 위 신주발행이 신주의 발행사항을 이사회결의에 의하도록 한 법령과 정관을 위반하였을 뿐만 아니라, 현저하게 불공정하고, 그로 인하여 기존 주주들의 이익과 회사의 경영권 내지 지배권에 중대한 영향을 미쳤다는 등의 이유로 무효를 인용하였다.

해당하는데,[4] 이 경우에도 위와 같은 요건을 갖추어야 하는가? 현물출자는 이사회의 결의(제416조 제4호)만으로 가능하다는 견해(부정설)가 있고, 현물출자의 경우에도 제418조 제2항에 따라 '정관의 규정'과 '경영상의 목적'이 필요하다는 견해(긍정설)가 있다. 현물출자가 주주의 신주인수권을 배제하는 탈법적인 수단으로 남용되는 것을 막기 위해서는 후자와 같이 해석하는 것이 타당하다(서울남부지법 2010. 11. 26. 선고 2010가합3538 판결).

대법원 2009. 1. 30. 선고 2008다50776 판결(신주발행무효)

제418조 제1항, 제2항의 규정은 주식회사가 신주를 발행하면서 주주 아닌 제3자에게 신주를 배정할 경우 기존 주주에게 보유 주식의 가치 하락이나 회사에 대한 지배권 상실 등 불이익을 끼칠 우려가 있다는 점을 감안하여, 신주를 발행할 경우 원칙적으로 기존 주주에게 이를 배정하고 제3자에 대한 신주배정은 정관이 정한 바에 따라서만 가능하도록 하면서, 그 사유도 신기술의 도입이나 재무구조 개선 등 기업 경영의 필요상 부득이한 예외적인 경우로 제한함으로써 기존 주주의 신주인수권에 대한 보호를 강화하고자 하는 데 그 취지가 있다. 따라서 주식회사가 신주를 발행함에 있어 신기술의 도입, 재무구조의 개선 등 회사의 경영상 목적을 달성하기 위하여 필요한 범위 안에서 정관이 정한 사유가 없는데도, 회사의 경영권 분쟁이 현실화된 상황에서 경영진의 경영권이나 지배권 방어라는 목적을 달성하기 위하여 제3자에게 신주를 배정하는 것은 제418조 제2항을 위반하여 주주의 신주인수권을 침해하는 것이다.[5]

---

4 대법원 1989. 3. 14. 선고 88누889 판결(현물출자자에 대하여 발행하는 신주에 대하여는 일반주주의 신주인수권이 미치지 않는다).

5 원고가 피고회사의 주식 24%를 보유한 최대주주가 되어, 원고와 그 측근들이 이사 후보로 추천되고 회계장부열람 · 등사 가처분을 신청하는 등으로 원고와 피고회사의 현 경영진 사이에 경영권 분쟁이 발생하였다. 이에 피고회사의 이사회가 기발행주식의 30%에 해당하는 신주발행을 결의하면서 납입기일을 그 다음날로 하여 이를 제3자인 A회사에 배정함으로써, A회사가 23% 지분의 최대주주가 되고 원고의 지분율이 18%로 감소하였다. 이어 피고회사는 주주총회를 열어 원고측에 우호적인 이사 및 감사를 해임하고자 하였으나, 원고가 A회사의 위 신주에 대한 의결권행사금지가처분을 신청함으로써 좌절되었다. 이후 원고가 제기한 신주발행무효의 소를 판시와 같은 이유로 인용하였다.

다. 신주발행절차의 하자

신주의 발행사항은 이사회가 결정하지만 정관에 규정을 두어 주주총회가 결정하게 할 수 있다(제416조).

주주배정의 경우에는 신주인수권을 가질 주주를 확정하기 위한 배정기준일을 2주간 전에 공고해야 한다(제418조 제3항).[6] 그리고 청약기일을 정하여 신주인수권을 가진 자에게 그 날까지 청약을 하도록 2주간 전에 통지하여야 한다(제419조 제1항, 제2항). 청약기일까지 신주인수권증서 또는 주식청약서로 청약을 하고 회사가 배정을 하면 신주인수계약이 성립한다(제420조의5, 제425조, 제302조 제1항, 제420조). 신주인수권을 가진 자가 청약기일까지 청약을 하지 않으면 그 권리를 잃는다(제419조 제3항, "실권주").

제3자 배정의 경우(현물출자 포함)에는 회사와 제3자 사이에 신주인수계약을 체결하고, 일정한 사항을 그 납입기일의 2주 전까지 주주에게 통지하거나 공고해야 한다(제418조 제4항).

이사는 신주의 인수인에게 납입기일까지 인수가액의 전액을 납입시켜야 한다(제421조, 제425조, 제303조). 이때 신주의 인수인은 회사의 동의 없이 그 납입채무와 회사에 대한 채권을 상계할 수 없다(제421조 제2항). 현물출자의 경우에는 검사 절차를 거쳐야 한다(제422조, 시행령 제14조).

신주의 인수인이 납입기일에 납입 또는 현물출자의 이행을 하지 않으면 그 권리를 잃는다(제423조 제2항, "실권주"). 이러한 실권주(제419조 제3항, 제423조 제2항)의 처리는 이사회의 권한에 속한다.[7] 대법원도, "회사가 주주배

---

6 대법원 1995. 7. 28. 선고 94다25735 판결(회사가 신주를 발행하면서 그 권리의 귀속자를 주주총회나 이사회의 결의에 의한 일정 시점에 있어서의 주주명부에 기재된 주주로 한정할 경우, 그 신주인수권은 그 일정 시점에 있어서의 실질상의 주주인가의 여부와 관계없이 회사에 대하여 법적으로 대항할 수 있는 주주, 즉 주주명부에 기재된 주주에게 귀속된다).

7 상장회사의 경우에는 실권주가 발생하면 그 부분은 원칙적으로 발행을 철회해야 한다(자본시장법 제165조의6 제2항).

정방식에 의하여 신주를 발행하려는데 주주가 인수를 포기하거나 청약을 하지 아니함으로써 그 인수권을 잃은 때에는(제419조 제3항), 회사는 이사회 결의로 인수가 없는 부분에 대하여 자유로이 이를 제3자에게 처분할 수 있고, 이 경우 실권된 신주를 제3자에게 발행하는 것에 관하여 정관에 반드시 근거 규정이 있어야 하는 것은 아니"라고 판시하였다.[8]

신주는 납입기일의 다음날에 효력이 발생한다(제423조 제1항). 회사는 신주의 납입기일 후 지체없이 주권을 발행해야 한다(제355조 제2항). 신주발행으로 인한 변경등기는 신주발행의 효력 요건은 아니지만, 등기한 날로부터 1년이 경과한 후에는 무효 주장이나 취소가 제한되고(제427조), 등기 후에 아직 인수하지 않은 주식이 있거나 청약이 취소된 때에는 이사가 이를 공동으로 인수한 것으로 본다(제428조 제1항, "인수담보책임").

위와 같은 신주발행절차의 하자는 신주발행의 무효사유가 될 수 있다. 다만, 우리 대법원 판결례 중에는, 신주발행은 업무집행에 준하는 것으로서 대표이사가 그 권한에 기하여 신주를 발행한 이상, 신주발행에 관한 이사회의 결의가 없거나 하자가 있더라도 이사회의 결의는 회사의 내부적 의사결정에 불과하므로 신주발행의 효력에는 영향이 없다고 본 것이 있다(대법원 2007. 2. 22. 선고 2005다77060 판결).

그러나 이사회결의가 없었던 사정은 일단 무효사유로 고려될 수 있다고 본다(사견). 다만, 우리 대법원이 신주발행무효를 인용하는 데에 매우 엄격하고 신중한 기준을 가지고 있으므로(위 대법원 2008다65860 판결 등), 단순히 이사회 결의의 누락 또는 하자만으로는 신주발행의 무효가 인용되기는 어려울 것이다.

신주발행을 위한 이사회 결의에 하자가 있었고(위법한 주주총회결의로 선

---

8 대법원 2012. 11. 15. 선고 2010다49380 판결, 대법원 2009. 5. 29. 선고 2007도4949 판결(에버랜드판결) 등.

임된 2인의 이사와 위 결의를 주도한 대표이사가 참여한 이사회에서 신주발행을 결의함), 위 이사회결의의 하자를 이유로 신주발행금지가처분이 발령되어 모든 주주들에게 그 사실이 통지되었음에도 대표이사가 신주발행을 진행하여 그와 그의 우호주주들만이 신주를 인수하였던 사안에서, 대법원은 신주발행의 무효를 인용한 바 있다(위 대법원 2008다65860 판결).

라. 기타의 무효원인

그밖에 신주발행과 관련한 법령 위반(현물출자 검사절차의 미이행, 주주에게 통지 · 공고하지 않은 제3자 배정 등), 정관 위반(수권주식수 초과, 정관에 정함이 없는 종류주식 발행 등), 현저하게 불공정한 방법에 의한 발행 등도 무효원인으로 고려될 수 있다(대법원 2010. 4. 29. 선고 2008다65860 판결).

현저하게 불공정한 방법에 의한 발행의 예로는, 횡령이나 비자금 조성 등의 범죄행위로 신주를 인수한 경우(대법원 2003. 2. 26. 선고 2000다42786 판결), 현물출자를 과대평가한 경우, 제3자 배정의 요건은 갖추었지만 그 발행가격이 현저하게 저가인 경우, 주주배정의 발행에서 현저하게 고가로 발행하여 자금이 부족한 주주들의 실권을 유도한 경우 등을 생각할 수 있을 것이다.[9]

3. 판결의 효력

신주발행을 무효로 인용한 판결은 대세효가 있지만 소급효는 없다(제430조, 제190조 본문). 신주는 장래를 향하여 그 효력을 잃으므로, 주주는 신주의 주권을 회사에 제출하고 회사는 주주가 납입한 금액을 반환하여야 한다(제

9 이러한 사유들은 일단 신주발행유지청구의 원인이 될 수 있고, 또한 신주발행의 무효사유로 주장될 수는 있겠지만, 특히 신주발행의 무효가 인용되기 위해서는 회사 또는 관계인의 이익이나 거래의 안정을 고려하더라도 도저히 묵과할 수 없을 정도의 중대한 사유가 인정되어야 한다.

431조, 제432조).

민사소송법상의 일반 확인의 소로서 '신주발행부존재확인의 소'도 인정되는데, 신주발행의 부존재 확인을 구할 이익이 있는 자가 제기할 수도 있고 제소기간의 제한이 없다(대법원 1989. 7. 25. 선고 87다카2316 판결). 다만, 신주발행부존재를 인용한 승소판결은 대세효가 인정되지 않는다.

II. 신주발행유지청구의 소(가처분)

1. 당사자와 청구취지

가. 원고와 피고

원고(또는 신청인)는 신주발행으로써 불이익을 받을 염려가 있는 주주(단독주주권)이고, 피고(또는 피신청인)는 회사이다. 이사는 피고(또는 피신청인) 적격이 없다.[10] 제3자 배정의 경우에도 주주가 신주발행 사항에 대하여 제418조 제4항에 따른 통지를 받을 수 있게 되어 유지청구를 할 가능성과 실효성이 높아졌다.

10 이사의 위법행위 유지청구(제402조)는, ① 소수주주권에 속하고, ② "회사에 회복할 수 없는 손해가 생길 염려"를 요건으로 하며, ③ 피신청인 또는 피고가 당해 이사이다. 이에 비하여 신주발행유지청구(제424조)는, ① 단독주주권에 속하고, ② "주주가 불이익을 받을 염려"를 요건으로 하며, ③ 피신청인 또는 피고가 당해 회사이다.

나. 청구취지

(소송의 경우)

1. 피고는 2020. 4. 15.자 이사회결의에 기하여 액면 5,000원의 보통주식 100,000주의 신주를 발행하여서는 아니된다.
2. 소송비용은 피고가 부담한다.

라는 판결을 구합니다.

(가처분의 경우)

1. 피신청인이 2017. 10. 19.자 이사회결의에 기하여 현재 발행을 준비 중인 액면 5,000원의 보통주식 100,000주의 신주발행을 금지한다.
2. 소송비용은 피신청인이 부담한다.

라는 재판을 구합니다.

2. 청구원인

법령 위반(이사회결의 없는 발행, 주주의 신주인수권 침해, 현물출자의 검사절차 미이행 등), 정관 위반(수권주식수 초과, 정관에 정함이 없는 종류주식 발행 등) 또는 현저하게 불공정한 방법에 의한 신주발행으로 주주가 불이익을 받을 염려가 있는 경우에 유지청구를 할 수 있다(제424조).[11]

11 대법원 1995. 2. 28. 선고 94다34579 판결에서는, 피고회사의 지분 40% 보유하던 甲이 주주총회에서 이전처럼 의결권을 대리행사하게 할 것임을 대표이사에게 미리 통보하였는데, 甲의 주식 중 일부가 乙등에 명의신탁된 사실을 잘 알고 있던 대표이사가 乙등의 위임장이 사본이라는 이유로 그 부분의 대리행사를 허용하지 않았다(甲의 위임장은 원본으로 대리행사 허용). 위 총회에서는 정관을 변경하여 수권주식수를 6만주에서 26만주로 대폭 늘렸고, 1달여 뒤 실행된 피고회사의 신주발행에서 甲은 그에게 배정된 신주의 대금을 납입하지 않아 실권하였다. 이후 甲이 제기한 신주발행무효의 소에서, 법원은 위 정관변경결의에 취소사유를 인정하였지만(대리권을 증명하는 乙등의 위임장이 사본이었지만 의결권을 위임하였다는 사실을 충분히 증명할만한 특별한 사정이 있었다고 봄), 甲이 위 결의일로부터 2개월 내에 결의취소의 소를 제기하지 못하였으므로 그 하자를 더 이상 주장할 수 없게 되었고, 또한 대규모 신주발행을 하였다는 사정만으로는 위 신주발행

신주발행에 관한 주주의 이해관계는 '재산적 이익(주식가치의 유지)'과 '지배적 이익(의결권 지분비율 유지)'을 생각할 수 있는데, 이는 '저가발행'과 '제3자 배정'으로 인하여 영향을 받을 수 있다. 주주배정에서는 저가발행이라고 하더라도 주주에게 손해가 없으므로 신주발행유지청구(제424조)는 인용되기 어렵다.[12] 이 경우 이사에게 임무해태가 인정되지 않으면(대법원 2007도4949 전합판결) 이사에 대한 위법행위유지청구(제402조)도 허용되지 않을 것이다.

반면에, 제3자 배정에 의한 저가발행의 경우, 이사의 임무해태가 인정될 수 있고 회사와 주주의 손해가 발생하므로 이사에 대한 위법행위유지청구(제402조)와 회사에 대한 신주발행유지청구(제424조)가 모두 가능할 것이다.[13] 적정한 발행가액이지만 제3자 배정의 요건을 갖추지 못하였다면(즉, 주주의 신주인수권을 침해하였다면) 회사의 손해는 없고 주주가 지분가치 하락이라는 직접손해를 입으므로 이 경우에는 신주발행유지청구(제424조)만 가능하다.

실효성을 위해서는 신주발행금지가처분을 신청할 필요가 있다. 주주가 회사에 대하여 신주의 발행을 유지할 것을 단순히 청구하였을 뿐인 경우에는, 단순히 이 청구에 반하여 이루어졌다는 이유만으로 그 신주발행을 무효라고 할 수는 없기 때문이다. 가처분결정을 무시한 신주발행은 무효 사유가 될 수 있을 것이다.[14] 다만, 신주발행의 무효는 신주발행무효의 소로써만 다툴 수

이 현저하게 불공정하여 무효라고 볼 수도 없다고 하였다.

12 특히 신주인수권의 양도가 허용되는 경우에는 저가발행으로 인한 이익을 회수할 기회가 있으므로 주주의 손해를 인정하기가 어려울 것이다. 주주의 신주인수권의 양도는 이사회의 결의로 허용할 수 있고(제416조 제5호), 이 경우 신주인수권증서의 교부가 필요하다(제420조의3 제1항, 효력요건). 이사회결의로 정함이 없는 경우에는, 당사자 사이에 신주인수권증서 없이 지명채권양도의 방법으로 양도할 수 있고, 회사가 승낙한 경우에는 회사에 대해서도 효력이 있다(대법원 1995. 5. 23. 선고 94다36421 판결).

13 저가발행으로 인한 주주의 주식가치 하락의 손해는 회사의 손해가 발생한 결과로 인한 간접손해로 볼 수 있는데, 주주가 이사에 대하여 제401조의 손해배상청구를 하는 것은 어려움이 있겠지만, 간접손해도 주주의 손해인 이상 회사에 대하여 제424조의 유지청구를 하는 것은 가능하다고 본다(사견).

14 서울고등법원 1977. 4. 7. 선고 76나2887 판결은, 유지청구가 단순한 재판외의 청구가 아니라 적어도 유지를 구하는 가처분 신청 또는 제소에 의하여 법원으로부터 그 유지 청구를 인용하는 가

있다(제429조).

Ⅲ. 통모인수인에 대한 차액청구의 소

1. 당사자와 청구취지

가. 원고

원고는 회사이고(제424조의2 제1항), 대표소송의 요건을 갖추면 주주도 원고가 될 수 있다(동조 제2항, 제403조).

나. 피고

피고는 이사와 통모하여 불공정한 가액으로 주식을 인수한 자이다. 그 사람이 주식을 양도하였더라도 그 책임이 양수인에게 이전되는 것은 아니다.

다. 청구취지

통모인수인과 이사(제399조)의 책임을 함께 묻는 경우(부진정연대책임) 청구취지는 다음과 같다.

처분 또는 판결이 선고됨으로써 유지 이유에 관한 공권적 판단이 내렸음에도 불구하고 이에 반하여 신주가 발행되었을 때에 한하여 그 발행을 무효로 볼 수 있다고 판시하였다.

1. 피고들은 각자(공동하여) 원고에게 금 50,000,000원 및 이에 대하여 이 사건 소장 송달일 다음날로부터 다 갚는 날까지 연 15%의 비율에 의한 금원을 지급하라.
2. 소송비용은 피고들이 부담한다.
3. 제1항은 가집행할 수 있다.

라는 판결을 구합니다.

2. 청구원인

이사와 통모하여 현저하게 불공정한 발행가액으로 주식을 인수한 사실이 인정되어야 한다. 통모하여 인수한 자가 책임을 지므로 그 주식을 양도하였더라도 양도인이 차액지급의무를 진다. 통모인수인에 대한 청구는 이사의 회사나 주주에 대한 손해배상책임에 영향을 미치지 않는다(동조 제3항).

주주는 회사(대표이사)에 대하여 소제기를 청구하고, 회사가 소를 제기하지 않으면 회사를 위하여 대표소송을 제기할 수 있다(제424조의2 제2항).

참고로, 현저하게 불공정한 가액으로 신주를 발행한 경우 이사의 책임을 살펴보면, ① 주주배정의 경우 임무해태가 인정되지 않으므로 회사에 대한 손해배상책임(제399조)은 성립하기 어렵고(위 대법원 2007도4949 판결), 주주의 손해가 없으므로 주주에 대한 손해배상책임(제401조)도 성립하기 어렵다. 어느 주주가 실권하면 그 주주에게는 손해가 발생한다. 이때 그 주주(제일모직)가 회사인 경우 실권을 결정한 그 회사(제일모직)의 이사의 책임(제399조)이 발생할 수 있다(그 회사의 주주가 대표소송을 제기한 사례로는 대구고법 2011나2372 판결).

다음으로, ② 제3자 배정의 경우, 임무해태와 회사의 손해가 인정되므로 회사에 대한 손해배상책임이 성립할 수 있고(위 대법원 2007도4949 판결), 주주의 주식가치가 희석된 손해는 간접손해에 해당하므로 제401조의 책임이 인정되기 어렵다(긍정설 있음). 만일, 제3자 배정이 위법하여 주주의 신주인수권을 침해하여 지분율이 하락하였다면 직접손해에 해당하여 제401조의 책임을 추궁할 수 있겠지만, 그 손해액을 입증하기가 쉽지 않을 것이다.

대법원 2009. 5. 29. 선고 2007도4949 전원합의체 판결(특경가법위반(배임))

상법은 신주 등의 발행에 있어서 제3자가 이사와 통모하여 현저하게 불공정한 발행가액으로 주식을 인수한 경우 회사에 대하여 공정한 발행가액과의 차액에 상당한 금액을 지급할 책임을 인정하고(제424조의2 제1항, 제516조 제1항, 제516조의10), 이러한 경우에 기존 주주는 회사에 대하여 제3자를 상대로 위 공정한 발행가액과의 차액에 상당한 금원의 지급을 구하는 소를 제기할 것을 청구할 수 있으며, 만일 회사가 이러한 청구에 응하지 않을 경우에는 주주가 직접 제3자를 상대로 회사를 위하여 공정한 발행가액과의 차액에 상당하는 금원의 지급을 구하는 대표소송을 제기할 수 있을 뿐 아니라(제424조의2 제2항, 제403조), 이와는 별도로 이사는 회사에 대하여 임무위배로 인한 손해배상책임을 부담한다(제399조 제1항).[15]

15 위 판결의 반대의견은 이에 덧붙여, "주주배정방식에서는 모든 주주가 평등하게 취급되므로 어느 주주가 다른 주주에 대하여 제424조의2 제1항에 따라 회사에 대한 차액 지급을 청구할 여지가 없고, 따라서 주주배정방식에는 위 규정이 적용되지 않는다. 다만, 주주 중 일부에게만 신주를 배정, 발행하거나 주주들 사이에 발행조건에 차등을 두어 발행하는 것은 여기에서의 주주배정방식에 해당하지 않는다."고 하였다. 제424조의2는 단순히 주주의 주식가치를 희석시키는 것을 막기 위한 제도만이 아니라, 회사의 자본충실을 위하여 주주 또는 제3자에게 추가적인 출자책임을 인정한 취지로 볼 것이다. 따라서 주주배정의 경우에도 현실적으로 여러 가지 사정으로 실권하는 주주들이 생겨날 수 있고 또한 자본충실의 원칙을 지킬 필요가 있으므로 원칙적으로 제424조의2의 적용을 긍정하는 것이 타당하다고 생각한다. 상법이 제424조의2의 청구에 주주대표소송을 준용하는 것은 이 조항이 회사의 이익을 보호하는 취지라는 점을 말해준다.

Ⅳ. 전환사채발행무효의 소

1. 당사자와 청구취지

가. 당사자

원고는 주주, 이사, 감사이고, 피고는 회사이다.

전환사채의 발행에 대해서는 신주발행유지청구(제516조 제1항, 제424조), 통모불공정발행과 차액지급의무(제516조 제1항, 제424조의2) 등에 관한 규정이 준용되지만, 신주발행무효의 소를 준용하는 규정은 없다. 다만, 대법원은 신주발행무효의 소에 관한 제429조를 유추적용하여 전환사채발행무효의 소를 인정한다(대법원 2004. 6. 25. 선고 2000다37326 판결).

나. 제소기간

제소기간은 전환사채의 발행일로부터 6개월이다. 대법원은 6월의 출소기간이 경과한 후에는 새로운 무효사유를 추가하여 주장할 수 없다고 본다(위 대법원 2000다37326 판결). 민사소송법상의 일반 확인의 소로서 전환사채발행부존재확인의 소도 인정되는데 이 경우에는 6개월의 제소기간의 제한이 없다(대법원 2004. 8. 16. 선고 2003다9636 판결).[16]

16 전환사채발행부존재 확인의 소는, 예를 들면, 전환사채 발행의 실체가 없음에도 전환사채 발행의 등기가 되어 있는 외관이 존재하는 경우 이를 제거하기 위하여 제기될 수 있다(위 대법원 2003다9636 판결). 위 사안에서는, 제3자에게 전환사채를 발행할 수 있다는 내용의 정관변경을 결의한 주주총회가 실제로 개최된 바가 없고, 전환사채를 발행하는 이사회 결의도 실제 개최되지 않은 채 이사 4인 중 3인과 감사의 승낙으로 의사록만 작성되었지만, 실제로 제3자가 전환사채를 인수하여 납입과 등기까지 마쳤다면, 발행이 부존재한다고까지 볼 수는 없다고 하였다.

다. 청구취지

1. 피고가 2020. 5. 13.에 한 별지 목록 기재 전환사채발행을 무효로 한다.
2. 소송비용은 피고가 부담한다.

라는 판결을 구합니다.

2. 청구원인

신주발행의 경우와 같이, 제3자 배정 요건의 하자, 발행절차의 하자 등을 무효사유로 생각할 수 있다.

전환사채의 발행을 결정하는 기관은 원칙적으로 이사회이고, 정관에 규정을 두어 주주총회의 권한으로 할 수 있다(제469조 제1항, 제513조 제2항).

전환사채의 인수권을 가진 주주는 주식수에 따라서 전환사채의 배정을 받을 권리가 있다(제513조의2). 주주배정의 경우에는, 배정기준일의 2주간 전에 인수권과 양도에 관한 사항을 공고(제513조의2 제2항, 제418조 제3항), 청약기한의 2주간 전에 주주에 대한 청약의 실권예고부 최고(제513조의3, 제419조 제2항), 청약과 실권(제513조의3 제2항, 제419조 제3항),[17] 납입(제476조), 2주간 내에 등기(제514조의2) 등으로 절차가 진행된다.

제3자에게 전환사채를 발행하기 위해서는, ① 전환사채의 액, 전환의 조건, 전환으로 인하여 발행할 주식의 내용, 전환청구기간 등에 관하여 '정관의 규정'이 없으면 '주주총회의 특별결의'로 정해야 하고(제513조 제3항 1문), ② "신기술의 도입, 재무구조의 개선 등 회사의 경영상 목적을 달성하기 위하여 필요한 경우"에 한한다(제513조 제3항 2문, 제418조 제2항 단서).

17 전환사채에 관하여는 사채청약서, 채권, 사채원부에 전환의 조건 등을 포함하여 일정한 사항을 기재해야 한다(제514조).

여기서 '전환의 조건'이란, '전환가액(전환으로 발행되는 주식 1주에 필요한 사채의 액면금액)' 또는 '전환비율'을 의미한다. 그리고 전환사채의 발행가액의 총액은 전환으로 발행하는 신주의 발행가액의 총액과 같아야 한다(제516조 제2항, 제348조). 전환청구(제515조)는 형성권으로서(위 대법원 2003다9636 판결), 전환청구만으로 전환의 효력이 발생하여 주주가 된다(제516조 제2항, 제350조 제1항).

전환사채의 제3자 배정의 경우에는, 주주에게 그 사항을 통지 또는 공고하도록 하는 조항(제418조 제4항)을 준용하고 있지 않다. 이는 전환사채발행유지청구(제516조 제1항, 제424조)의 실효성을 떨어뜨리는 문제가 있다.

대법원 2004. 6. 25. 선고 2000다37326 판결(전환사채발행무효)

[1] 상법은 제516조 제1항에서 신주발행의 유지청구권에 관한 제424조 및 불공정한 가액으로 주식을 인수한 자의 책임에 관한 제424조의2 등을 전환사채의 발행의 경우에 준용한다고 규정하면서도 신주발행무효의 소에 관한 제429조의 준용 여부에 대해서는 아무런 규정을 두고 있지 않으나, 전환사채는 전환권의 행사에 의하여 장차 주식으로 전환될 수 있는 권리가 부여된 사채로서, 이러한 전환사채의 발행은 주식회사의 물적 기초와 기존 주주들의 이해관계에 영향을 미친다는 점에서 사실상 신주를 발행하는 것과 유사하므로, 전환사채의 발행의 경우에도 신주발행무효의 소에 관한 제429조가 유추적용된다고 봄이 상당하다.[18]

[2] 제429조는 신주발행의 무효는 주주・이사 또는 감사에 한하여 신주를 발행한 날로부터 6월내에 소만으로 이를 주장할 수 있다고 규정하고 있는바, 이는 신주발행에 수반되는 복잡한 법률관계를 조기에 확정하고자 하는 것이므로, 새로운 무효

18 피고회사(삼성전자)는 1997. 3. 24. 이사회를 개최하여 사모 방식으로 발행 총액 600억원의 전환사채를 발행하기로 결의하고, 같은 날 L에게 450억원 상당을, 삼성물산에게 150억원 상당을 발행하였다. 이러한 주주 외의 자에 대한 전환사채발행의 전환조건 등에 관하여 정관에 어느 정도로 구체적으로 정하여야 하는지가 문제되었다(제513조 제3항, 특히 발행가액에 대하여 정관은 "액면금액 또는 그 이상의 가액으로 사채 발행시 이사회가 정한다"고 규정하고 있었고, 달리 주주총회의 특별결의로 정한 바도 없었음). 대법원은 전환의 조건 등은 정관이나 주주총회의 특별결의로 일정한 기준이나 범위를 정하고 구체적인 발행사항은 발행시마다 이사회가 정하도록 위임할 수 있다고 보았다. 그렇더라도 그 기준이나 범위를 위와 같이 너무 넓게 정하면 사실상 이사회에 포괄위임하는 결과가 되어 제513조 제3항의 취지에 반하는 문제가 있다.

사유를 출소시간의 경과 후에도 주장할 수 있도록 하면 법률관계가 불안정하게 되어 위 규정의 취지가 몰각된다는 점에 비추어 위 규정은 무효사유의 주장시기도 제한하고 있는 것이라고 해석함이 상당하고, 한편 제429조의 유추적용에 의한 전환사채발행무효의 소에 있어서도 전환사채를 발행한 날로부터 6월의 출소기간이 경과한 후에는 새로운 무효사유를 추가하여 주장할 수 없다고 보아야 한다.[19]

[3] 신주발행무효의 소에 관한 제429조에도 무효원인이 규정되어 있지 않고 다만, 전환사채의 발행의 경우에도 준용되는 제424조에 '법령이나 정관의 위반 또는 현저하게 불공정한 방법에 의한 주식의 발행'이 신주발행유지청구의 요건으로 규정되어 있으므로, 위와 같은 요건을 전환사채 발행의 무효원인으로 일응 고려할 수 있다고 하겠으나, 다른 한편 전환사채가 일단 발행되면 그 인수인의 이익을 고려할 필요가 있고 또 전환사채나 전환권의 행사에 의하여 발행된 주식은 유가증권으로서 유통되는 것이므로 거래의 안전을 보호하여야 할 필요가 크다고 할 것인데, 전환사채발행유지청구권은 위법한 발행에 대한 사전 구제수단임에 반하여, 전환사채발행무효의 소는 사후에 이를 무효로 함으로써 거래의 안전과 법적 안정성을 해칠 위험이 큰 점을 고려할 때, 그 무효원인은 가급적 엄격하게 해석하여야 하고, 따라서 법령이나 정관의 중대한 위반 또는 현저한 불공정이 있어 그것이 주식회사의 본질이나 회사법의 기본원칙에 반하거나 기존 주주들의 이익과 회사의 경영권 내지 지배권에 중대한 영향을 미치는 경우로서 전환사채와 관련된 거래의 안전, 주주 기타 이해관계인의 이익 등을 고려하더라도 도저히 묵과할 수 없는 정도라고 평가되는 경우에 한하여 전환사채의 발행 또는 그 전환권의 행사에 의한 주식의 발행을 무효로 할 수 있을 것이며, 그 무효원인을 회사의 경영권 분쟁이 현재 계속 중이거나 임박해 있는 등 오직 지배권의 변경을 초래하거나 이를 저지할 목적으로 전환사채를 발행하였음이 객관적으로 명백한 경우에 한정할 것은 아니다.

[4] 전환사채의 인수인이 회사의 지배주주와 특별한 관계에 있는 자라거나 그 전환가액이 발행시점의 주가 등에 비추어 다소 낮은 가격이라는 것과 같은 사유는 일반적으로 전환사채발행유지청구의 원인이 될 수 있음은 별론으로 하고 이미 발행

19 위 전환사채 발행을 위하여 개최된 이사회는 전환의 조건 및 기간에 관하여는 의결하였으나, 전환사채 인수인을 누구로 할 것인지는 의결하지 아니한 채 전환사채 발행에 관한 기타 사항과 함께 대표이사에게 위임하였다. 그러나 항소심 법원에서의 이루어진 대표이사에 대한 당사자본인신문에서 대표이사는 이 사건 전환사채에 대하여 알지도 보고받지도 못했다고 진술하였다. 또한 이사회 의결 당시 피고회사의 이사 총원 59명 중 32명이 이사회에 참석하여 회의록에 기명날인할 것으로 되어 있으나, 그 중 4명은 해외출장 중이었던 것으로 밝혀졌다. 그러나 위 사항들은 모두 6월의 출소기간이 경과한 후에 밝혀지고 주장된 것으로서 무효사유로 고려되지 못했다.

된 전환사채 또는 그 전환권의 행사로 발행된 주식을 무효화할 만한 원인이 되지는 못한다.[20]

V. 신주인수권부사채발행무효의 소

1. 당사자

원고는 주주, 이사, 감사이고, 피고는 회사이다.

신주인수권부사채는 미리 확정된 가액으로 일정한 수의 신주인수를 청구할 수 있는 신주인수권(warrant)이 부여된 사채로서, 그 발행은 주식회사의 물적 기초와 기존 주주들의 이해관계에 영향을 미친다는 점에서 사실상 신주를 발행하는 것과 유사하므로, 신주발행무효의 소에 관한 제429조가 유추적용된다(대법원 2015. 12. 10. 선고 2015다202919 판결).

신주발행유지청구, 불공정 인수인에 대한 차액반환청구 조항도 신주인수권부사채발행에 준용된다(제516조의 11, 제516조 제1항).

2. 제소기간

제소기간은 발행일로부터 6개월이다.

20 이 사건은 제3자 배정에 경영상 목적이 필요하다는 규정(제513조 제3항, 제418조 제2항 단서)이 생기기 전의 사안이었다. 따라서 경영승계의 목적으로 발행되었다는 점은 주된 쟁점이 되지 않았다. 다만, 현행 상법 아래에서는 '경영권승계'가 주된 목적이 되었을 경우 '경영상 목적'으로 인정되기는 어려울 것이다.

3. 청구취지

1. 피고가 2020. 5. 13.에 한 별지 목록 기재 분리형 신주인수권부사채발행을 무효로 한다.
2. 소송비용은 피고가 부담한다.

라는 판결을 구합니다.

4. 청구원인

신주발행의 무효원인에 관한 법리가 유추적용된다(위 대법원 2015다202919 판결). 발행절차의 하자, 제3자 배정 요건(제516조의2 제4항, 제418조 제2항 단서)의 하자 등을 생각할 수 있다.

발행을 결정하는 기관은 원칙적으로 이사회이고(제469조 제1항, 제516조의2), 주주의 인수권이 인정된다(제516조의11, 제513조의2 제1항). 주주배정의 경우, 배정기준일 공고(제516조의11, 제513조의 제2항, 제418조 제3항), 주주에 대한 실권예고부 최고(제516조의3, 제419조 제2항), 청약과 실권(제516조의3 제2항, 제419조 제3항), 납입(제476조), 등기(제516조의8, 제514조의2) 등의 절차로 진행된다.

제3자 배정을 위해서는, ① 그 발행할 수 있는 신주인수권부사채의 액, 신주인수권의 내용과 신주인수권을 행사할 수 있는 기간에 관하여 '정관에 규정'이 없으면 '주주총회의 특별결의'로써 이를 정하여야 한다(제516조의2 제4항). 그리고 ② "신기술의 도입, 재무구조의 개선 등 회사의 경영상 목적을 달성하기 위하여 필요한 경우"에 한한다(제516조의2 제4항 2문, 제418조 제2항 단서).

신주인수권(Warrant)을 양도할 수 있음을 정한 경우에는 신주인수권증권을 발행해야 한다(제516조의5). 비분리형은 신주인수권만의 양도가 불가능하지만, 분리형은 신주인수권증권을 교부함으로써 양도할 수 있다(제516조의6 제1항).

신주인수권의 행사를 위해서는 청구서와 신주인수권증권 또는 채권을 제출하고, 납입 또는 대용납입을 해야 한다(제516조의9, 제516조의2 제2항 제5호). 납입을 한 때(납입 다음날이 아님)에 신주의 주주가 된다(제516조의10). 각 신주인수권부사채에 부여된 신주인수권의 행사로 인하여 발행할 주식의 발행가액의 합계액은 각 신주인수권부사채의 금액을 초과할 수 없다(제516조의2 제3항).

신주인수권부사채의 발행을 사후에 무효로 하는 것은 거래의 안전을 해할 우려가 크기 때문에 그 무효원인은 엄격하게 해석하여야 하나, 발행에 법령이나 정관을 위반한 위법이 있고, 그것이 주식회사의 본질 또는 회사법의 기본원칙에 반하거나 기존 주주들의 이익과 회사의 경영권 내지 지배권에 중대한 영향을 미치는 경우에는 무효로 할 수 있다(위 대법원 2015다202919 판결).

대법원 2015. 12. 10. 선고 2015다202919 판결(신주인수권부사채발행무효확인)

[1] 회사가 경영상 목적을 달성하기 위하여 필요한 사유가 없음에도 경영권 분쟁이 현실화된 상황에서 경영진의 경영권이나 지배권 방어라는 목적을 달성하기 위하여 제3자에게 신주를 배정하는 것은 제418조 제2항을 위반하여 주주의 신주인수권을 침해하는 것이다. 그리고 이러한 법리는 신주인수권부사채를 제3자에게 발행하는 경우에도 마찬가지로 적용된다(제516조의2 제4항 후문, 제418조 제2항 단서).

[2] 신주 발행을 사후에 무효로 하는 것은 거래의 안전을 해할 우려가 크기 때문에 신주발행무효의 소에서 무효원인은 엄격하게 해석하여야 하나, 신주 발행에 법령이나 정관을 위반한 위법이 있고 그것이 주식회사의 본질 또는 회사법의 기본원칙에 반하거나 기존 주주들의 이익과 회사의 경영권 내지 지배권에 중대한 영향을 미치는 경우에는 원칙적으로 신주의 발행은 무효이다. 신주인수권부사채는 미리 확정된 가액으로 일정한 수의 신주 인수를 청구할 수 있는 신주인수권이 부여된 사채로서 신주인수권부사채 발행의 경우에도 주식회사의 물적 기초와 기존 주주들의 이해관계에 영향을 미친다는 점에서 사실상 신주를 발행하는 것과 유사하므로, 신주발행

무효의 소에 관한 제429조가 유추적용되고, 신주발행의 무효원인에 관한 법리 또한 마찬가지로 적용된다.[21]

Ⅵ. 감자무효의 소

1. 당사자

원고는 주주, 이사, 감사, 자본금감소를 승인하지 아니한 채권자 등이고, 피고는 회사이다(제445조).

2. 제소기간

제소기간은 변경등기가 된 날부터 6월이다. 위의 출소기간이 지나면 무효사유의 주장도 추가할 수 없다(대법원 2010. 4. 29. 선고 2007다12012 판결). 제소기간의 제한이 없고 또한 별도의 소제기가 아닌 선결문제로도 주장할 수

21 甲과 乙은 피고회사의 주식을 각각 30.3%와 27%를 보유하면서 공동대표이사로서 회사를 경영하고 있었다. 그런데 乙이 병으로 입원하게 되자 A회사는 乙의 반발에도 불구하고 임기가 만료된 乙을 이사로 재선임하지 않았다. 그 후 A회사는 제3자 배정으로 신주인수권부사채를 발행하여 S회사가 이를 인수하였는데, 이후 甲이 S회사로부터 위 신주인수권부사채의 분리형 신주인수권증권을 매수하였다. 乙(원고)은 신주인수권부사채발행무효의 소를 제기하면서 그 무효원인으로, ① 긴급한 자금조달의 필요성이 전혀 없었음에도 제3자 배정으로 발행한 점, ② 甲이 신주인수권을 취득한 것이 자기거래에 해당함에도 이사회의 승인을 받지 않은 점, ③ 甲이 인수한 신주인수권의 가치가 지나치게 낮게 평가되어 현저히 불공정한 점 등을 주장하였다. 법원은 ① 피고회사가 달리 자금 확보가 어려운 상황에서 종전과 같이 새로운 사채발행으로 만기가 도래한 회사채 상환에 전부 사용하였고, 당시 경영권 분쟁이 임박하였거나 현실화하였다고 보기 어려운 점, ② 피고회사로부터 사채를 인수한 자는 S회사고 甲은 그로부터 단지 신수인수권을 취득하였을 뿐이므로 자기거래가 아니며, 자기거래로 인한 무효를 주장할 수 있는 자는 회사이지 이사나 제3자가 아니라는 점, ③ 신주인수권부사채를 지나치게 낮은 가격으로 발행하였다고 인정할 증거가 없고, 甲이 S회사로부터 매수한 가격이 저가라고 하여 피고회사에 손해가 있다고 보기 어려운 점 등을 이유로 원고의 주장을 받아들이지 않았다.

있는 주식병합부존재확인의 소(민사소송법상 일반 확인의 소)도 인정된다(대법원 2009. 12. 24. 선고 2008다15520 판결).

주주총회의 자본금감소 결의에 취소 또는 무효의 하자가 있다고 하더라도 자본금감소의 효력이 발생한 후에는 감자무효의 소에 의해서만 다툴 수 있다(대법원 2010. 2. 11. 선고 2009다83599 판결). 따라서 주주총회결의를 다투는 소가 제기되었는데 감자의 효력이 발생한 경우 이를 감자무효의 소로 변경하지 않으면 소의 이익이 없게 된다(흡수설).

3. 청구취지

1. 자본금액을 8,000,000,000원에서 800,000,000원으로 감소한 피고의 2020. 5. 20.자 자본금 감소를 무효로 한다.
2. 소송비용은 피고가 부담한다.

라는 판결을 구합니다.

4. 청구원인

상법은 자본금감소의 무효원인에 대해서는 구체적으로 규정하지 않았는바(제445조), 자본금감소 절차의 위반(제438조, 제439조), 주주평등원칙 위반 등을 무효원인으로 생각할 수 있다.

자본금감소를 위해서는 주주총회의 특별결의가 필요하고(제438조 제1항), 그 의안에 관한 주요내용을 주주총회소집통지에 적어야 한다(동조 제3항). 결손보전을 위한 경우는 보통결의로 족하다(동조 제2항). 또한 채권자보호절차를 거쳐야 하는데, 결손보전을 위한 경우는 그러하지 아니하다(제439조 제2항, 제232조). 사채권자가 이의를 하려면 사채권자집회의 결의가 있어야 한다(동조 제3항).

자본금감소의 결의에서는 감자의 방법을 정해야 한다(제439조 제1항). 액면주식을 발행한 경우 자본금은 액면금과 주식수에 따라 결정되므로, 감자의 방법으로는 주식수를 줄이거나 액면금을 줄이는 방법이 가능하다. 주식수를 줄이는 방법은 주식의 소각(제343조), 주식병합(제440조 이하) 등이 가능하고, 액면금을 줄이려면 정관의 변경이 필요하다.

무액면주식을 발행한 경우 자본금은 주식발행가액의 2분의1 이상의 금액으로서 이사회에서 자본금으로 계상하기로 정한 금액의 총액으로 한다(제451조 제2항). 따라서 이 경우에는 주식수의 감소 없이도 자본금감소가 가능하다.

주식의 소각을 위해서는 1개월 이상의 기간을 정하여 주권을 제출할 것을 공고하고 주주명부상의 주주와 질권자에게 통지를 해야 한다(제343조 제2항, 제440조).[22] 주식의 병합에서도 위와 같은 주권의 제출을 위한 공고와 통지가 필요하고, 나아가 신주권의 교부, 단주처리 등의 절차가 필요하다(제440조 내지 제443조).[23]

자본금감소는 주식병합 또는 주식소각을 위한 주권제출기간이 만료한 때에 효력이 생긴다(제343조 제2항, 제441조). 다만, 채권자보호절차가 종료하지 아니한 때에는 그 절차가 종료한 때에 효력이 발생한다(동조 단서).

---

22 자본금 감소를 위한 소각 외에도 자기주식의 소각(제343조 제1항), 상환주식의 소각(제345조 제1항) 등이 있다. 자기주식 소각은 이사회결의로 가능하고(주주총회결의, 채권자보호절차, 주권제출 등 필요 없음), 이사회결의 시점에 효력이 발생한다.

23 자본금 감소를 위한 주식병합 외에도, 1주의 금액을 늘리기 위한 주식병합(자본금은 변동 없음)도 할 수 있다. 예를 들면, 합병 또는 분할을 위한 병합이 그것이다(제530조 제3항, 제530조의11 제1항). 1주의 금액을 늘리기 위한 주식병합도 거래의 안정을 해할 우려가 있으므로 그 성질에 반하지 않는 한 제445조를 유추적용하여 변경등기일로부터 6개월 내에 주식병합의 소로써만 무효를 다툴 수 있다(위 대법원 2008다15520 판결).

5. 판결의 효력 등

감자무효를 인용하는 판결은 대세효와 소급효가 있다(제446조, 제190조 본문).

심리 중에 원인이 된 하자가 보완되면 법원은 재량으로 소를 기각할 수 있다(제446조, 제189조). 법원이 재량으로 기각하기 위해서는 원칙적으로 그 소 제기 전이나 그 심리중에 원인이 된 하자가 보완되어야 하지만, 하자가 추후 보완될 수 없는 성질의 것으로서 감자결의의 효력에는 아무런 영향을 미치지 않는 것이라면 그 하자가 보완되지 아니하였다 하더라도 회사의 현황 등 제반 사정을 참작하여 기각할 수 있다.[24]

24 대법원 2004. 4. 27. 선고 2003다29616 판결(주주총회의 감자결의에 결의방법상의 하자가 있으나 그 하자가 감자결의의 결과에 아무런 영향을 미치지 아니하였고, 감자결의를 통한 자본금감소 후에 이를 기초로 채권은행 등에 대하여 부채의 출자전환 형식으로 신주발행을 하고 수차례에 걸쳐 제3자에게 영업을 양도하는 등의 사정이 발생하였다면, 자본금감소를 무효로 할 경우 부채의 출자전환 형식으로 발행된 신주를 인수한 채권은행 등의 이익이나 거래의 안전을 해할 염려가 있으므로 자본금감소를 무효로 하는 것이 부적당하다고 볼 사정이 있다).

제9장

구조조정

제9장

구조조정

Ⅰ. 합병무효의 소

1. 당사자와 제소기간

원고는 각 회사의 주주, 이사, 합병을 승인하지 아니한 채권자 등이다(제529조). 합병에 반대하여 회사에 주식매수를 청구한 주주도 원고적격이 있지만, 그 매수대금을 지급받으면 주주 지위를 상실하여 원고적격이 없게 된다.

피고는 합병 후 존속하는 회사 또는 신설회사가 된다. 제소기간은 합병의 등기가 있은 날로부터 6개월이다.

2. 청구취지

1. 피고와 한국주식회사 사이의 2020. 5. 20.자 합병을 무효로 한다.[1]

2. 소송비용은 피고가 부담한다.

라는 판결을 구합니다.

3. 청구원인

가. 무효사유

합병의 무효원인은 상법이 구체적으로 정하고 있지 않다(제529조). 합병절차의 하자, 합병비율의 현저한 불공정, 강행규정 위반 등을 생각할 수 있다.

합병에 반대하는 주주가 합병을 다투려면, 합병의 효력이 발생하기 전에는 주주총회에서 합병에 반대하는 의결권을 행사하여 부결시키거나, 가결된 경우 합병결의의 효력을 다투는 소를 제기할 수 있을 것이다(제376조, 제380조). 그리고 회사에 주식의 매수를 청구할 수도 있다(제522조의3).

합병의 효력이 발생한 후에는 합병무효의 소만으로 다툴 수 있다(제529조). 합병을 승인하는 주주총회결의의 하자를 주장하며 결의취소의 소(제376조) 등을 제기한 경우라도, 합병의 효력이 발생하면 합병무효의 소로 변경하거나 새로 합병무효의 소를 제기할 필요가 있다(흡수설).

신주발행과 달리 합병의 경우에는 주주가 회사를 상대로 주주의 손해를 이유로 합병 그 자체의 유지를 청구할 수 있는 권리가 인정되지 않는다. 합병을

---

1 흡수합병에서 존속회사를 피고로 하여 소를 제기한 경우의 기재례이다. 만일 신설합병의 경우라면, 합병신설회사를 피고로 하되, "합병 전 한국주식회사와 대한주식회사 사이의 2017. 11. 1.자 합병을 무효로 한다."라고 기재한다. 분할합병의 경우에는, 분할회사와 분할승계회사를 피고로 하여, "피고 한국주식회사가 별지 목록 기재와 같이 2017. 11. 1.자로 투자부분을 분할하여 피고 대한주식회사에 합병한 것을 무효로 한다."와 같이 기재한다.

추진하는 이사의 행위가 위법함을 주장하여 유지청구(제402조)를 할 수 있는지 문제되는데, 합병으로 인하여 '회사의 손해'가 인정되지 않는 경우가 많으므로 실효성이 크지 않을 것이다.[2]

나. 합병절차상의 하자

합병의 절차는, ① 이사회의 합병결의 및 합병계약의 체결을 거쳐(제523조, 제522조의2), ② 합병승인을 위한 주주총회의 소집과 승인결의가 필요하고(제522조), 종류주주총회의 결의가 필요할 수도 있다(제436조). 합병계약서 등은 주주총회 회일의 2주 전부터 합병을 할 날 이후 6개월이 경과하는 날까지 본점에 비치되어야 한다(제522조의2).

합병승인결의 이후, ③ 반대주주의 주식매수청구 절차(제522조의3)와 ④ 채권자보호절차(제527조의5)가 진행된다. ⑤ 합병기일(closing date, 제523조 제6호)에 합병신주를 발행하는 등 합병이 실행되고, ⑥ 보고총회(또는 이사회 결의와 공고로 갈음)를 거쳐(제526조), ⑦ 합병등기를 함으로써 합병의 효력이 발생한다(제528조, 제530조 제2항, 제234조). 합병에 관한 내용과 경과를 기재한 서류는 합병을 한 날로부터 6개월간 본점에 비치하여야 한다(제527조의6).

합병에서 소멸회사의 주주는 존속회사의 주식(신주 또는 자기주식)을 배정받게 된다(제523조 제1호, 제3호). 특히 자기주식에 대하여 합병신주를 배정할 수 있는지 문제되는데, ① 존속회사가 가진 소멸회사의 주식("포합주식")에 대하여 합병신주를 배정하게 되면, 결국 존속회사가 합병신주를 자기주식으로 보유하게 되는데, 자기주식취득의 예외(제341조의2 제1호)에 해당하는

---

2 예를 들면, 합병비율이 불공정하더라도 주주가 아닌 회사 자체에 어떤 손해가 발생한다고 보기 어렵다.

것으로 보아 허용하는 견해와, 결과적으로 신주발행에 의해 자기주식을 취득하는 셈이 되므로 허용할 수 없다는 견해가 있다. 우리 법원은 포합주식에 대하여 합병신주를 배정하는 것이 허용되고, 그 여부는 당사자들이 정할 수 있다는 입장이다.[3]

다음으로, ② 소멸회사가 가진 자기주식은 합병에 의하여 당연히 소멸하고 합병신주의 귀속주체가 없어지게 되므로 배정할 수 없다는 견해가 많지만, 배정이 가능하다는 견해도 있다. ③ 존속회사가 가진 자기주식은 합병으로 인하여 아무런 영향을 받지 않는다. 존속회사는 소멸회사의 주주들에게 합병신주 대신 보유하고 있는 자기주식을 배정할 수도 있다. ④ 소멸회사가 가진 존속회사의 주식은 존속회사로 승계되어 존속회사가 자기주식으로 보유하게 된다(제341조의2 제1호).

다. 합병비율의 불공정

'합병비율'은 소멸회사 주식 1주에 대하여 교부하는 존속회사 주식의 비율을 말한다. 합병비율의 산정에 관하여 자본시장법에 규정이 있다. 즉, 상장회사는 시가를 가중평균하고(기준주가), 비상장회사는 자산가치와 수익가치를 가중평균한 가격을 기준으로 하여, 각각 그 기준가격에서 30%(계열사간 합병의 경우 10%)의 할증 또는 할인한 가액의 범위 내로 산정한다(자본시장법 제165조의4, 동법시행령 제176조의 5). 합병당사회사가 모두 비상장회사인 경우에는 규정이 없다.

합병비율이 당사자 회사의 일방에게 불리하게 정해진 경우에는 그 회사의 주주가 합병 전 회사의 재산에 대하여 가지고 있던 지분비율을 합병 후에 유지할 수 없게 됨으로써 실질적으로 주식의 일부를 상실하는 결과를 초래하므

3 대법원 2005. 6. 10. 선고 2004두3755 판결, 대법원 2004. 12. 9. 선고 2003다69355 판결 등.

로, 합병비율이 현저하게 불공정한 경우 제529조에 의하여 소로써 합병의 무효를 구할 수 있다(대법원 2008. 1. 10. 선고 2007다64136 판결).

다만, 당사자 회사의 전부 또는 일부가 주권상장법인인 경우, 자본시장법에서 정한 요건과 방법 및 절차 등에 기하여 합병가액을 산정하고 그에 따라 합병비율을 정하였다면, 그 합병가액 산정이 허위자료에 의한 것이라거나 터무니없는 예상 수치에 근거한 것이라는 등의 특별한 사정이 없는 한, 그 합병비율이 현저하게 불공정하여 합병계약이 무효로 된다고 볼 수 없다(위 대법원 2007다64136 판결).[4]

대법원 2009. 4. 23. 선고 2005다22701,22718 판결(합병철회,주총결의취소)

[1] 합병비율을 정하는 것은 합병계약의 가장 중요한 내용이고, 그 합병비율은 합병할 각 회사의 재산 상태와 그에 따른 주식의 실제적 가치에 비추어 공정하게 정함이 원칙이며, 만일 그 비율이 합병할 각 회사의 일방에게 불리하게 정해진 경우에는 그 회사의 주주가 합병 전 회사의 재산에 대하여 가지고 있던 지분비율을 합병 후에 유지할 수 없게 됨으로써 실질적으로 주식의 일부를 상실케 되는 결과를 초래하므로, 현저하게 불공정한 합병비율을 정한 합병계약은 사법관계를 지배하는 신의성실의 원칙이나 공평의 원칙 등에 비추어 무효이고, 따라서 합병비율이 현저하게 불공정한 경우 합병할 각 회사의 주주 등은 제529조에 의하여 소로써 합병의 무효를 구할 수 있다.

[2] 합병비율은 자산가치 이외에 시장가치, 수익가치, 상대가치 등의 다양한 요소를 고려하여 결정되어야 하는 만큼 엄밀한 객관적 정확성에 기하여 유일한 수치로 확정할 수 없고, 그 제반 요소의 고려가 합리적인 범위 내에서 이루어졌다면 결정된 합병비율이 현저하게 부당하다고 할 수 없으므로, 합병당사자 회사의 전부 또는 일부가 주권상장법인인 경우 자본시장법과 그 시행령 등 관련 법령이 정한 요건과 방법 및 절차 등에 기하여 합병가액을 산정하고 그에 따라 합병비율을 정하였다면 그 합병가액 산정이 허위자료에 의한 것이라거나 터무니없는 예상 수치에 근거한

4 위 판결은, 소멸회사가 주권상장법인이든 주권비상장법인이든 어느 경우나 합병가액은 주당 자산가치를 상회하는 가격으로 산정될 수도 있으므로, 존속회사가 발행할 합병신주의 액면총액이 소멸회사의 순자산가액을 초과할 수도 있다고 보았다.

것이라는 등의 특별한 사정이 없는 한, 그 합병비율이 현저하게 불공정하여 합병계약이 무효로 된다고 볼 수 없다.

라. 주주의 구제수단

합병비율의 불공정에 대한 주주의 구제수단을 살펴보면, 주주총회의 소집 또는 결의의 금지를 구하는 가처분, 총회에서의 반대와 주식매수청구(제522조의3), 합병무효의 소 제기(제529조), 이사의 위법행위 유지청구(제402조), 이사해임청구와 직무집행정지가처분(제385조, 제407조) 등을 생각할 수 있다.[5]

합병비율의 불공정으로 인하여 회사의 손해가 있다고 보기 어려우므로 사전적 수단인 이사에 대한 유지청구(제402조)는 실효성이 적다. 합병비율의 불공정이나 강행법규 위반 등을 이유로 한 합병무효의 소를 본안으로 하여 회사를 상대로 주주총회의 소집과 결의 등 합병절차의 진행을 금지하는 가처분을 신청하는 것을 생각할 수 있다. 그리고 신주발행과 달리 합병에는 주주의 손해를 이유로 한 합병유지청구가 인정되지 않으므로 결국 주식매수청구에 의존하는 경우가 많다.[6]

나아가 주주의 손해를 이유로 이사에 대하여 손해배상청구가 가능한지 문제된다. '직접손해'에 대해서는 제401조에 기한 청구가 가능할 것이고, '간접

5 2016년의 삼성물산과 제일모직의 합병에서 합병비율은 1:0.35로 결정되었다. 이는 자본시장법상 상장회사의 합병비율 산정에 관한 규정에 따라 결정된 것이었다. 이러한 합병비율과 합병시기 등에 불만을 가진 존속회사(삼성물산)의 주주들은, 사전에 주주총회결의를 저지하기 위한 가처분과 이사위법행위유지가처분을 신청하고, 사후에 주식매수청구 및 합병무효의 소를 제기하였다. 사전적인 가처분들은, 제542조의6 제5항의 요건(6개월 보유 요건), 위법사유의 존재 여부, 회사의 손해 여부 등이 문제되어 기각되었다. 법원의 주식매수가액결정 절차의 항고심에서는, 합병을 발표한 2015년 5월이 아니라 합병설이 나오기 전인 2014년 12월 18일의 시장가격을 기준으로 하여 산정하였다(서울고법 2016라20189 결정: 상고). 합병무효의 소는 합병비율이 현저하게 불공정하다고 보기 어렵다는 이유로 기각되었다(서울중앙지법 2016가합510827 판결: 항소).

6 다만, 주식매수청구는 출구(exit)전략에 속하므로 불공정한 합병을 저지하면서 계속 회사의 주주로 남는 방법은 주주총회의 결의를 저지하거나 부결시키는 방법밖에 없다.

손해'라면 대표소송(제403조, 제399조)으로 구제받을 수 있을 것이다.

합병은 신주발행과 달리 합병비율을 불공정하게 하였더라도 당사회사들 차원에서는 손해가 없고, 어느 일방 회사의 주주들의 손해가 있을 뿐이다. 합병의 경우 존속회사에 현금이 아닌 소멸회사 자체가 대가로 지급되는 것과 같기 때문이다. 따라서 합병 당사회사들의 주주들은 그들 회사의 이사들을 상대로 대표소송을 통하여 제399조의 책임을 묻기는 어렵지만, 주주들이 '직접손해'를 입은 것이므로 제401조에 따라 손해배상을 구할 수 있을 것이다.

다만, 현금 등 교부금이 지급되는 합병에서는 존속회사에 불리한 합병비율로 합병이 되었다면 존속회사의 손해가 생길 수 있고(대법원 2009. 5. 29. 선고 2007도4949 판결 참조), 따라서 그것을 결정한 존속회사 이사들의 제399조의 책임(또는 제403조의 대표소송)이 문제될 수도 있을 것이다.

한편, 위와 같이 합병비율의 불공정으로 인하여 손해를 입는 주주가 회사인 경우 그 회사(또는 그 회사의 주주)는 이사를 상대로 합병결의에서의 의결권 행사와 관련하여 책임을 추궁할 수 있다(제399조, 제403조).[7] 특히, 그 주주회사가 보유하는 소멸회사의 주식이 중요한 자산에 해당하는 경우 합병으로 인하여 그 주식을 처분하는 것과 마찬가지이므로, 소멸회사의 합병승인 결의에서 찬성 또는 반대의 의결권을 행사함에 있어서 이사회결의가 필요하다(제393조 제1항, 대법원 2015. 7. 23. 선고 2013다62278 판결).

7 대법원 2015. 7. 23. 선고 2013다62278 판결(합병비율이 합병할 각 회사의 일방에게 불리하게 정해진 경우에는 그 회사의 주주가 실질적으로 주식의 일부를 상실하게 되는 결과를 초래하므로, 소멸회사의 주주인 회사의 이사로서는 합병비율이 합병할 각 회사의 재산 상태와 그에 따른 주식의 실제적 가치에 비추어 공정하게 정하여졌는지를 판단하여 회사가 합병에 동의할 것인지를 결정하여야 한다).

4. 특수한 합병의 경우

가. 소규모합병

존속회사가 발행하는 합병신주 및 이전하는 자기주식의 총수가 발행주식 총수의 10%를 초과하지 않는 경우에는, '존속회사'의 주주총회 승인을 이사회의 승인으로 갈음할 수 있다(제527조의3 제1항, "소규모합병"). 다만, ① 소멸회사 주주에게 제공할 금전등이 존속회사의 최종 대차대조표상 순자산액의 5%를 초과하는 경우, 또는 ② 존속회사 주주 20% 이상이 서면으로 반대하는 경우에는 소규모합병을 할 수 없다(동조 제1항 단서, 제4항).

소규모합병의 경우 존속회사의 반대주주의 주식매수청구권은 인정되지 않는다. 소멸회사의 주주총회 승인은 생략할 수 없고, 반대주주의 주식매수청구권도 인정된다. 각 회사에서 채권자보호절차를 거쳐야 함은 물론이다.

이렇게 소규모 합병의 경우 인수회사(존속회사) 입장에서 주주총회와 주식매수청구권을 우회할 수 있는 편리함이 있다. 따라서 소규모합병의 요건을 맞추기 위하여 편법이 사용될 우려가 있는데, 우선 합병신주나 자기주식의 수량을 줄이는 방법이 있다. 예를 들면, ① 합병 전에 존속회사가 소멸회사의 주식을 취득해 놓고, 이러한 '포합주식'에 대하여 신주를 배정하지 않는 방법이 가능하다. 그 미배정 가액 상당액을 합병교부금(소규모합병이 허용되지 않는 제527조의3 제1항 단서의 금액)에 포함되지 않는다고 보면 쉽게 소규모합병을 이용할 수 있게 된다.[8]

② 소멸회사의 자산규모가 크더라도 부채비율을 높임으로써 소멸회사 주주에게 소규모의 합병신주가 배정되도록 하는 방법도 이용될 수 있다. ③ 합

8 대법원 2004. 12. 9. 선고 2003다69355 판결은 포합주식에 신주를 배정하지 않은 경우 그 미배정 가액 상당액은 위 단서의 금액에 포함되지 않는다고 보았다.

병신주 대신 일부를 교부금으로 지급함으로써 요건을 맞추는 데 이용할 수 있는데, 다만 합병신주 대신 전부(또는 상당부분)를 교부금으로 지급하는 경우에는 제527조의3 제1항 단서의 5%를 초과하여 소규모합병을 이용하지 못하게 될 수도 있다.

위 경우들은 존속회사가 이미 소멸회사를 상당부분 지배하고 있거나(①의 포합주식의 경우), 소멸회사의 순자산가치가 미미하다는(②의 경우) 등의 나름대로의 근거가 제시될 수 있다. 다만, 존속회사의 주주 보호에 미흡한 점이 있으므로 개선이 필요하다고 본다.

나. 간이합병

소멸회사의 총주주의 동의가 있거나, 존속회사가 소멸회사의 주식을 90% 이상 소유하고 있는 경우에는, 소멸회사의 주주총회 승인을 이사회의 승인으로 갈음할 수 있다(제527조의2, "간이합병"). 소멸회사의 채권자보호절차, 존속회사의 주주총회 승인과 주식매수청구, 채권자보호절차 등이 필요함은 물론이다. 간이합병이 소규모합병의 요건도 갖춘 경우에는 존속회사의 주주총회결의와 주식매수청구도 생략할 수 있다.

간이합병이 경우에는 소멸회사의 반대주주의 주식매수청구권이 인정된다(제522조의3 제2항). 즉, 소멸회사는 합병계약서를 작성한 날부터 2주 내에 주주총회 승인 없이 합병한다는 뜻을 주주에게 공고하거나 통지하는데(총주주의 동의가 있는 경우는 예외, 제527조의2 제2항), 주주는 그 날로부터 2주 내에 회사에 반대의사를 통지해야 하고, 위 매수통지기간이 경과한 날로부터 20일 내에 매수청구를 할 수 있다.

간이합병과 소규모합병은 법문상 흡수합병을 전제로 하는 것이고, 신설합병의 경우에는 허용되지 않는다.

다. 교부금합병

소멸회사의 주주에게 그 대가의 전부를 존속회사의 합병신주나 자기주식 대신 금전이나 그 밖의 재산으로 제공하는 합병을 말한다(제523조 제4호).

이는 소수주주를 축출하는 방법이 될 수도 있다. 지배주주의 매도청구권(제360조의24)도 소수주주를 축출할 수 있는 방법인데, 교부금합병은 제360조의24에서 요구하는 지분비율이나 '경영상 필요'라는 요건 없이도 가능하다.

라. 삼각합병

삼각합병(Triangular Merger)은 A회사가 T회사(소멸회사)를 합병하고자 할 때, 직접 합병하지 않고, 완전자회사인 S회사(존속회사)를 세워 합병하는 방법이다. S회사가 T회사를 합병하면서 T회사의 주주들에게 모회사인 A회사 주식을 교부하면, A회사가 T회사를 합병한 S회사를 완전자회사로 두게 된다.

삼각합병은, 인수회사(존속회사의 모회사인 A회사)의 주주총회승인, 반대주주의 주식매수청구, 채권자보호절차 등을 피할 수 있게 한다. 인수회사(A회사)가 소멸회사의 채무를 직접 인수하지 않고 주주로서 유한책임을 누릴 수 있으므로 고위험군 회사의 인수에 유용하다.

우리 상법상으로도 삼각합병이 가능하다(제523조 제4호, 제523조의2). 상법은 소멸회사의 주주에게 존속회사의 모회사 주식을 교부할 수 있도록 자회사(존속회사)의 모회사 주식 취득을 예외적으로 허용하였고(제523조의2), 소멸회사의 주주에게 그 밖의 재산(취득한 모회사 주식)을 제공할 수 있도록 하였다(제523조 제4호). 삼각분할합병도 가능하다(제530조의6 제1항 제4호, 제4항, 제5항).

삼각합병에서는 인수회사(A)의 완전자회사(S)가 대상회사(T)를 합병하여 존속한다. 그런데, 자회사(보통 paper company)보다는 실제 사업을 하던 대상회사를 존속회사로 하여 합병할 수 있다면("역삼각합병", reverse triangular merger), 대상회사의 인허가, 브랜드(brand) 가치, 지적재산권, 영업권, 계약, 기타 자산이나 부채 등의 명의가 이전될 필요가 없어 더욱 편리할 것이다. 다만, 이를 위해서는 대상회사(T)의 모든 주주들의 동의가 필요한데, 이를 직접적으로 강제할 방법은 없다.

'포괄적 주식교환'은 완전모자회사 관계를 만드는 방법 중 하나인데(제360조의2), 역삼각합병과 같은 결과를 얻을 수 있다. 즉, A회사가 T회사를 완전자회사로 인수하려는 경우, A회사와 T회사의 각 주주총회에서, T회사의 주주가 가진 주식을 A회사가 발행하는 신주(또는 자기주식)와 교환하기로 하는 주식교환계약서를 승인하면, T회사가 A회사의 완전자회사로 된다.[9]

그러나 주식교환의 경우에도 주식교환계약서의 작성과 그에 대한 주주총회의 승인이 필요하고(제360조의3), 반대주주의 주식매수청구권이 인정된다(제360조의5). 자산의 변동 없이 주주만 교체되므로 채권자보호절차는 거칠 필요가 없다.

그런데 2015년 12월 상법개정으로 이러한 절차를 피하면서 역삼각합병의 결과를 얻을 수 있는 삼각주식교환이 가능하게 되었다(제360조의3 제3항 제4호, 제6항, 제7항). 인수회사(A)의 자회사(S)(완전모회사가 되는 회사)가 대상회사(T)(완전자회사가 되는 회사)와 주식교환을 하는 방법이다(제360조의3 제3항 제4호, 제6항, 제7항). 삼각주식교환의 결과 A회사 · S회사 · T회사 사이에 (완전)모 · 자 · 손회사 관계가 형성된다. 그 후, T(A의 손자회사)가 S(T의 자회사)를 흡수합병하거나, S가 해산하면서 그 주주(A)에게 잔여재산으로 T의 주식을 분배하면, 역삼각합병과 같은 결과가 된다.

9 주식교환의 효력은 '주식교환을 할 날'에 발생한다. 주식이전의 경우에는 완전모회사가 등기를 함으로써 효력이 발생한다(제360조의21). 간이주식교환(제360조의9)과 소규모주식교환(제360조의10)이 인정된다.

5. 판결의 효력

무효의 원인이 된 하자의 보완을 전제로 법원은 소를 재량으로 기각을 할 수 있다(제530조 제2항, 제240조, 제189조).

합병무효를 인용한 판결은 대세효가 있지만 소급효는 없다(제530조 제2항, 제240조, 제190조). 합병을 무효로 하는 판결이 확정된 때에는 본점과 지점의 소재지에서 존속회사의 변경등기, 소멸회사의 회복등기, 신설회사의 해산등기를 하여야 한다.(제530조 제2항, 제238조).

회복한 소멸회사는 존속회사 또는 신설회사가 합병 후 부담한 채무에 대하여 연대하여 변제할 책임이 있고, 합병 후 취득한 재산은 합병당사회사의 공유로 하며, 각 회사의 협의로 그 채무의 부담부분 또는 공유 지분을 정하지 못한 때에는 법원은 청구에 의하여 합병당시의 각 회사의 재산상태 기타의 사정을 참작하여 이를 정한다(제530조 제2항, 제239조).

II. 주식매수가격결정신청(상사비송)

1. 의의

주주의 회사에 대한 주식매수청구권이 인정되는 경우로는, 영업양도(제374조의2), 주식의 포괄적 교환(제360조의5), 주식의 포괄적 이전(제360조의22), 합병(제522조의3), 분할합병(제530조의11 제2항), 정관에 의한 주식양도제한의 경우의 주주(제335조의2 제4항) 등이 있다.

주주에 대한 매도(매수)청구권이 인정되는 경우로는, 정관에 의한 주식양도제한의 경우 양도상대방으로 지정된 자의 매도청구(제335조의4), 지배주주의 소수주주에 대한 매도청구(제360조의24), 소수주주의 지배주주에 대한 매수청구(제360조의25) 등이 있다.

2. 당사자

신청인은 회사 또는 합병 · 영업양도 등에 반대한 주주가 된다(제522조의3, 제530조 제2항, 제374조 제2항, 제374조의2 제2항 내지 제5항). 주주명부상의 주주여야 하고, 의결권이 없거나 제한되는 주주를 포함한다(제522조의3 제1항).

정관에 의한 주식양도제한의 경우 양도인인 주주나 양수인도 신청인이 될 수 있다(제335조의2 제4항, 제335조의5 제1항).

지배주주(제360조의24) 또는 소수주주(제360조의25)도 신청인이 될 수 있다.[10]

사건본인은 회사, 주주, 지배주주, 소수주주 등이다.

3. 신청취지

"사건본인 한국주식회사로 흡수합병된 대한주식회사 발행 주식의 1주당 매수가격에 관한 결정을 구합니다."

10 대법원 2017. 7. 14. 자 2016마230 결정(자회사의 소수주주가 제360조의25 제1항에 따라 모회사에게 주식매수청구를 한 경우에 모회사가 지배주주에 해당하는지 여부를 판단함에 있어, 제360조의24 제1항은 회사의 발행주식총수를 기준으로 보유주식의 수의 비율을 산정하도록 규정할 뿐 발행주식총수의 범위에 제한을 두고 있지 않으므로 자회사의 자기주식은 발행주식총수에 포함되어야 한다. 또한 제360조의24 제2항은 보유주식의 수를 산정할 때에는 모회사와 자회사가 보유한 주식을 합산하도록 규정할 뿐 자회사가 보유한 자기주식을 제외하도록 규정하고 있지 않으므로 자회사가 보유하고 있는 자기주식은 모회사의 보유주식에 합산되어야 한다). 위 사안에서는, 사건본인 회사의 발행주식총수 중 사건본인의 모회사인 피신청인이 84.96%를, 사건본인이 자기주식으로 13.14%를 각 보유하고 있고 이를 합산하면 98.1%가 되므로, 피신청인은 사건본인의 지배주주에 해당한다.

4. 신청원인(합병의 경우)

합병을 반대하는 주주가 주식매수를 청구하려면, 우선 주주총회 전에 회사에 반대의사를 서면으로 통지하여야 한다(제522조의3 제1항). 이를 위하여 회사는 총회소집통지시 주식매수청구권의 내용 및 행사방법을 명시하여 통지해야 한다(제530조 제2항, 제374조 제2항).[11]

주주는 결의일로부터 20일("매수청구기간") 내에 서면으로 회사에 매수를 청구하여야 한다(제522조의3 제1항). 주주의 주식매수청구권은 이른바 '형성권'으로서 그 행사로 회사의 승낙 여부와 관계없이 주식에 관한 매매계약이 성립한다(대법원 2011. 4. 28. 선고 2009다72667 판결).

회사는 매수청구기간이 종료하는 날부터 2개월 이내에 그 주식을 매수하여야 한다(제530조 제2항, 제374조의2 제2항). 여기서 "매수청구기간이 종료하는 날부터 2개월"은 주식매매대금 지급의무의 이행기를 정한 것이라고 해석되며, 따라서 그 다음날부터 연 6%의 지연이자가 발생한다(대법원 2011. 4. 28. 선고 2009다72667 판결, 대법원 2011.4.28. 선고 2010다94953 판결). 이러한 법리는 2개월 이내에 주식의 매수가액이 확정되지 아니하였다고 하더라도 다르지 않다(위 판결들). 한편, 회사의 매수가액 지급의무와 주주의 주권을 교부할 의무는 동시이행관계에 있으므로 회사는 이를 항변할 수 있다.

주식의 매매가격은 주주와 회사의 협의로 결정하는데, 매수청구기간의 종료일로부터 30일 내에 협의가 이루어지지 않으면 법원에 매수가액의 결정을

---

11 서울고법 2011. 12. 9. 자 2011라1303 결정(주주로 하여금 주주총회 전에 반대의사를 회사에 서면으로 통지하도록 한 취지는 회사가 반대주주의 현황을 파악하여 대비할 수 있도록 하기 위한 것이다. 그리고 회사로 하여금 주주총회소집시 매수청구권의 내용과 행사방법을 명시하도록 한 취지는 주주가 사실상 매수청구권을 행사하지 못할 가능성이 크기 때문이다. 따라서 소멸회사가 주주총회 소집시 매수청구권에 관한 내용과 행사방법을 명시하지 않았다면, 주주가 주주총회 전에 서면으로 반대의사를 통지하지 않고 총회에서 기권을 하였더라도 매수청구권을 행사할 수 있다). 이 사안에서는 존속회사가 이미 소멸회사의 주식의 85% 가량을 확보한 이상 합병정족수를 채우는 데에 아무런 문제가 없었던 점(즉, 회사가 이미 반대주주의 현황을 파악하고 있었던 점)도 고려되었다.

청구할 수 있다(제530조 제2항, 제374조의2 제3항, 제4항). 법원은 회사의 재산상태 그 밖의 사정을 참작하여 공정한 가액으로 매수가액을 산정한다(제374조의2).

상장회사의 경우에는, 협의가 이루어지지 않으면 이사회결의일 이전의 일정한 기간들의 시가를 산술평균한 가격으로 하고, 회사나 주주가 그 매수가격도 반대하면 법원에 매수가격의 결정을 청구할 수 있다(자본시장법 제165조의5 제3항, 동법시행령 제176조의7 제3항).

비상장회사의 경우, 그 주식에 관하여 객관적 교환가치가 적정하게 반영된 정상적인 거래의 실례가 있으면 그 거래가격을 시가로 보아 매수가액을 결정한다. 그러한 거래사례가 없으면, 시장가치, 순자산가치, 수익가치 등 여러 평가요소를 종합적으로 고려하되, 당해 회사의 상황이나 업종의 특성에 따라 평가요소를 반영하는 비율을 각각 달리 하여 결정한다.[12]

III. 분할(분할합병)무효의 소

1. 당사자

원고는 주주, 이사, 감사, 분할(분할합병)을 승인하지 아니한 채권자 등이

12 대법원 2018. 12. 17. 자 2016마272 결정, 대법원 2006. 11. 24. 자 2004마1022 결정 등. 거래사례가 있더라도, 거래시기, 거래경위, 거래 후 회사의 내부사정이나 경영상태의 변화, 다른 평가방법을 기초로 산정한 주식가액과의 근접성 등에 비추어 그 거래가격만에 의하여 매수가액을 결정하기 어려운 경우에는, 거래가액 또는 그 거래가액을 합리적인 기준에 따라 조정한 가액을 주식의 공정한 가액을 산정하기 위한 요소로 고려할 수 있다. 대법원 2006. 11. 23. 자 2005마958 결정은, 대우전자 주식의 시장가치가 408원으로 6개월 전에 거래된 사례가 있었으나, 그 후에 상장이 폐지된 점 등 여러 사정상 그 거래가격을 매수가액으로 결정할 수 없어 이를 하나의 산정요소로만 고려하였고, 수익가치는 별도의 요소로 고려하지 않았으며, 순자산가치를 0원으로 보고, 시장가치와 순자산가치를 같은 비율로 고려하여 204원으로 결정하였다.

고, 피고는 분할회사, 단순분할신설회사 또는 분할승계회사가 된다(530조의 11 제1항, 제529조).

합병을 승인하지 아니한 채권자도 합병무효의 소의 원고가 될 수 있는데(제529조), 채권자보호절차에서 합병에 이의를 제출한 자를 말한다(제232조 참조). 이의를 제출한 채권자라도 변제나 담보제공을 받은 채권자는 소의 이익이 인정되지 않을 것이다. 그런데, 분할의 경우 채권자보호절차가 필수적인 것이 아니고 연대책임을 배제하기 위한 요건일 뿐이다. 따라서 분할을 승인하지 않은 채권자는 연대책임을 주장할 수 있을 뿐 분할무효의 소를 제기할 수는 없다. 다만, (채권자보호절차가 필수적인) 분할합병을 승인하지 않은 채권자는 분할합병무효의 소를 제기할 수 있다.

2. 제소기간

제소기간은 분할(분할합병)의 등기가 있은 날로부터 6월이다(530조의11 제1항, 제529조).

3. 청구취지

1. (분할무효의 경우)피고 한국주식회사가 2020. 5. 20. 피고 한국주식회사, 피고 대한주식회사로 분할된 것을 무효로 한다.
   (분할합병무효)피고 한국주식회사가 별지 목록 기재와 같이 2020. 5. 20.자로 건설사업부분을 분할하여 피고 대한주식회사에 합병한 것을 무효로 한다.
2. 소송비용은 피고가 부담한다.

라는 판결을 구합니다.

4. 청구원인

분할무효의 소는 합병무효의 소를 준용하여 인정되고, 그 무효원인은 상법이 구체적으로 정하고 있지 않다(제530조의11 제1항, 제529조). 분할절차의 하자(분할승인 주주총회의 하자 등), 회사법의 기본원리 위반, 강행법규 위반 등을 생각할 수 있을 것이다.

분할의 유형은, ① 분할신주를 주주에게 교부하는 인적분할(제530조의2 제1항), 분할회사에 부여하는 물적분할(제530조의12)로 나눌 수 있고, ② 분할하는 부문으로 새로운 회사를 설립하는 단순분할(제530조의2 제1항), 다른 회사가 승계하여 합병하는 분할합병(동조 제2항)으로 나눌 수도 있다. 교부금분할합병(제530조의6 제1항 제4호)과 삼각분할합병(제530조의6 제4항)도 인정된다.

분할(분할합병)의 절차는, 이사회가 분할을 결의하고 분할계획서(또는 분할합병계약서)를 작성(체결)하고(제530조의5, 제530조의6, 제530조의7), 이에 대한 주주총회의 승인을 얻어야 하며(제530조의3),[13] (분할합병의 경우)반대주주의 주식매수청구(제530조의11 제2항, 제522조의3)와 (분할합병의 경우)채권자보호절차(제530조의11 제2항, 제527조의5)를 거치고, 또는 (분할의 경우)회사설립절차를 거쳐(제530조의4), 등기를 함으로써 효력이 생긴다(제530조의11 제1항, 제234조, 제528조).

분할을 승인하는 주주총회에는 의결권 없는 주주도 참여한다는 명문의 규정이 있다(제530조의3 제3항). 반대주주의 주식매수청구는 분할합병의 경우만 인정되고(제530조의11 제2항, 제522조의3), 단순분할의 경우에는 인정되지 않는다. 채권자보호절차는 분할합병의 경우 필수적 절차이지만(제530조

13 간이분할합병과 소규모분할합병의 특례가 인정된다(제530조의11 제2항, 제527조의2, 제527조의3).

의11 제2항, 제527조의5), 단순분할의 경우에는 연대책임을 배제하기 위한 요건일 뿐이다(제530조의9 제2항, 제4항). 분할(분할합병)의 효력은 등기를 함으로써 생긴다("창설적 효력", 제530조의11 제1항, 제234조, 제528조).

5. 완전모자회사관계를 만드는 상법상의 방법

S회사(자회사) 또는 M회사(모회사)가 '스스로' 완전모자회사 관계를 만드는 방법으로는, ① S회사의 주주들이 그들의 모든 주식을 현물출자하여 M회사를 설립하는 방법이 있지만, S회사의 모든 주주들의 동의가 필수적이다. ② S회사가 주주총회의 특별결의로 주식의 포괄적 이전(제360조의15)을 결의하여 M회사를 설립하면 이러한 목적을 달성할 수 있다(반대주주의 주식매수청구권 인정). ③ M회사가 물적분할(제530조의12)을 하여 S회사를 설립하는 방법도 있는데, 역시 주주총회의 특별결의가 필요하다(반대주주의 주식매수청구권은 물적분할합병을 제외하고는 불인정).

다른 회사를 '인수하여' 완전모자회사를 만드는 방법으로는, ① M회사가 S회사의 주주들로부터 모든 주식을 매수하는 방법이 있는데, S회사의 모든 주주들의 동의가 필요하다. ② 주식의 포괄적 교환(제360조의2)은 주주총회의 특별결의만으로 이러한 목적을 달성할 수 있다(반대주주의 주식매수청구권도 인정). ③ 삼각합병(제523조 제4호, 제532조의2) 또는 삼각주식교환(제360조의3 제3항 제4호, 제6항)은, 주주총회의 결의 및 주식매수청구 없이도 이러한 목적을 달성할 수 있는 방법이 된다.

Ⅳ. 분할당사회사의 연대책임을 구하는 소

1. 당사자

분할회사의 채권자가 원고가 된다. 피고는 분할회사, 단순분할신설회사 또는 분할승계회사 등이다.

2. 청구취지

1. 피고들은 연대하여 원고에게 20,000,000원 및 이에 대하여 이 사건 소장 송달 다음날부터 다 갚는 날까지 연 15%의 비율로 계산한 돈을 지급하라.
2. 소송비용은 피고가 부담한다.
3. 제1항은 가집행할 수 있다.

라는 판결을 구합니다.

3. 청구원인

가. 요건사실

분할의 효력이 발생하면, 단순분할신설회사, 분할승계회사 또는 분할합병신설회사는 분할회사의 권리와 의무를 분할계획서 또는 분할합병계약서에서 정하는 바에 따라 승계한다(제530조의10). 즉, 권리와 의무의 (부분적) 포괄승계가 이루어진다. 따라서 분할계획서 등에서 승계하기로 정한 채무는 채권자의 승낙(민법 제454조 제1항) 없이도 신설회사로 승계된다(제530조의10).

신설회사나 승계회사가 당해 채권자에 대한 채무를 승계하였다면, 연대책임이 아니라 채무를 승계한 채무자로서 자신의 채무를 이행할 책임이 있다. 그리고 분할회사는 분할계획서에서 정한 바에 따라 이전한 채무에 대해서는 (제530조의9에 따라 연대책임을 지는 것을 별론으로 하고) 채무를 부담하지 않지만(제530조의10), 남겨진 채무에 대해서는 여전히 채무자로서 책임이 있다.

나아가 상법은, 분할회사, 단순분할신설회사, 분할승계회사 또는 분할합병신설회사 등은 원칙적으로 분할(또는 분할합병) 전의 분할회사의 채무에 관하여 연대책임을 지도록 하였다(제530조의9 제1항).[14] 즉, 분할(또는 분할합병)의 당사회사들은 분할계획서(또는 분할합병계약서)에서 정하는 바에 따라 각자 남겨지거나 승계한 채무에 대하여 채무자로서 변제책임을 부담하는 외에(제530조의10), 분할회사에 남아 있는 채무 또는 승계한 채무에 대해서도 법정의 연대책임을 지는 것이다(제530조의9 제1항).[15] 이들 책임은 부진정연대책임에 해당한다(대법원 2010. 8. 26. 선고 2009다95769 판결).[16]

이러한 연대책임의 요건사실은, ① 분할 또는 분할합병을 한 사실(등기로 효력 발생), ② 분할 또는 분할합병 전(前)에 분할회사의 당해 채무가 존재한 사실이다.

특히, 분할 또는 분할합병 전에 분할회사의 당해 채무가 존재한 사실이 문제되는 경우가 있는데, ① 분할(등기) 전에 채권이 발생하였다면 분할(등기)

---

14 대법원 2016. 2. 18. 선고 2015다10868 판결(제530조의9 제1항이 연대책임을 지도록 하여 채권자 보호규정을 둔 것은 분할로 인하여 분할회사의 적극재산과 소극재산이 승계회사에 임의로 배정되어 그 채무자와 책임재산이 변경됨으로써 분할회사의 기존 채권자에게 불리한 영향을 미칠 수 있기 때문이다).

15 대법원 2017. 5. 30. 선고 2016다34687 판결(제530조의9 제1항에 따른 신설회사 등의 연대책임은 분할회사가 채권자에게 부담하는 채무와 동일한 채무이다. 따라서 신설회사 등이 채권자에게 부담하는 연대채무의 소멸시효 기간과 기산점은 분할회사가 채권자에게 부담하는 채무와 동일하다).

16 대법원 2017. 5. 30. 선고 2016다34687 판결(부진정연대채무에서는 채무자 1인에 대한 이행청구 또는 채무자 1인이 행한 채무의 승인 등 소멸시효의 중단사유나 시효이익의 포기가 다른 채무자에게 효력을 미치지 않는다. 따라서 채권자가 분할 또는 분할합병이 이루어진 후에 분할회사를 상대로 분할 또는 분할합병 전의 분할회사 채무에 관한 소를 제기하여 분할회사에 대한 관계에서 시효가 중단되거나 확정판결을 받아 소멸시효 기간이 연장된다고 하더라도 그와 같은 소멸시효 중단이나 연장의 효과는 다른 채무자인 단순분할신설회사 등에 효력이 미치지 않는다.)

후에 이행기가 도래하더라도 연대책임 대상이 된다고 본다(판례).[17] 그리고 ② 분할(등기) 전에 아직 채권이 발생하지는 않았지만 그 채권 성립의 기초가 되는 법률관계가 존재하였다면 구체적인 채무가 분할 후에 발생하였더라도 연대책임 대상이 될 수 있다(판례).[18] 다만, ③ 채권성립의 기초가 되는 사실관계만 존재하였던 경우에는 아직 채권이 성립하였다고 보기 어려우므로 연대책임의 대상이 되지 않는다(판례).[19]

나. 항변사실

위 연대책임은 일정한 요건을 갖춘 경우 배제할 수 있는바(제530조의9 제2항 내지 제4항), 분할회사, 신설회사 또는 승계회사는 연대책임을 배제한 사실을 항변할 수 있다. 연대책임을 배제하기 위해서는, ① 연대책임을 배제하는 내용을 담은 분할계획서 등에 대한 주주총회의 특별결의와, ② 채권자보호절차가 필요하다.

우선, 제530조의5 제1항 제8호(또는 제530조의6 제1항 제7호)에 따라 "분할계획서(또는 분할합병계약서)에서 승계하기로 정한 채무에 대한 책임만을 부담한다."는 취지가 기재된 분할계획서(또는 분할합병계약서)에 대한 주주총회의 특별결의에 의한 승인이 있어야 한다. 단순히 분할합병계약서에 제530

17 대법원 2008. 2. 14. 선고 2007다73321 판결(제530조의9 제1항에 따라 주식회사의 분할 또는 분할합병으로 인하여 설립되는 회사와 존속하는 회사가 회사 채권자에게 연대하여 변제할 책임이 있는 분할 또는 분할합병 전의 회사 채무에는, 회사 분할 또는 분할합병의 효력발생 전에 발생하였으나 분할 또는 분할합병 당시에는 아직 그 변제기가 도래하지 아니한 채무도 포함된다).

18 대법원 2010. 12. 23. 선고 2010다71660 판결(신용보증약정과 이를 담보로 한 대출계약이 분할 전에 있었다면 대출채무의 대위변제로 인한 구상금채무가 분할 후에 발생하였다고 하더라도 역시 연대책임의 대상이 된다).

19 대법원 2007. 11. 29. 선고 2006두18928 판결은, 분할회사의 분할 전 법 위반행위를 이유로 과징금이 부과되기 전까지는 단순한 사실행위만 존재할 뿐 그 과징금과 관련하여 분할회사에게 승계의 대상이 되는 어떠한 의무가 있다고 할 수 없고, 특별한 규정이 없는 한 신설회사에 대하여 분할회사의 분할 전 법 위반행위를 이유로 과징금을 부과하는 것은 허용되지 않는다고 하였다. 다만, 위 판결 이후 2012년 공정거래법이 개정되어 분할 이전의 행위를 이유로 분할회사는 물론, 신설회사 또는 승계회사에 대해서도 과징금을 부과할 수 있게 되었다(동법 제55조의3 제3항).

조의6 제1항 제6호가 규정하는 '분할되는 회사가 분할합병의 상대방 회사에 이전할 재산과 그 가액'을 기재하여 주주총회의 승인을 얻었다는 사정만으로는 연대책임을 배제하고 분할책임관계를 형성하기 위한 요건이 충족되었다고 할 수 없다(대법원 2010. 8. 26. 선고 2009다95769 판결).

나아가 채권자보호절차가 필요한데, 이는 분할합병에는 원래 필요한 절차이지만(제530조의11 제2항, 제527조의5), 단순분할에서는 연대책임을 배제하기 위하여 필요한 요건이 된다(제530조의9 제4항, 제439조제3항, 제527조의5).

채권자보호절차와 관련해서는, 특히 알고 있는 채권자에 대하여 최고가 이루어졌는지가 다투어지는 경우가 많다. 즉, 원고가 '회사가 알고 있는 채권자'에 해당하는데 채권자보호절차에서 이의제출에 관한 최고를 받지 못하였다고 주장하는 경우가 있다.

여기서 개별 최고가 필요한 '회사가 알고 있는 채권자'란, 채권자가 누구이고 채권이 어떠한 내용의 청구권인지가 대체로 회사에게 알려져 있는 채권자를 말하는 것이고, 회사에 알려져 있는지 여부는 개개의 경우에 제반 사정을 종합적으로 고려하여 판단하여야 한다(대법원 2011. 9. 29. 선고 2011다38516 판결). 회사의 장부 기타 근거에 의하여 성명과 주소가 회사에 알려져 있는 자는 물론이고 회사 대표이사 개인이 알고 있는 채권자도 이에 포함된다(위 대법원 판결).[20]

대법원 2004. 8. 30. 선고 2003다25973 판결은, 피고 화동발전소㈜의 가동으로 피해를 입은 원고 하동수협이 피고와 향후 해수부장관의 유권해석과 전문가의 감정 등에 따라 보상 여부를 결정하기로 하였는데, 피고가 분할되어 남부발전소㈜이 설립되었고, 그 이후에 감정평가사의 손실평가와 해수부장

20 甲회사가 수취인 백지의 약속어음을 발행하였고, 이후 회사의 대표이사가 제1배서인으로서 A에게 배서양도하고 A로부터 B, C, D에 이르기까지 순차로 배서양도되었다가, D가 A에게 상환청구을 하고 A가 상환의무를 이행한 후 어음을 회수하여 소지하고 있었던 사안에서, A를 甲회사에 알려져 있는 채권자로 본 사례.

관의 손실보상 회신이 있었던 사안에서, 위 손실보상채권을 연대책임의 대상으로 보았고 또한 원고를 '알고 있는 채권자'로 보았다.

반면에, 분식회계를 믿고 주식을 취득한 주주들이 자본시장법상 손해배상청구권을 주장한 사안(대법원 2010. 8. 19. 선고 2008다92336 판결)에서는 알고 있는 채권자가 아니라고 보았고, 분할 등 기업개선작업에 참여하여 분할에 대하여 잘 알고 그 과정에서 이의를 제기하지 않았던 계열회사에 대하여 최고를 누락하였던 사안(대법원 2010. 2. 25. 선고 2008다74963 판결)에서는 개별 최고를 누락하였다고 하더라도 연대책임을 부담하는 것은 아니라고 하였다.

연대책임이 배제되는 경우 분할회사는 이전하지 않은 채무에 대한 책임만을 부담하고, 신설회사 등은 "분할계획서(또는 분할합병계약서)에 따라 승계한 채무"에 대한 책임만을 부담한다(제530조의9 제2항, 제3항, 제530조의10).

V. 영업양도무효확인의 소

1. 당사자

영업양도의 무효확인을 구할 확인의 이익이 있는 자에게 원고적격이 있다. 피고는 반대의 이익을 가진 자, 즉, 영업양도의 유효를 주장하는 양수인 등이 될 것이다.

양도인은 확인의 이익이 인정될 수 있다.[21] 양도인의 채권자는 당해 영업 또

21 대법원 2018. 4. 26. 선고 2017다288757 판결(제374조 제1항은 주식회사가 주주의 이익에 중대한 영향을 미치는 계약을 체결할 때에는 주주총회의 특별결의를 얻도록 하여 그 결정에 주주의 의사를 반영하도록 함으로써 주주의 이익을 보호하려는 강행법규이므로, 주식회사가 영업의 전부 또는 중요한 일부를 양도한 후 주주총회의 특별결의가 없었다는 이유를 들어 스스로 그 약정의 무

는 영업용 재산에 대하여 구체적인 이해관계를 가진 경우에는 확인의 이익이 인정될 수 있을 것이다. 양도인회사의 주주는 회사의 재산관계에 대하여 구체적 또는 법률상의 이해관계가 없어서, 원칙적으로 회사의 영업양도계약의 무효확인을 구할 이익이 없다.[22]

이 경우 대표이사가 (예를 들면, 주주총회의 승인 없이 독단적으로 행한 또는 자기거래에 해당하는) 영업양도의 무효를 주장하는 소를 제기하지 않는다면 (소수)주주의 입장에서 취할 수 있는 조치는 무엇인가? 이사해임추진(제385조)과 직무집행정지 및 직무대행자선임(제407조), (양도대가가 현저히 불리한 경우에는) 이사에 대한 손해배상책임 추궁(제399조, 제403조) 등을 생각할 수 있다. 이는 주주의 '간접손해'에 해당하므로 제401조에 기한 청구는 허용되지 않을 것이다. 사전적으로는 이사의 위법행위유지청구(가처분)가 가능하다(제402조).[23]

양도인은 청구원인으로 영업양도의 무효를 주장하면서, 이전된 영업재산의 반환을 구하는 소(예를 들면, 소유권이전등기 말소청구 등)를 제기할 수도 있다.

효를 주장하더라도 주주 전원이 그와 같은 약정에 동의한 것으로 볼 수 있는 등 특별한 사정이 인정되지 않는다면 위와 같은 무효 주장이 신의성실 원칙에 반한다고 할 수는 없다).

22 대법원 1979. 2. 13. 선고 78다1117 판결(영업양도계약무효확인등)은, "주식회사의 주주는 회사의 재산관계에 대하여 단순히 사실상·경제상 또는 일반적·추상적인 이해관계만을 가질 뿐, 구체적 또는 법률상의 이해관계를 가진다고는 할 수 없다"는 이유로, 양도회사의 주주가 영업양수인을 상대로 직접 (주주총회 특별결의의 결여를 이유로 하여) 영업양도계약의 무효확인을 구할 확인의 이익이 없다고 판시하였다. 다만, 서울북부지방법원 2008. 12. 10. 선고 2008가합7301 판결(영업양도계약무효확인)은, 주주는 원칙적으로 회사의 재산관계에 대하여 사실상 · 경제상 또는 일반적 · 추상적인 이해관계를 가진다고 할 것이지만, 주주총회의 특별결의도 없이 영업 전체를 양도함으로써 더 이상 회사가 사업목적을 수행할 수 없게 되거나 회사의 존립이 불가능하게 되는 경우와 같이 예외적인 경우에는 주주도 그 재산처분에 관한 계약의 효력에 관하여 직접적 · 구체적 법률상 이해관계를 가진다고 봄이 상당하다고 하였다.

23 상장회사의 경우에는 수시공시사항이므로 사전에 알 수 있을 것이다.

2. 청구취지

1. 피고와 한국주식회사(또는 원고) 사이에 2020. 5. 20. 체결된 한국주식회사(또는 원고)의 금융사업부문의 양수도계약은 무효임을 확인한다.
2. 소송비용은 피고가 부담한다.

라는 판결을 구합니다.

3. 청구원인

가. 무효원인

영업양도의 무효원인으로는, 대표권의 흠결, 주주총회 승인결의의 흠결, 이사의 자기거래, 대표권남용, 영업양도계약의 하자 등을 생각할 수 있다.

주주총회의 특별결의가 필요한 영업양수도는 다음과 같다(제374조). ① 주식회사가 영업의 전부 또는 중요한 일부를 양도하는 경우에는 양도회사의 주주총회 승인이 필요하고(제374조 제1항 1호), ② 다른 회사의 영업의 전부 또는 일부의 양수가 양수회사의 영업에 중대한 영향을 미치는 경우에는 양수회사 주주총회의 승인이 필요하다(동조 3호). 여기서 "중요한" 또는 "중대한 영향을 미치는" 등의 요건은, 회사의 자산이나 매출액에서 차지하는 비중 등의 양적 기준과, 회사의 사업에 미치는 영향 등의 질적 기준을 사용하여 판단할 수 있다.[24]

---

24 대법원 2014. 10. 15. 선고 2013다38633 판결(양도무효확인)에서, 甲주식회사는 그 사업 중 금융사업 부문과 관련된 대부분 자산과 거래처 등을 乙주식회사(피고회사)에 양도하였고, 이후 乙회사는 甲회사의 금융사업부문과 동일한 영업을 계속하였다. 법원은 이를 영업양도에 해당한다고 판단하였고, 금융사업부문의 자산가치가 甲회사 전체 자산의 약 34%에 달하고 유일하게 본질가치에서 플러스를 나타내고 있으며 수익창출 가능성이 높은 사업부문인 점, 양도 후 바로 얼마 되지 않아 甲회사는 사실상 회사의 모든 영업이 중단되었던 점 등 제반 사정에 비추어, 위 양도는 제374조 제1항 제1호가 규정하고 있는 '영업의 중요한 일부의 양도'에 해당한다고 보았다.

간이영업양수도의 경우, 즉, ① 회사의 총주주의 동의가 있거나, ② 발행주식총수의 100분의 90 이상을 상대방이 소유하는 경우에는, 주주총회의 승인 없이 이사회의 승인만으로 가능하다(제374조의3). 이렇게 양도회사가 양수회사의 주식 90% 이상을 가진 경우에도 양수회사의 주주총회를 이사회승인으로 갈음할 수 있다. 이와 달리 합병에서는 소멸회사가 존속회사의 주식 90% 이상을 소유한 경우라도 존속회사의 주주총회 승인을 이사회의 승인으로 갈음할 수 없다.

간이영업양수도의 경우에는, 계약서 작성일부터 2주 이내에 주주총회의 승인을 받지 아니하고 영업양도를 한다는 뜻을 공고하거나 통지해야 한다(제374조의3 제2항). 다만, 총주주의 동의가 있는 경우에는 그렇지 않다(동항 단서). 주주는 공고나 통지를 한 날부터 2주 이내에 회사에 대하여 서면으로 반대 의사를 통지하고, 위 매수통지기간이 경과한 날부터 20일 내에 서면으로 그 주식의 매수를 청구할 수 있다(제374조의3 제3항).

나. 영업양도의 의의

영업양도의 대상이 되는 '영업'은 객관적 의미의 영업으로서 영업용 재산 및 재산적 가치 있는 사실관계(고객관계, 경영조직, 영업비결, 명성, 판매망 등 영업활동에 의해 축적된 무형의 자산)를 포함한다. 즉, '영업양도'란 영업목적을 위하여 조직화되고 유기적 일체로서 기능하는 인적 · 물적 조직을 그 동일성을 유지하면서 일체로서 이전하는 거래를 말한다. 결국 영업양도인지 여부는 영업을 그 동일성을 유지하면서 이전하였는지에 따라 결정된다.

영업양도는 채권계약이므로 양도인과 양수인 사이에 명시적 또는 묵시적인 영업양도계약이 있어야 한다. 최소한 묵시적이라도 영업을 양도한다는 합의가 없다면, 수개의 개별적인 자산의 취득이 합쳐져서 결과적으로 영업이

이전되는 결과가 되었더라도 영업양도에 해당되지 않는다.[25]

경매의 경우에는, 영업이 해체되어 강제적으로 이전되는 경우가 대부분이므로 영업양도의 당사자들 사이에 영업양도의 의사가 결여된 경우가 많을 것이고, 영업양도합의의 단일성도 인정되기 어려울 것이다.[26]

영업양도는 특정승계를 목적으로 하는 계약이므로, 상속이나 합병의 경우에서와 같은 (법률의 규정에 따른) 포괄적 승계가 인정되지 않는다. 따라서 영업을 구성하는 개별 재산을 특정 승계의 방법으로 재산의 종류에 따라 개별적으로 이전해야 한다. 예를 들면, 부동산의 경우 등기, 동산의 경우 인도, 지명채권의 경우 합의에 의하여 이전된다. 다만, 지명채권의 양도를 채무자나 제3자에게 대항하려면 (확정일자 있는) 통지나 승낙 등의 요건을 갖추어야 한다.

다. 영업용 재산의 양도

회사의 영업용 재산만을 양도 · 양수하는 데에는 원칙적으로 주주총회의 특별결의가 요구되지 않는다. 중요한 재산인 경우 이사회 결의가 필요할 수는 있다(제393조 제1항).

다만, 영업용 재산을 양도하는 경우라도, "그 자산을 양도함으로써 회사의 영업의 전부 또는 중요한 일부를 양도하거나 폐지하는 것과 같은 결과를 가

25 묵시적 약정을 부정한 사례로는 대법원 2005. 7. 22. 선고 2005다602 판결(보험금)이 있고, 묵시적 약정을 인정한 사례로는 대법원 2009. 1. 15. 선고 2007다17123 판결(통인익스프레스 사건)이 있다.

26 영업양도가 아니라고 본 사례로는, 대법원 2005. 7. 22. 선고 2005다602 판결(형식상 영업양도약정이 없었고, 임원진 등이 다르며, 가장 중요한 영업용 재산인 공장건물 등과 부지, 장비 등을 양수인회사가 설립된 뒤 1년 7개월 정도 후에야 낙찰을 받아 취득하였던 사안), 대법원 2004. 10. 28. 선고 2004다10213 판결(골프장의 부지를 경매절차에서 취득한 자로부터 경락받은지 4년 후에 매수하고 따로 종전 사업자로부터 건물, 영업권 등 나머지 재산을 매수하여 골프장을 운영한 사안) 등이 있다. 반면에, 대법원 2006. 11. 23. 선고 2005다5379 판결(골프장영업을 양도받으려는 단일한 의도로 영업용 자산의 일부는 경매절차에서 낙찰받고, 나머지 영업용 자산 및 영업권 등은 영업양수도계약에 의하여 잇달아 취득한 사안)에서는 영업양도를 인정하였다.

져오는 경우"에는, 그 재산의 양도는 실질적으로 영업의 양도와 다르지 않으므로 제374조 제1항을 유추적용한다(대법원 2004. 7. 8. 선고 2004다13717 판결 등).[27] 그리하여 영업용 재산의 처분이 회사의 영업의 전부 또는 중요한 일부의 폐지 또는 중단을 가져오거나(제374조 제1항 제1호), 다른 회사의 영업용 재산의 양수가 사실상 영업양수에 해당하고 양수회사의 영업에 중요한 영향을 미치는 경우(동항 제3호)에는, 주주총회의 특별결의가 필요할 수 있다.

다만, 그 영업용 재산을 처분할 당시에 이미 회사가 사실상 영업을 중단하고 있었던 경우에는, 그 처분으로 인하여 영업의 전부 또는 일부가 폐지되거나 중단되는 것이 아니므로 주주총회의 특별결의가 필요하지 않다(대법원 1992. 8. 18. 선고 91다14369 판결). 여기서 '영업의 중단'이란 영업의 계속을 포기하고 일체의 영업활동을 중단한 것으로서 영업의 폐지에 준하는 상태를 말하고, 단순히 회사의 자금사정 등 경영상태의 악화로 일시 영업활동을 중지한 경우는 해당하지 않는다(위 판결).

회사가 보유하는 다른 회사의 주식도 위와 같은 영업용 재산에 해당할 수 있는가? 예를 들면, 모회사가 자회사의 주식을 전부 처분하거나 다른 회사의 주식을 인수하여 자회사로 편입하는 경우에도 주주총회의 특별결의가 필요할 수 있는가? 자회사의 주식을 보유하는 것 외에 달리 영위하는 사업이나 영업재산이 없는 모회사가 자회사 주식을 처분하는 행위는 회사 영업의 폐지나 양도에 해당하므로 주주총회의 결의가 필요하다고 보아야 할 것이다(대법원

---

27 위 판결과 대법원 2009. 3. 12. 선고 2007다60455 판결(소유권이전등기) 등은, 진정한 대표이사도 아닌 자가 영업의 폐지를 가져올 수 있는 중요한 영업용 자산을 주주총회의 특별결의를 거치지 않고 임의로 처분하였다면 그러한 처분행위는 (상대방의 선의 · 악의를 불문하고) 효력이 없다고 보았다. 이 경우 진정한 대표이사가 양수인에 대하여 무효를 주장할 수 있다. 이에 대하여 양수인은 표현대표이사(제395조) 또는 부실등기(제39조)에 따른 회사의 책임을 주장할 수 있지만, 이러한 외관법리에 따라 치유될 수 있는 하자는 대표권의 흠결일 뿐 주주총회결의를 거치지 않은 하자가 치유되는 것은 아니다. 진정한 대표이사(또는 표현대표이사)가 지배주주나 대다수 주주의 동의를 받고 거래한 경우에도, 양수인으로서는 양도회사의 주주총회결의가 있었음을 확인할 주의의무가 있다고 보아야 하므로, 원칙적으로 양도회사는 양수인에 대하여 그 효력을 부인할 수 있다. 다만, 대표이사 또는 지배주주가 주주총회의사록을 위조한 경우에도 이와 같이 본다면 선의의 상대방 보호에 문제는 없는지 생각해 볼 필요가 있다.

2018. 4. 26. 선고 2017다288757 판결). 만일 그 정도가 아닌 중요한 보유주식을 처분하는 경우에는 이사회의 결의가 필요할 수 있다(제391조 제1항).

Ⅵ. 양수인에 대한 변제청구의 소

1. 당사자

원고는 양도인의 채권자, 피고는 (양도인 및) 양수인이 될 것이다.

2. 청구취지

1. 피고들은 연대하여 원고에게 20,000,000원 및 이에 대하여 이 사건 소장 송달 다음날부터 다 갚는 날까지 연 15%의 비율로 계산한 돈을 지급하라.
2. 소송비용은 피고들의 부담으로 한다.
3. 제1항은 가집행할 수 있다.

라는 판결을 구합니다.

3. 청구원인

양도인의 기존 채무는 영업을 구성하는 요소로 보기 어려우므로, 영업양도로 인하여 양도인의 채무는 원칙적으로 승계되지 않는다고 본다. 만일 양수인이 개별 채무를 승계하기로 한 경우, 이는 채무자와의 계약에 의한 채무인수에 해당하여 채권자가 승낙하면 효력이 생긴다(민법 제454조). 채권자가 양수인에게 채무이행을 구하는 것은 승낙하는 취지로 볼 수 있으므로, 이 경우 양수인은 채무인수인으로서 채무를 이행해야 한다.

나아가 상법은 채권자를 보호하기 위하여, 일정한 경우에는 채무를 승계하지 않은 양수인에 대한 변제청구를 인정한다(제42조, 제44조).[28] 그 청구원인은, ① 영업양도에 해당하고, ② 상호를 속용하거나(제42조) 채무인수의 광고가 있었으며(제44조), ③ 양도인의 영업으로 인한 채무이고, ④ 채권자가 선의여야 한다.[29]

먼저, 영업양도에 해당해야 한다. '영업의 현물출자'의 경우에도 출자의 목적이 된 영업의 개념이 동일하고, 법률행위에 의한 영업의 이전이란 점에서 영업의 양도와 유사하며, 채권자의 입장에서 볼 때는 외형상 양도와 출자를 구분하기 어려우므로, 제42조 등을 유추적용한다. 여기서 '영업의 출자'란 일정한 영업목적에 의하여 조직화된 업체 즉 인적 · 물적 조직을 그 동일성을 유지하면서 일체로서 출자하는 것을 말한다(대법원 1989. 3. 28. 선고 88다카12100 판결). 다만, 영업임대차의 경우나 영업임대차의 종료로 영업을 반환하는 경우에는 유추적용되지 않는다(판례).[30]

---

28 대법원 2016. 8. 24. 선고 2014다9212 판결(제42조 제1항은, 일반적으로 채권자의 채무자에 대한 영업상의 신용은 채무자의 영업재산에 의하여 실질적으로 담보되어 있는데, 영업의 양도가 이루어지면서 채무의 승계가 제외된 경우에는 채권자의 영업상의 채권이 영업재산과 분리되게 되어 채권자를 해치게 되는 일이 일어나므로, 이러한 채권자를 보호하기 위하여 양도인의 상호를 계속 사용함으로써 대외적으로 영업양도 사실이나 채무의 승계가 이루어지지 아니한 사실을 알기 어렵게 하여 양도인의 채권자로 하여금 채권추구의 기회를 상실하도록 한 양수인에게 그 책임을 묻기 위하여 마련한 규정이다).

29 채권자는 채권자취소권을 행사할 수도 있다. 대법원 2015. 12. 10. 선고 2013다84162 판결(채무자가 영업재산과 영업권이 유기적으로 결합된 일체로서의 영업을 양도함으로써 채무초과상태에 이르거나 이미 채무초과상태에 있는 것을 심화시킨 경우, 영업양도는 채권자취소권 행사의 대상이 된다. 영업양도 후 종래의 영업조직이 전부 또는 중요한 일부로서 기능하면서 동일성을 유지한 채 채무자에게 회복되는 것이 불가능하거나 현저히 곤란하게 된 경우, 채권자는 사해행위취소에 따른 원상회복으로 피보전채권액을 한도로 하여 영업재산과 영업권이 포함된 일체로서의 영업의 가액을 반환하라고 청구할 수 있다).

30 대법원 2016. 8. 24. 선고 2014다9212 판결(영업임대차의 경우에는 제42조 제1항과 같은 법률규정이 없을 뿐만 아니라, 채권자가 제공하는 영업상의 신용에 대하여 실질적인 담보의 기능을 하는 영업재산의 소유권이 재고상품 등 일부를 제외하고는 모두 임대인에게 유보되어 있고 임차인은 사용 · 수익권만을 가질 뿐이어서, 임차인에게 임대인의 채무에 대한 변제책임을 부담시키면서까지 임대인의 채권자를 보호할 필요가 있다고 보기 어렵다. 여기에 제42조 제1항에 의하여 양수인이 부담하는 책임은 양수한 영업재산에 한정되지 아니하고 그의 전 재산에 미친다는 점 등을 더하여 보면, 영업임대차의 경우에 제42조 제1항을 그대로 유추적용할 것은 아니다), 대법원 2017. 4. 7. 선고 2016다47737 판결(이는 영업임대차의 종료로 영업을 반환하는 경우에도 마찬가

다음으로, 제42조의 '상호의 속용'에는 동일한 상호를 사용하는 것뿐만 아니라 주요부분에 있어서 공통된 상호를 계속 사용하거나 종전의 상호에 어떠한 문자를 부가한 경우도 포함될 수 있다. 나아가 양수인에 의하여 속용되는 명칭이 상호 자체가 아닌 옥호(屋號) 또는 영업표지인 경우나 양도인의 상호를 자신의 영업명칭 또는 영업표지로 사용하는 경우에도 유추적용될 수 있다(판례).[31] 그것이 영업주체를 나타내는 것으로 사용되는 경우에는 영업상의 채권자가 영업주체의 교체나 채무승계 여부 등을 용이하게 알 수 없다는 점에서 일반적인 상호속용의 경우와 다를 바 없기 때문이다.

그리고, 제44조의 '채무인수의 광고'란 영업양수인이 양도인의 채무를 받아들이는 취지를 광고에 의하여 표시한 경우에 한하지 않고, 양도인의 채권자에 대하여 개별적으로 통지를 하는 방식으로 그 취지를 표시한 경우도 포함된다(판례).[32]

나아가 양도인의 영업상의 채무여야 하고, 영업과 무관하게 생긴 채무는 제외된다. 회사의 행위는 영업을 위한 행위로 추정된다(대법원 2002. 6. 28. 선고 2000다5862 판결). 그리고 영업상의 채무에는 거래상의 채무뿐만 아니라 불법행위(위 대법원 88다카12100 판결)나 부당이득으로 인한 채무도 포함되고, 영업상의 거래로 인한 어음 · 수표채무도 포함된다.

마지막으로, 외관책임의 법리상 양도인의 영업상의 채권자가 선의여야 한다. 선의란 채권자가 영업양도의 사실을 모른 경우는 물론, 영업양도 사실은 알았더라도 채무가 인수되지 않았음을 모른 경우를 포함한다(대법원 2009. 1. 15. 선고 2007다17123 판결).

지이다) 등.

31 대법원 2010. 9. 30. 선고 2010다35138 판결, 대법원 2009. 1. 15. 선고 2007다17123,17130 판결 등.

32 대법원 2008. 4. 11. 선고 2007다89722 판결, 대법원 2010. 11. 11. 선고 2010다26769 판결 등.

Ⅶ. 기타 영업양도 관련 쟁송

1. 해고무효확인의 소 등

가. 당사자

원고는 근로자, 피고는 양도인 또는 양수인이 된다.

나. 청구취지

1. 피고가 2020. 5. 27. 원고에 대하여 한 해고는 무효임을 확인한다.
2. 소송비용은 피고가 부담한다.
라는 판결을 구합니다.

다. 청구원인

피고가 양도인의 영업을 양수한 사실과, 피고가 원고와 양도인 사이의 근로관계를 승계하지 않기로 한 사실 등이 요건사실이다. 근로관계의 승계는 '영업양도'를 전제로 하고, 단순한 영업용 재산의 양도에는 근로관계가 승계되지 않는다.

피고는 해고에 근로기준법 제27조 제1항의 '정당한 이유'가 있다는 사실을 항변할 수 있다. 다만, 영업양도 그 자체만을 사유로 삼아 근로자를 해고하는 것은 정당한 이유에 해당한다고 볼 수 없다.

위와 같이 근로자가 양수인을 상대로 근로자지위확인(또는 해고무효확인) 또는 임금지급 등을 구하는 경우가 있고, 양도인을 상대로 해고무효확인(또는 근로자지위확인) 또는 퇴직금지급청구 등을 하는 경우도 있다. 이 경우 양도인은 근로자가 승계에 (묵시적으로) 동의하였다거나, 근로자가 영업양도를 안 날로부터 상당한 기간 내에 승계를 반대하는 의사를 표시하지 않아 더 이상 승계를 다툴 수 없게 되었다는 사실을 항변할 수 있다(대법원 2012. 5. 10. 2011다45217 판결).

2. 경업금지등청구의 소

가. 당사자

원고는 양수인, 피고는 양도인이 된다.

나. 청구취지

(소송의 경우)

1. 피고는 용인시 지역에서 2030. 5. 27.까지 미용실 영업을 하여서는 아니 된다.
2. 피고는 용인시 수지구 죽전동에서 경영하는 유성미용실의 영업을 폐지하라.
3. 피고는 원고에게 30,000,000원 및 이에 대하여 이 사건 소장 송달 다음날부터 다 갚는 날까지 연 15%의 비율에 의한 금원을 지급하라.
4. 소송비용은 피고가 부담한다.
5. 제3항은 가집행할 수 있다.

라는 판결을 구합니다.

(경업금지가처분의 경우)[33]

1. 피신청인은 신청인과 피신청인 사이의 이 법원 2020가합1234호 경업금지청구사건의 본안판결확정에 이르기까지 대전광역시 지역에서 어학원 영업을 하여서는 아니된다.
2. 피신청인은 제3자에게 유성어학원 영업권을 임대 · 양도하여서는 아니된다.
3. 피신청인이 위 명령을 위반하는 경우 신청인에게 각 위반행위 1일당 50만 원씩을 지급하라.
4. 집행관은 위 명령의 취지를 적당한 방법으로 공시하여야 한다.
5. 신청비용은 피신청인들이 부담한다.

라는 재판을 구합니다.

다. 청구원인

영업을 양도한 사실과 양도인이 경업을 하는 사실(동일 또는 인접지역에서 동종영업을 하는 사실)이 요건사실이 된다.(제41조 제1항).[34] '동종영업'이란, '동일영업' 보다 넓게 양도한 영업과 경쟁관계 · 대체관계가 있는 영업까지 포함한다.[35]

---

33 법원이 담보를 조건으로 가처분신청을 인용하는 경우도 있다. 이 경우 주문은, "신청인이 피신청인을 위한 보증으로 금1억원을 공탁하거나 같은 금액을 보험금액으로 하는 지급보증위탁계약 체결문서를 제출하는 것을 조건으로,"와 같이 시작된다.

34 대법원 2015. 9. 10. 선고 2014다80440 판결(경업금지지역으로서의 동일 지역 또는 인접 지역은 양도된 물적 설비가 있던 지역을 기준으로 정할 것이 아니라 영업양도인의 통상적인 영업활동이 이루어지던 지역을 기준으로 정하여야 한다. 이때 통상적인 영업활동인지 여부는 해당 영업의 내용, 규모, 방식, 범위 등 여러 사정을 종합적으로 고려하여 판단하여야 한다). 위 판결은, 영업양도 당시 영업설비는 특정 군에 있었지만 그 영업은 가공한 제품을 전국적으로 유통 · 판매하는 것까지 목적으로 하고 있으므로 그 영업 지역을 해당 군과 인접 군에 한정되는 것으로 볼 수는 없다고 하였다.

35 위 대법원 2014다80440 판결(제41조 제1항에서 말하는 경업이 금지되는 대상으로서의 동종 영업은 영업의 내용, 규모, 방식, 범위 등 여러 사정을 종합적으로 고려하여 볼 때 양도된 영업과 경쟁관계가 발생할 수 있는 영업을 의미한다).

당사자들은 경업금지지역과 경업금지기간을 정할 수 있지만, 동일 및 인접 지역보다 넓혀서 약정할 수 없고, 또 20년을 초과하는 경업금지기간을 정할 수 없다(제41조 제2항). 양도인의 영업의 자유를 과도하게 침해하지 않도록 조화롭게 정할 필요가 있기 때문이다.

양도인이 타인의 명의를 빌어 동일한 영업을 하거나 이를 다시 제3자에게 양도 또는 임대하는 것도 금지된다. 다만, 경업금지의무는 특정승계로 이전된다고 볼 수 없으므로, 영업양수인은 그 제3자에게 직접 경업금지를 주장할 수는 없고, 양도인에게 경업금지의무위반상태를 해소할 것을 청구할 수 있을 뿐이다.[36]

개인상인이 영업양도 후 회사를 설립하거나, 회사가 영업을 양도한 후 그 지배주주가 경업을 하는 방법으로 경업금지의무를 회피하는 것도 허용되지 않는다.[37] 경업금지의무는 상속인에게 포괄승계되지 않지만, 합병의 경우에는 존속하는 법인에 승계된다고 본다.

양도인이 경업금지의무를 위반하여 경업을 하면, 양수인은 손해배상청구, 영업폐지(정지)청구, 영업양도계약의 해제 등을 할 수 있을 것이다. 다만, 상업사용인의 경업의 경우와 같은 개입권(제17조 제2항)은 인정되지 않는다.

보다 신속하고 실효성 있는 구제를 위하여 영업금지가처분 또는 영업폐지(정지)가처분을 신청할 필요가 있다.

---

36 대법원 1996. 12. 23. 선고 96다37985 판결(경업금지의무는 스스로 동종 영업을 하거나 제3자를 내세워 동종 영업을 하는 것을 금하는 것을 내용으로 하므로, 영업양도인이 그 부작위의무에 위반하여 영업을 창출한 경우 영업양도인 본인의 영업 금지 외에 제3자에 대한 영업의 임대, 양도 기타 처분을 금지하는 것도 가능하다. 다만 이러한 가처분명령에 의하여 영업양도인의 제3자에 대한 임대, 양도 등 처분행위의 사법상 효력이 부인되는 것은 아니고, 영업양도인이 그 의무위반에 대한 제재를 받는 것에 불과하다).

37 대법원 2005. 4. 7. 자 2003마473 결정(경업금지약정 체결 후 타인이 대표이사로 있는 회사를 실질적으로 지배하는 형식으로 동종 영업을 운영하였다면 이는 경업금지약정을 위반한 것이다).

기업법실무강의 III(회사소송)

[보론]

어음소송

[보론]

어음소송

Ⅰ. 개요

1. 당사자

어음금청구소송에 있어서 원고는 어음의 적법한 소지인이 되고, 피고는 어음상에 어음행위를 한 발행인, 인수인, 지급인, 보증인, 배서인 등의 어음채무자들이다.

2. 청구취지

1. 피고는 원고에게 200,000,000원 및 이에 대하여 2020. 2. 13.부터 2020. 4.

13.까지는 연 6%의, 그 다음날부터 다 갚는 날까지는 연 15%의 각 비율로 계산한 돈을 지급하라.

2. 소송비용은 피고가 부담한다.

3. 제1항은 가집행할 수 있다.

라는 판결을 구합니다.

II. 주채무자에 대한 청구의 요건사실

1. 개요

어음소송은 주로 발행인, 인수인, 배서인, 무권대리인, 보증인 등에 대한 어음금지급청구로써 어음상의 권리를 실현하기 위하여 제기하는 소를 말한다.[1]

어음소지인(원고)이 어음금을 받을 수 있는 어음상의 권리에는, ① 주채무자(인수인 또는 발행인)에게 어음금의 지급을 청구할 수 있는 권리(어음금지급청구권)와, ② 주채무자가 어음금을 지급하지 않은 경우, 소지인 이전의 어음행위자에게 어음법 제48조의 금액의 지급을 청구할 수 있는 권리(상환청구권) 등이 있다.

주채무자(피고)에게 어음금을 청구하는 어음소지인(원고)은, ① 어음상 권리의 취득, ② 피고의 어음행위(발행 등), ③ 어음의 소지 등의 사실을 주장·입증해야 한다.

상환의무자에 대한 상환청구의 요건사실은, 앞의 ①, ②, ③의 요건사실에

1 어음관련 소송으로는 그 외에도 이득상환청구권, 어음반환청구권 등 어음법상의 권리를 실현하기 위한 소송이 있다.

더하여, ④ 지급제시기간 내의 적법한 지급제시와 지급거절(실질적 요건), ⑤ 지급거절증서의 작성 또는 작성면제의 특약(형식적 요건) 등의 사실도 주장 · 입증해야 한다.[2]

2. 어음의 소지

어음의 소지도 요건사실이다(제시증권성, 상환증권성, 어음법 제38조, 제39조). 채권자임을 확실하게 알 수 있고, 이중지급위험을 피하려는 목적에서다. 어음의 소지에 대한 입증은 당사자가 변론기일에 어음을 증거로 제출하고 상대방이 이를 확인하고 인정하면 된다.[3]

3. 피고의 어음행위

가. 어음행위의 성립요건

원고는 피고가 발행이나 인수 등의 어음행위를 한 사실을 증명해야 한다. 즉, 어음요건의 기재, 피고가 어음행위에 따른 기명날인 또는 서명을 한 사실, 어음을 교부한 사실 등을 주장 · 입증해야 한다.

어음행위는 기명날인 또는 서명을 불가결의 요건으로 하는 요식(要式)의 법률행위이고, 어음행위의 효과로 어음채무가 발생한다. 즉, 어음에 유효하게 어음행위(발행, 배서, 보증)를 한 자가 어음채무를 부담하게 된다. 어음행위의 종류는, 발행, 배서, 보증 등이 있고, 환어음에는 인수와 참가인수가, 수

2 실제로는 거절증서의 작성이 면제되는 경우가 많은데, 이 경우 위 ⑤의 요건은 쉽게 입증이 되고, ④의 요건도 추정되므로, 결국 사실상 피고측이 입증의 부담을 갖게 된다.

3 대법원 2001. 6. 1. 선고 99다60948 판결(어떤 이유로든 이미 채무자가 점유하는 경우는 상환이행의 항변을 하지 못한다), 대법원 1991. 12. 24. 선고 90다카28405 판결(설사 다른 사건의 쟁송에서 위 어음이 증거로 현출된 바 있다 하여도 당사자가 위 어음의 소지를 잃은 것이라고 할 수 없다).

표에는 지급보증이 고유한 어음·수표행위가 된다.

어음행위가 성립하려면, ① 어음에 어음요건이 기재되고, 어음행위자의 기명날인 또는 서명이 있어야 하며("형식적 요건"), ② 법률행위의 유효요건, 즉, 어음행위자의 능력, 어음행위의 목적의 확정·가능·적법·사회적 타당성, 의사표시에 있어서 의사와 표시가 일치하고 하자가 없을 것 등이 요구된다("실질적 요건"). 마지막으로, ③ 어음이 상대방에게 교부되어야 하는지에 대한 논의가 있다("어음이론").

나. 어음요건

어음행위는 그 종류에 따라 법정의 기재사항("어음요건")이 기재되고, 어음행위자의 기명날인 또는 서명이 있어야 한다. 예를 들면, '발행'이라는 어음행위를 위해서는 일정한 어음요건이 기재되어야 한다(어음법 제1조, 제75조).

어음요건이 기재되지 않으면 어음 자체가 무효가 되지만, 만기, 지급지, 발행지 등에 대해서는 보충규정이 있다(동법 제2조, 제76조). 예를 들면, 만기의 기재가 없으면 일람출급어음으로 본다. 다만, 추후 보충시킬 의사로 어음요건을 기재하지 않은 경우에는 백지어음으로 보아야 하므로 보충규정이 적용되지 않는다. 대법원은 지급기일을 공란으로 하여 약속어음이 발행된 경우 이를 만기가 백지인 어음으로 추정한다.[4]

약속어음의 경우(어음법 제76조), 지급지의 기재가 없으면 발행지를 지급지로 본다. 발행지의 기재가 없으면 발행인의 명칭에 부기(附記)한 지(地)에서 발행한 것으로 본다. 그리고 그 보충된 발행지를 지급지로 본다. 발행지와

4 대법원 1976. 3. 9. 선고 75다984 판결(지급기일을 공란으로 하여 약속어음을 발행한 경우에는 특별한 사정이 없는 한 그 어음은 일람출급의 어음으로 볼 것이 아니라 백지어음으로 보아야 할 것이고, 이와 같은 백지어음을 교부한 때에는 후일 그 소지인으로 하여금 임의로 그 지급기일의 기재를 보충시킬 의사로서 교부한 것이라고 추정함이 옳다).

지급지가 모두 없으면 지급장소로 지급지를 보충할 수 있다(대법원 2001. 11. 30. 선고 2000다7387 판결). 국내어음(수표)의 경우 어음(수표)면상 발행지(와 발행인의 명칭에 부기한 지)의 기재가 없는 경우라고 할지라도 이를 무효의 어음(수표)로 볼 수는 없다.[5]

다. 기명날인 또는 서명

기명(記名)은 반드시 어음행위자의 실명과 일치해야 하는 것은 아니고,[6] 예명, 아호(雅號), 별칭 등 거래자 사이에 자기를 표시하는 명칭이면 무방하다.[7] 날인(捺印)은 무인(拇印) 또는 지장(指章)으로 갈음할 수 없다. 서명(書名)이란 자필로 성명을 기재하는 것을 말하고, 서명자의 성명을 식별할 수 없는 싸인(signature)은 서명이라고 할 수 없다.[8]

법인의 경우 대표자가 대표자격을 표시하고 자신의 기명날인 또는 서명을 하여야 한다. 즉, ① 법인의 표시, ② 대표기관의 표시, ③ 대표자의 기명날인 또는 서명의 방식으로 한다. 법인을 표시하지 않고 단순히 대표자의 기명만 있다면 설사 대표이사의 직인을 찍었고 거기에 법인의 이름이 나와 있더라도

---

5 대법원 1998. 4. 23. 선고 95다36466 전원합의체 판결(약속어음금)과 대법원 1999. 8. 19. 선고 99다23383 전원합의체 판결(수표금)은, 어음(수표)면의 기재 자체로 보아 국내어음(수표)으로 인정되는 경우에 있어서는 발행지의 기재는 별다른 의미가 없는 것이고, 발행지의 기재가 없는 어음(수표)도 완전한 어음(수표)과 마찬가지로 유통 · 결제되고 있는 거래의 실정 등에 비추어, 그 어음(수표)면상 발행지의 기재가 없는 경우라고 할지라도 이를 무효의 어음(수표)로 볼 수는 없다고 하였다.

6 대법원 1969. 7. 22. 선고 69다742 판결은 본명이 '정창균'인데 '정창규'라고 기명하고 '창균'이라는 도장을 찍은 경우에도 유효한 기명날인으로 인정하였다.

7 날인에 의한 인영(印影)상의 문자가 기명과 일치하지 않아도 그 인영이 어음행위자의 진정한 의사에 기하여 이루어지면 유효한 날인으로 볼 수 있는지 문제된다. 대법원 1978. 2. 8. 선고 77다2489 판결은 '황택임'이라는 기명 옆에 '서상길'이라는 인장을 찍은 것을 황택임의 적법한 기명날인으로 인정하였다. 학설은 거래상 동일성이 인정되는 것을 전제로 이를 긍정하는 견해와 거래상 동일성의 인정 여부에 불문하고 긍정하는 견해로 나뉘어져 있다.

8 기명은 자필이 아닌 타자, 인쇄 또는 복사, 고무인도 무방하나, 날인이나 서명은 인쇄 또는 복사하여 사용할 수 없다.

이를 법인의 어음행위로 볼 수 없고 대표자 개인의 어음행위로 보아야 한다.[9] 그리고 단순히 법인의 명칭만을 기재하고 대표자격이나 대표자 기명이 없이 법인 인감만을 날인한 것은 법인의 유효한 어음행위로 볼 수 없다.[10]

나아가 법인의 명칭을 기재하였으나 대표자격의 표시 없이 대표자의 기명을 한 후 그의 개인 인장을 찍었다면 어음의 문언증권성으로 보아 원칙적으로 대표이사 개인의 어음행위로 보아야 할 것이다.[11] 다만, 개인 인장이 아닌 대표자격이 표시된 법인 인감을 날인하는 등 대표자격을 인식할 수 있는 경우에는 적법한 기명날인으로 본다.[12]

라. 대리인에 의한 어음행위

회사의 어음행위는 대표이사에 의하여 이루어지는데, 회사의 명칭을 기재하고 대표이사의 자격을 표시한 다음 대표이사가 기명날인 또는 서명하여야 한다. 즉, "한국주식회사 대표이사 홍길동"이라고 기재하고 홍길동의 인장을 날인하거나 서명하여야 한다. 대표이사의 대표권의 존재도 요건사실이 되는 것은 물론이다.

어음행위가 대리인에 의하여 행해진 경우에는 원고인 어음소지인이 대리인 등에 의하여 본인의 어음행위가 적법하게 성립한 사실을 주장・입증해야

---

9 대법원 1979. 3. 27. 선고 78다2477 판결(약속어음의 발행인 명의가 단순히 '홍경민'으로만 되어 있다면 날인된 인영이 회사의 대표이사 직인이라 할지라도 그 어음은 회사를 대표하여 발행한 것이라고 볼 수 없다).

10 대법원 1964. 10. 31. 선고 63다1168 판결('국민은행 중부지점'이라고 기재하고 대표자의 기명날인 없이 회사인만 압날한 경우 이를 국민은행의 배서로 볼 수 없다). 이 경우에는 대표자의 기명도 없어서 대표자 개인의 어음행위로 보기도 어렵다.

11 "A주식회사 甲"이라고만 기재하고 甲의 개인 인장이 날인되었다면 원칙적으로 대표이사 개인의 어음행위로 본다(대법원 1959. 8. 27. 선고 4291민상287 판결).

12 대법원 1994. 10. 11. 선고 94다24626 판결("A주식회사 甲"이라고만 기재하고 그 옆에 "A주식회사 대표이사"라고 조각된 인장을 날인한 경우 회사의 어음행위로 본 사례), 대법원 1969. 9. 23. 선고 69다930 판결("A주식회사 홍길동"이라고 표시하고 "대표이사 홍길동인"이라고 된 A회사의 대표이사 직인을 날인하였다면 A회사의 어음행위로 성립된다고 본 사례).

한다.[13] 즉, ① 대리인이 본인인 피고를 위한 것임을 표시하고 대리인의 이름을 기명날인 또는 서명한 사실,[14] ② 피고가 대리인에게 당해 어음행위에 관한 대리권을 수여한 사실을 원고가 주장 · 입증해야 한다.

따라서 대리권의 존재는 권리발생사실(청구원인사실)이다. 피고(본인)가 대리권의 존재를 부정하는 경우, 이는 부인(否認)에 해당하고, 원고(어음소지인)가 대리권의 존재를 주장 · 입증해야 한다.

대리권 수여사실의 입증이 어려운 경우에는 표현대리의 요건사실을 주장 · 입증할 수도 있고, 피고가 무권대리인의 어음행위를 추인한 사실을 주장 · 입증할 수도 있다. 원고가 단지 '유권대리'에 관한 주장만을 하였을 경우에는, 그 주장에 표현대리의 주장이 포함되어 있다고 볼 수 없다.[15]

어음소지인이 대리인의 대리권을 입증하지 못한 경우에는, 본인의 어음행위로서 성립할 수 없다. 이 경우 어음소지인은, 무권대리인이 어음행위를 한 사실을 주장 · 입증하여 무권대리인에게 어음금을 청구할 수 있다(어음법 제8조). 이에 대하여 피고(무권대리인)는 대리권이 존재하였다는 사실을 입증하여 항변할 수 있다.[16]

---

13 대리권이 있다는 점에 대한 입증책임은 그 효과를 주장하는 자에게 있다(대법원 1994. 2. 22. 선고 93다42047 판결, 대법원 2008. 9. 25. 선고 2008다42195 판결 등).

14 대리자격의 표시는 본인을 위해 어음행위를 한다는 뜻을 인식할 수 있으면 족하므로 "A주식회사의 이사 甲"과 같은 형식도 대리표시로서 유효하다(대법원 1973. 12. 26. 선고 73다1436 판결).

15 대법원 1983. 12. 13. 선고 83다카1489 전원합의체 판결(유권대리에 있어서는 본인이 대리인에게 수여한 대리권의 효력에 의하여 법률효과가 발생하는 반면, 표현대리에 있어서는 대리권이 없음에도 불구하고 법률이 특히 거래상대방 보호와 거래안전유지를 위하여 본래 무효인 무권대리행위의 효과를 본인에게 미치게 한 것으로서, 표현대리가 성립된다고 하여 무권대리의 성질이 유권대리로 전환되는 것은 아니므로, 양자의 구성요건 해당사실, 즉 주요사실은 다르다고 볼 수밖에 없으니 유권대리에 관한 주장 속에 무권대리에 속하는 표현대리의 주장이 포함되어 있다고 볼 수 없다).

16 어음소지인이 표현대리를 주장하지 않고 무권대리인에게 책임을 묻는 경우, 무권대리인은 표현대리의 요건이 충족된다는 점을 항변할 수 있는가? 이를 긍정하는 견해가 많다.

마. 어음행위의 위조

어음행위에 관한 본인의 기명날인이 대행의 방식으로 이루어진 경우에도 대리의 경우와 동일하게 취급하면 된다. 즉, 어음행위가 대행자에 의하여 적법하게 성립한 사실은 원고가 주장 · 입증해야 한다. 피고가 무권한자에 의한 대행, 즉 자신의 기명날인이 위조되었음을 주장하는 경우, 이는 부인(否認)에 해당하고, 원고가 그 기명날인의 진정성립을 증명해야 한다.[17]

이 경우 원고는 어음을 서증으로 제출하고, ① 어음에 나타난 인영(印影)이 피고의 것이라는 점을 입증하면, 그 인영이 피고의 의사에 기하여 날인(捺印)된 것으로 사실상 추정된다. ② 날인의 진정이 추정되면, 그 어음행위의 진정성립도 추정된다(법률상 추정, 민사소송법 제358조). 이에 대하여 피고는 특단의 사정(타인에 의하여 날인이 이루어진 사실 등)을 입증하여 위 ①의 추정을 깨야 한다. ①의 추정이 깨지면, 원고는 다시 실제 날인한 자가 적법한 대행권한을 가지고 있었다는 사실을 입증해야 한다.[18]

위조(무권대행) 또는 무권대리의 경우, 본인(피위조자)은 어음행위를 한 바 없으므로 원칙적으로 어음상의 책임을 지지 않는다(물적항변사유). 다만, ① 추인을 한 경우, ② 민법 또는 상법상의 표현책임이 성립한 경우에는 어음채무를 부담할 수 있다. 그리고 ③ 위조자나 무권대리인이 피용자일 경우 피위조자나 본인에게 사용자책임이 성립할 수도 있다.

대법원은 위조의 경우에도 민법상의 표현대리 규정을 유추적용하여 본인

---

17 대법원 1993. 8. 24. 선고 93다4151 전원합의체 판결(어음에 어음채무자로 기재되어 있는 사람이 자신의 기명날인이 위조된 것이라고 주장하는 경우에는 그 사람에 대하여 어음채무의 이행을 청구하는 어음소지인이 그 기명날인이 진정한 것임을 증명해야 한다).

18 대법원 2003. 2. 11. 선고 2002다59122 판결(사문서에 날인된 작성 명의인의 인영이 그의 인장에 의하여 현출된 것이라면, 특단의 사정이 없는 한 그 인영의 진정성립, 즉 날인행위가 작성 명의인의 의사에 기한 것임이 추정되고, 일단 인영의 진정성립이 추정되면 민사소송법 제358조에 의하여 그 문서 전체의 진정성립이 추정된다. 인영의 진정성립, 즉 날인행위가 작성 명의인의 의사에 기한 것이라는 추정은 사실상의 추정이므로, 인영의 진정성립을 다투는 자가 반증을 들어 인영의 날인행위가 작성 명의인의 의사에 기한 것임에 관하여 법원으로 하여금 의심을 품게할 수 있는 사정을 입증하면 그 진정성립의 추정은 깨어진다).

에게 책임을 물을 수 있다고 보았다(대법원 2000. 3. 23. 선고 99다50385 판결). 다만, 민법상 표현대리의 성립여부의 기준이 되는 상대방을 어음행위의 직접상대방으로 한정하였다(제한설).[19] 이에 대하여 어음행위의 유통성을 확보하기 위하여 제3취득자도 포함된다고 보는 견해도 많다(확장설).[20]

위 제한설에 따를 경우, '선의'나 '정당한 사유' 등의 요건은 어음행위의 직접상대방을 기준으로 판단한다. 직접상대방이 요건을 못 갖춘 경우 제3취득자에게 '정당한 사유'가 있어도 본인은 책임을 지지 않는다. 다만, 일단 직접상대방에 대해 표현대리가 성립하면, 그 후의 취득자가 악의이더라도 본인은 책임을 진다.

표현책임의 요건사실로서, 표현책임 성립의 근거가 되는 '외관의 존재'와 '외관의 부여' 사실은 어음소지인(원고)이 입증해야 한다. '상대방의 신뢰'에 대한 입증책임은 피고에게 있다. 예를 들면, 상법 제395조이 책임에 있어서, 어음채무자(피고)가 상대방 또는 어음소지인(원고)의 악의 또는 중과실을 증명해야 한다(통설과 판례).[21]

사용자책임은 불법행위책임으로서, 그 손해액은 실제로 출연한 금액을 기준으로 하고, 과실상계가 가능하며,[22] 어음의 지급제시가 필요하지 않다.[23]

---

19 대법원 1999. 12. 24. 선고 99다13201 판결(민법 제126조의 표현대리 규정을 유추적용할 때 그 규정의 적용을 주장할 수 있는 자는 직접 상대방에 한하고, 제3취득자는 직접상대방에 대한 표현대리의 성립을 원용할 수 있을 뿐이다).

20 표현대표이사(제395조)나 지배권의 내부적 제한을 넘는 행위(제11조 제3항)는 상대방이 선의이고 중과실이 없을 때에만 보호될 수 있는데(통설 · 판례), 우리 대법원은 이때의 상대방은 직접 상대방에 한하지 않고 그 후의 어음취득자를 포함한다고 본다. 대법원 2003. 9. 26. 선고 2002다65073 판결(표현대표이사에 관하여 어음의 제3취득자 포함한 사례), 대법원 1997. 8. 26. 선고 96다36753 판결(지배인의 대리권의 내부적 제한에 관하여 어음의 제3취득자 포함한 사례).

21 대법원 1968. 6. 18. 선고 68다694 판결은, 민법 제126조에 의한 표현대리 행위로 인정된다는 점의 주장 및 증명책임은 그것을 유효하다고 주장하는 자에게 있다고 하였다. 이 판결을 근거로 '정당한 이유'에 대한 증명책임은 상대방이 부담한다고 해석하는 견해가 많지만, 민법상의 표현대리의 증명책임의 소재에 대해서는 견해가 분분하다.

22 이와 달리 표현책임이 성립되는 경우에는 어음금액을 청구할 수 있고, 과실상계가 인정되지 않는다. 대법원 1996. 7. 12. 선고 95다49554 판결(표현대리 행위가 성립하는 경우에 그 본인은 표현대리 행위에 의하여 전적인 책임을 져야 하고, 상대방에게 과실이 있다고 하더라도 과실상계의 법리를 유추 적용하여 본인의 책임을 경감할 수 없다).

23 대법원 1994. 11. 8. 선고 93다21514 판결은, 어음소지인이 적법한 지급제시기간 내에 지급제시

한편, 어음소지인이 위조자의 권한을 증명하지 못한 경우에는 원칙적으로 피위조자의 어음행위로서 성립할 수 없는데, 이 경우 어음소지인은 어음법 제8조를 유추적용하여 위조자에게 어음금을 청구할 수 있다고 본다. 이에 대하여, 위조자의 기명날인 또는 서명이 어음면상에 나타나지 않는다는 이유로 반대하는 견해도 있다.[24]

바. 어음의 변조

어음의 변조란, 기명날인 또는 서명 이외의 어음요건을 권한 없이 변경하는 것을 말한다. 변조로 인하여 어음행위의 내용이 변경되고, 또 그 이후에도 어음행위가 이루어질 수 있으므로 변조가 이들 어음행위에 어떤 영향을 미치는지 문제된다.

어음법에 따르면, 변조 전의 어음행위자는 원래의 문구에 따라 책임을 지고, 변조 후의 어음행위자는 변조된 문구에 따라 책임을 진다(동법 제69조). 무권대리인의 책임에 관한 어음법 제8조를 유추적용하여 변조자의 책임도 인정하는 견해가 많다.

변조의 증명책임에 대해서는, '부인설'(변조된 문구대로 어음행위를 하였다는 사실, 즉 변조되지 않았다거나 변조 후에 기명날인 또는 서명하였다는 사실은 어음소지인이 증명해야 한다는 견해)과, '구별설'(변조사실이 문면상 명백한 경우에는 어음소지인이, 명백하지 않은 경우에는 어음채무자가 증명책임을 진다는 견해)이 있다.

를 하지 않아 상환청구권 보전 절차를 밟지 않았더라도 배서위조에 대한 사용자 책임을 면할 수 없으며, 이때 손해는 현실적으로 출연한 금액(예를 들면, 할인금)일 뿐 어음금 상당액이 아니라고 보았다. 그리고 원고(소지인)의 과실을 참작하여 과실상계를 하는 것이 가능하며, 과실상계의 여부나 정도는 사실심의 전권사항이다.

24 무권대리인이나 위조자는 법인인 본인보다 자력이 약한 경우가 많아 어음소지인은 통상 법인인 본인 또는 피위조자에게 책임을 묻고자 할 것이다.

변조되었다는 주장은 어음행위가 그 문구대로 적법하게 이루어졌다는 주장에 대한 '부인'에 해당하므로, 원고(어음소지인)가 증명책임을 진다는 '부인설'이 타당하다. 변조사실이 문면상 분명하지 않은 경우에는 기재사항의 변경이 없었던 것으로 '사실상 추정'될 것이므로, 이때에는 피고인 어음행위자가 그 추정을 깨기 위한 반증을 대야 할 입증의 부담을 진다. 이렇게 보면 구별설과 사실상 차이가 없으므로 굳이 증명책임의 원칙을 깨면서까지 구별설을 취할 이유는 없다(사견).[25]

사. 어음의 교부(어음이론)

어음행위가 성립하고 어음채무가 발생하는 데에 어음의 교부가 필요한지 문제된다. 예를 들면, 발행인이 어음요건을 기재하고 기명날인 또는 서명하여 두었는데, 그 어음이 그의 의사에 기하지 않고 유통된 경우에, 그는 어음소지인에 대하여 발행인으로서 어음상의 책임을 지는지의 문제이다.

'창조설'은 어음행위를 상대방 없는 단독행위로 보아 어음의 작성만으로도 어음책임을 진다고 본다. '발행설'도 단독행위로 보지만, 증권의 작성과 함께 적어도 자신의 의사에 기한 점유이전이 필요하다고 본다. 따라서 도난이나 분실로 유통된 경우에는 어음책임을 인정하지 않는다. 이에 비하여 '교부계약설'은 어음행위를 계약으로 보고, 증권의 작성과 함께 교부계약이 있어야 하므로 상대방의 수령의사와 수령능력이 있어야 한다고 본다.

우리나라에는 발행설과 교부계약설의 견해가 많은데, 거의 예외없이 '권리외관설'을 함께 받아들이고 있다. 즉, 본인의 의사에 기하지 않거나 교부계약 없이 유통되었더라도, 소지인이 선의이며 중과실이 없이 어음을 취득하였다면, 어음의 작성으로 어음채무를 부담하는 외관을 만든 책임을 져야 한다는

25 대법원 판결들의 입장은 분명하지 않지만, 부인설의 입장으로도 파악될 수 있다.

것이다.[26]

사견으로는, 어음의 교부가 없더라도 어음행위 자체만으로도 어음채무를 발생시키는 충분한 요건이 된다고 본다. 다만 어음상 권리의 이전에는 어음의 교부가 필요하다. 즉, 어음채무의 성립은 창조설의 설명으로 충분하고, 어음상 권리의 이전에는 교부계약이 필요하다고 보는 것이 타당하다("수정창조설"). 그리고 교부계약이 흠결되었더라도 어음소지인은 어음을 선의취득함으로써 어음상의 권리를 원시취득할 수 있다(어음법 제16조 제2항).[27]

아. 어음채무의 독립성

동일한 어음상에 행해지는 각 어음행위는 그 전제가 되는 어음 행위가 무효가 되더라도 그 효력에 영향을 받지 않는다(어음법 제7조). 다만, 어음요건이 흠결되는 등의 형식적 하자로 인하여 무효가 되는 경우에는 그렇지 않다.

그 결과 각 어음채무자는 선행하는 어음행위의 효력과는 무관하게 어음상의 채무를 부담하게 되므로 어음의 유통성이 보호될 수 있다. 예를 들면, 발행인의 서명이 위조되었더라도, 그 어음에 배서한 배서인은 어음소지인에 대하여 어음채무를 부담한다.

---

26 대법원 1999. 11. 26. 선고 99다34307 판결은, 발행인으로서 어음을 작성해 두었는데 의사에 기하지 않고 유통되었던 사안에서, 배서가 연속된 어음의 외관을 신뢰하고 취득한 소지인에 대해서는 악의 또는 중과실에 의한 취득을 입증하지 못하는 한 발행인으로서의 책임이 있다고 인정하였는데, 이 판결이 권리외관설을 받아들인 대표적인 것으로 인용되고 있다.

27 위 대법원 99다34307 판결은 권리외관설에 근거한 것이 아니라 어음법 제16조 제2항(선의취득)에 근거하여 판단하고 있는 점에 주목할 필요가 있다.

4. 어음상권리의 취득

가. 승계취득

원고는 어음금 청구의 요건사실로서 어음상 권리가 자신에게 귀속된 사실을 증명해야 한다. 이는 자신에 이르기까지 배서 등에 의하여 실질적인 권리이전이 있었음을 증명하는 방법으로써 할 수 있다. 어음상 권리의 이전은 배서 이외에도 단순한 교부 또는 지명채권양도의 방식으로 이루어질 수도 있다. 예를 들면, 수취인란이 백지로 된 어음이나 기명식 또는 지시식으로 발행되었으나 최후의 배서가 백지식 또는 소지인출급식으로 배서된 어음은 교부로써 양도될 수 있다. 지명채권양도의 방식으로 이전되려면 대항요건(민법 제450조)과 어음의 인도가 필요하다.

어음이 여러 번 이전된 경우 위와 같이 실질적인 권리이전을 모두 입증하는 것은 매우 번거롭고 어려울 것이다. 따라서 '형식상 배서의 연속'을 증명하면 적법한 소지자로 추정될 수 있으므로(어음법 제16조 제1항), 어음의 배서의 형식적 연속을 증명하는 방법이 더 편리할 것이다. 이는 법률상 추정이므로 피고가 이러한 추정을 번복하려면 원고에게 권리취득원인사실이 없거나 소멸하였다는 사실을 주장 · 입증해야 한다.

배서가 연속된 사실은 어음소지인인 원고에게 증명책임이 있으며, 어음의 외관상 연속되어 있으면 족하고 중간에 위조의 배서 또는 허무인의 배서가 있어도 연속이 흠결되는 것은 아니다. 즉, 어음에 있어서의 배서의 연속은 "형식상 존재함으로써 족하고 또 형식상 존재함을 요한다"(대법원 1995. 9. 15. 선고 95다7024 판결).

만일 형식상 배서의 연속이 끊어진 경우에는 원고가 그 끊어진 부분의 실질적 권리이전을 증명하여야 한다. 나머지 배서가 연속된 부분은 계속 권리

귀속추정의 효력이 인정된다(가교설).[28]

나. 선의취득

피고가 원고인 어음소지인이 적법한 권리자가 아니라는 사실(연속된 배서 중 무권리자에 의한 무효의 배서가 있다는 사실 등)을 증명하면 원고는 어음상 권리를 승계취득할 수 없다. 다만, 어음을 선의취득할 수 있는데(어음법 제16조 제2항), 이를 위해서는, ① 배서 등 어음법적 유통방법에 의하여 어음을 취득한 사실, ② 양도인에게 배서의 연속에 의한 권리외관이 있는 사실 등을 원고가 주장 · 입증해야 한다. ③ 취득자에게 악의 또는 중과실이 있었다는 주장은 항변사유이므로 피고가 주장 · 입증해야 한다.

어음의 선의취득으로 인하여 치유되는 하자의 범위는, 양도인이 무권리자인 경우뿐만 아니라 대리권의 흠결이나 하자의 경우도 포함된다(대법원 1995. 2. 10. 선고 94다55217 판결 등). 배서의 형식적인 연속이 끊어진 경우 어음소지인은 배서가 끊어진 부분의 실질적인 권리이전을 주장 · 입증하면 족하고, 나머지 배서가 연속된 부분은 적법한 권리이전에 관한 추정의 효력이 인정된다(가교설).

선의취득은 원시취득이므로 원고 자신이 위의 요건을 갖추었음을 주장 · 입증하면 충분하고, 자신의 전자까지의 승계취득원인을 주장 · 입증할 필요는 없다. 원고가 자신의 전자 중 1인이 선의취득의 요건을 갖추었음을 입증하

---

28 대법원 1995. 9. 15. 선고 95다7024 판결은, 홍길동이 장길산의 승낙을 얻어 상호를 "한국상사", 대표자를 '장길산'의 명의로 하여 사업자등록을 하고 그 명의를 사용하여 영업을 하면서, 거래처와의 관계에 있어서는 존재하지도 않는 "주식회사 한국상사 회장 홍길동" 또는 "주식회사 한국상사 대표이사 장길산" 등으로 사용하여 왔던 사안이다. 우선 이 사건 약속어음의 배서에 있어, 전 배서의 피배서인 "장길산"과 다음 배서의 배서인 "주식회사 한국상사 대표이사 장길산"의 기재는 형식상 동일성이 인정되지 아니하여 형식상 그 배서의 연속은 없다고 보았다. 다만, 위 배서에서 배서인을 "주식회사 한국상사 대표이사 장길산"이라고 기명 · 날인하여 한 것은 장길산 개인을 표시하는 것이라고 볼 수 있으므로 위 어음의 배서는 개인 명의로 실질적으로 연속하므로 한다고 봄이 상당하므로 위 각 약속어음의 배서는 실질적으로 연속되어 어음소지인이 권리를 행사할 수 있다고 보았다. 가교설의 근거로 거론되는 판결례이다.

였을 때에는, 그 자로부터 자신까지의 승계취득사실을 (배서의 연속 등으로) 증명하면 된다.

5. 이자를 청구하는 경우

확정일출급 어음이나 발행일자 후 정기출급 어음의 이자문구는 무익적 기재사항이고, 일람출급 어음과 일람 후 정기출급 어음에는 이자를 기재할 수 있는데, 이자약정은 이율로 표시해야 한다(어음법 제5조). 이 경우 만기시까지의 이자를 어음금액과 함께 지급받을 수 있다.

만기 이후에는 이자 약정과 관계없이 법정이자(연 6%)를 청구할 수 있다. 법정이자를 청구하는 경우 어음의 적법한 지급제시도 요건사실이 된다. 즉, 법정이자는 지급제시기간 내의 적법한 지급제시를 전제로 만기 당일로부터 발생한다(어음법 제78조 제1항, 제28조 제2항, 제48조 제1항 제2호). 백지가 보충되지 않은 미완성의 백지어음으로 한 지급제시는 유효한 지급제시로 볼 수 없다.

지급제시기간 경과 후에 지급제시를 하면 주채무자에 대하여 그 다음날부터의 지연손해금을 청구할 수 있다.[29]

III. 상환의무자에 대한 청구의 요건사실

배서인 등에 대한 어음금상환청구에서 원고는, ① 피고가 발행, 배서, 보증

29 어음소송을 제기한 경우 별도로 어음을 제시한 바가 없더라도 어음금의 지급을 구하는 소장부본이 송달된 때에 지급제시의 효과가 발생한다(대법원 1970. 7. 24. 선고 70다965 판결 등).

등의 어음행위를 한 사실, ② 어음상 권리가 원고에게 귀속된 사실, ③ 적법한 지급제시와 지급거절 사실(어음법 제43조, 제38조), ④ 지급거절증서의 작성 또는 작성면제의 특약 사실(동법 제44조, 제46조), ⑤ 원고의 어음 소지 사실 등을 요건사실로서 주장 · 입증해야 한다. 즉, 상환의무자에 대해서는 상환청구의 요건으로서 '제시기간 내에 어음을 적법하게 지급제시를 하였으나 지급을 거절당한 사실(실질적 요건)'과 '지급거절증서가 작성되었거나 그 작성이 면제된 사실(형식적 요건)'을 원고가 추가로 주장 · 입증해야 한다.

실질적 요건과 관련하여, 지급이 거절된 사실은 지급거절증서로 증명해야 한다(어음법 제44조 제1항, 제77조 제1항). 다만, 지급거절증서의 작성이 면제된 경우에는 제시기간 내에 지급제시를 한 것으로 추정되므로(동법 제46조 제2항, 제77조 제1항), 원고가 '지급거절증서의 작성면제의 특약이 어음면에 기재된 사실'만 주장 · 입증하면, 피고가 항변으로 제시기간 내에 지급제시가 없었다는 사실을 주장 · 입증해야 한다(대법원 1984. 4. 10. 선고 83다카1411 판결).

형식적 요건과 관련하여, 원고가 지급거절증서작성의 면제를 주장하기 위해서는 발행인 또는 피고로 된 배서인이 이를 면제한 사실을 주장 · 입증해야 한다(어음법 제46조 참조). 실무상 은행도어음의 어음용지에는 지급거절증서 작성면제의 특약이 인쇄되어 있으므로 거절증서가 작성되는 경우는 드물다.[30]

30 '은행도(渡)어음'이란, 특정은행의 어음용지를 사용하여 약정에 따라 그 은행이 어음의 지급담당자로 기재되고 어음금 지급사무를 처리해 주는 어음을 말한다.

Ⅳ. 어음항변

1. 물적항변

어음항변은 어음채무자가 어음소지인의 권리행사에 대하여 그 이행을 거절하기 위하여 제출하는 일체의 사유에 관한 주장을 말한다. 소송법상으로 항변에 해당하는 것뿐만 아니라 부인에 해당하는 것도 포함된다. 무권리의 항변(또는 선의취득의 부정)은 어음채무의 부존재 또는 거절 주장이 아니라 상대방의 적법한 어음상의 권리 취득 사실에 대한 부인이라는 점에서 어음항변과 다르다.

항변이 절단되지 않아 모든 어음채권자에게 선의 · 악의를 불문하고 대항할 수 있는 항변을 '물적 항변'이라고 한다. 어음상 기재된 사항의 항변(어음요건의 흠결, 만기 미도래, 어음면에 기재된 지급 · 상계 · 면제, 시효의 완성, 무담보배서 등)이나 어음행위의 효력에 관한 항변(무능력, 위조 · 변조, 제권판결, 어음금액의 공탁에 의한 어음채무의 소멸, 강행법규위반 등) 등의 항변이 이에 속한다.[31]

2. 인적항변

인적 관계에 기한 항변으로서 어음수수 당사자 사이에서만 주장할 수 있는 항변을 '인적항변'이라고 한다. 인적항변은 원칙적으로 절단되어 직접 거래당사자 외의 자에 대해서는 주장할 수 없으나, '해의'의 사실, 즉 원고가 피고

31 그 중 어음요건의 흠결, 어음의 위조 주장, 어음면상 변개 사실이 명백한 경우의 변조 주장 등은 소송상 부인에 불과하고 항변 사실은 아니다.

를 해할 것을 알고 어음을 취득한 사실까지 주장 · 입증하면 대항할 수 있게 된다(어음법 제17조).

원인관계의 부존재 · 무효(비진의표시, 통정허위표시 등) · 취소(착오, 사기, 강박 등) · 해제 등의 항변, 어음교부 대가의 흠결, 사기 · 강박 등 어음행위를 이루는 의사표시의 하자의 항변, 어음 문면상 나타나지 않는 특약에 기한 항변, 어음에 기재하지 아니한 어음상 권리소멸의 항변 등이 이에 속한다.

대법원은 어음행위에서의 의사표시의 하자(착오 · 사기 · 강박 등)의 항변을 인적항변으로 취급한 바 있다. 대법원 1997. 5. 16. 선고 96다49513 판결에서, 피고는 수취인의 사기에 의하여 어음을 발행하였다는 이유로 소지인인 원고에게 어음발행을 취소하면서 어음금 지급을 거절하였다. 대법원은 취소의 의사표시는 직접상대방이 아닌 소지인에게도 할 수 있지만, 이를 인적항변으로 보아, 피고가 원고의 해의를 입증하지 못하는 한 대항할 수 없다고 하였다.

한편, '해의'는 "인적항변사유를 알고 자기가 어음을 취득함으로써 항변이 절단되어 채무자가 손해를 입게 될 사정이 객관적으로 존재한다는 사실"까지 알아야 인정될 수 있다. 어음 취득시기를 기준으로 판단하고, 피고(어음채무자)가 소지인의 해의를 증명할 책임이 있다. 자신의 전자가 선의인 때에는 전자의 전자에 대한 항변의 존재를 알고 있더라도 이미 전자에 의해서 항변이 절단된 권리를 승계한다(판례).[32]

---

32 대법원 2001. 4. 24. 선고 2001다5272 판결에서는, 피고가 A회사에 발행한 융통어음이 D은행에게 (백지식 배서로) 양도되었는데, 원고는 A회사의 D은행에 대한 채무를 변제하고 D은행으로부터 지급거절증서 작성기간 경과 후에 위 어음을 취득하였다. 원고가 피고에게 어음금을 청구하자, 피고는 ① 위 어음은 A회사에 융통어음으로 발행한 것이고 그와 교환으로 발행된 담보어음이 지급거절되었다는 사정, 또는 ② 원인관계채권이 상계로 소멸되었다는 사정 등을 원고가 알고 있었다는 항변을 하면서 지급을 거절하였다. 법원은, D은행으로부터 어음을 양수한 원고가 위와 같은 사정을 알고 있었다고 하더라도 그 전자인 D은행이 이를 알고 있었다는 아무런 자료를 찾아볼 수 없으므로 피고는 위 항변으로 원고에게 대항할 수 없다고 하였다. D은행이 A회사로부터 백지식 배서에 의하여 어음을 취득한 후 백지를 보충하지 않고 지급거절증서 작성 기간 경과 후에 원고에게 어음을 교부함으로써 양도하였더라도, D은행이 어음취득 당시 선의였기 때문에 D은행에 대항할 수 없었던 사유로써 원고에게 대항할 수 없다고 본 것이다.

3. 융통어음의 항변

융통어음이란 타인으로 하여금 제3자로부터 금융을 얻게 할 목적으로 수수되는 어음을 말한다. 융통어음의 발행인은 피융통자에 대해서는 어음상의 책임을 부담하지 않지만,[33] 피융통자로부터 그 어음을 양수한 제3자에 대해서는 선의 · 악의 여부 또는 기한후배서인지 여부를 불문하고 융통어음이라는 항변으로 대항할 수 없다(판례).

다만, 예외적으로, ① 융통어음과 교환으로 교부된 담보어음의 지급거절 사실을 안 경우,[34] ② 융통어음을 사용하여 목적을 달성한 후 이를 다시 사용한다는 사실을 안 경우,[35] ③ 어음소지인에게 어음의 지급을 구할 경제적 이익이 없는 경우[36] 등에는, 어음소지인에게 융통어음의 항변으로 대항할 수 있다.

4. 소멸시효의 항변

어음상의 권리가 시효로 소멸하였다는 항변은 물적항변에 속한다. 발행인(주채무자)에 대한 어음금 청구의 시효기간은 만기로부터 3년이고, 상환의무

33 융통어음이라는 입증책임은 발행인에게 있다.

34 대법원 1995. 1. 20. 선고 94다50489 판결(피융통자가 융통어음과 교환하여 그 액면금과 같은 금액의 약속어음을 융통자에게 담보로 교부한 경우에는 융통어음을 양수한 제3자가 양수 당시 그 어음이 융통어음으로 발행되었고 이와 교환으로 교부된 담보어음이 지급거절되었다는 사정을 알고 있었다면, 융통어음의 발행자는 그 제3자에 대하여도 융통어음의 항변으로 대항할 수 있다).

35 대법원 2001. 12. 11. 선고 2000다38596 판결(융통인이 피융통인에게 신용을 제공할 목적으로 어음에 배서한 경우, 피융통인이 융통어음을 사용하여 금융의 목적을 달성한 다음 이를 반환받은 때에는, 특별한 사정이 없는 한 피융통인은 융통인에 대하여 융통인의 배서를 말소할 의무를 부담하고 이것을 다시 금융의 목적을 위하여 제3자에게 양도하여서는 아니 된다. 그럼에도 불구하고, 피융통인이 이를 다시 제3자에게 사용한 경우, 융통인이 당해 어음이 융통어음이었고 제3자가 그것이 이미 사용되어 그 목적을 달성한 이후에 다시 사용되는 것이라는 점을 알고 있었음을 입증하면, 융통인이 피융통인에 대하여 그 재사용을 허락하였다고 볼 만한 사정이 없는 한, 융통인은 위 융통어음 재도사용의 항변으로 제3자에 대하여 대항할 수 있다).

36 대법원 2012. 11. 15. 선고 2012다60015 판결(원인관계가 없이 단순히 어음할인을 위하여 융통어음을 교부받은 어음소지인은 그 어음의 지급을 구할 경제적 이익이 없으므로 어음금지급을 거절할 수 있다).

자에 대한 상환청구의 시효기간은 거절증서작성일(그 작성이 면제된 경우에는 만기일)로부터 1년이며, 상환자의 재상환청구권의 시효기간은 어음환수일로부터 6월이다(어음법 제70조, 제77조 제1항 제8호).

주채무가 시효로 소멸하면 상환청구권도 소멸한다. 다만, 상환청구권이 시효로 소멸하더라도 주채무는 소멸하지 않는다. 피보증채무가 소멸하면 어음보증채무도 소멸한다(부종성).

백지어음에 의한 청구도 어음상의 청구권에 대하여 잠자는 자가 아님을 객관적으로 표명한 것이므로 시효중단의 효력이 있다(판례). 이 경우 어음상의 청구권과 별개로 백지보충권만이 독립하여 시효에 의하여 소멸하는 것은 아니다(위 판례).[37]

주채무자에 대한 시효중단은 상환의무자에 대하여 영향을 미치지 않는다. 어음채권의 행사는 원인채권의 시효중단 사유가 되지만(판례),[38] 원인채권의 행사만으로는 어음채권의 시효가 중단되지 않는다(판례).[39]

---

37 대법원 2010. 5. 20. 선고 2009다48312 전원합의체 판결(만기는 기재되어 있으나 지급지, 지급을 받을 자 등과 같은 어음요건이 백지인 약속어음의 소지인이 그 백지 부분을 보충하지 않은 상태에서 어음금을 청구하는 것은 어음상의 청구권에 관하여 잠자는 자가 아님을 객관적으로 표명한 것이고 그 청구로써 어음상의 청구권에 관한 소멸시효는 중단된다. 이 경우 백지에 대한 보충권은 그 행사에 의하여 어음상의 청구권을 완성시키는 것에 불과하여 그 보충권이 어음상의 청구권과 별개로 독립하여 시효에 의하여 소멸하는 것은 아니므로 어음상의 청구권이 시효중단에 의하여 소멸하지 않고 존속하고 있는 한 이를 행사할 수 있다).

38 대법원 2010. 5. 13. 선고 2010다6345판결(원인채권의 지급을 확보하기 위하여 어음이 수수된 당사자 사이에서 채권자가 어음채권을 청구채권으로 하여 채무자의 재산을 압류하면, 원인채권의 소멸시효도 중단된다).

39 대법원 1994. 12. 2. 선고 93다59922 판결(원인채권에 관한 소제기는 어음채권에 관한 소멸시효 중단사유인 재판상 청구에 해당하지 않는다).

5. 백지어음에 관한 항변

가. 백지미보충의 항변

백지어음은 흠결된 어음요건을 장차 소지인이 보충할 수 있는 백지보충권이 수여된 어음을 말한다. 백지어음도 배서에 의하여 양도될 수 있고, 선의취득, 인적항변의 절단, 담보적 효력 등 배서와 관련된 효력이 인정된다.[40]

백지어음은 무효어음인 불완전어음과 구별된다. 어음요건이 불비한 어음은 백지어음으로 추정되므로, 보충권을 줄 의사로 발행한 것이 아니라는 점, 즉 백지어음이 아니고 불완전어음으로서 무효라는 점에 관한 증명책임은 피고인 발행인에게 있다(판례).[41]

백지가 보충되지 않은 어음에 의한 어음상의 청구는 어음채무자가 거절할 수 있다("백지미보충의 항변"). 발행인에 대한 청구의 경우, 원고가 변론종결시까지 백지를 보충하면 피고인 발행인은 만기시의 미보충을 항변할 수 없다. 배서인에 대한 상환청구의 경우, 지급제시기간 내에 백지를 보충하여 지급제시를 하지 않았다면, 배서인은 이를 항변할 수 있다.

위와 같이 상환청구를 하거나, 법정이자 또는 지연손해금을 청구하는 경우에는 지급제시가 필요한데, 백지가 보충되지 않은 미완성의 백지어음으로 한 지급제시는 적법한 지급제시로 볼 수 없다.[42] 상환청구나 법정이자의 청구를

---

40 대법원 1994. 11. 18. 선고 94다23098 판결(수취인이 백지인 채로 발행된 어음은 인도에 의하여 어음법적으로 유효하게 양도될 수 있고, 위와 같은 어음이 인도에 의하여 양도된 경우에도 어음법 제17조가 적용되는 것이므로, 어음이 전전양도된 후 그 어음을 인도받은 최종 소지인이 수취인으로서 자기를 보충하였다고 하더라도 그 소지인이 발행인을 해할 것을 알고 취득한 경우가 아니면, 어음문면상의 기재와는 관계없이, 발행인으로부터 원인관계상의 항변 등 인적 항변의 대항을 받지 않는다).

41 대법원 2001. 4. 24. 선고 2001다6718 판결(백지약속어음의 경우 발행인이 수취인 또는 그 소지인으로 하여금 백지부분을 보충케 하려는 보충권을 줄 의사로서 발행하였는지의 여부에 관하여는, 발행인에게 보충권을 줄 의사로 발행한 것이 아니라는 점, 즉 백지어음이 아니고 불완전어음으로서 무효라는 점에 관한 입증책임이 있다).

42 대법원 1992. 3. 10. 선고 91다28313 판결(수취인은 어음요건의 하나로서 그 기재를 결한 어음은

위해서는 지급제시기간 내에 지급제시가 필요하므로 지급제시기간 내에 보충되어야 요건을 충족할 수 있다. 다만, 주채무자에 대한 청구(지급제시)는 시효기간 내에 보충하여 할 수 있고, 그 다음날로부터 지연손해금이 발생한다. 보충을 하였더라도 보충의 효과는 소급하지 않는다(판례).

발행일과 수취인에 대해서는 보충규정이 없으므로 반드시 보충되어야 한다. 다른 어음요건은 보충규정(어음법 제2조, 제76조)에 따라 보충될 수도 있을 것이다. 예외적으로 보충이 불필요한 경우가 있는데(판례), 발행지가 보충되지 않았더라도 어음의 기재로 보아 국내어음이 명백한 경우,[43] 지급지가 보충되지 않았더라도 지급장소에 지(地)의 기재가 포함된 경우[44] 등을 들 수 있다.

나. 백지보충권의 시효소멸 항변

백지보충권 수여계약에서 백지보충권의 행사기간을 정하였다면 피고는 위 기간이 경과한 후에 보충되어 무효라는 사실을 항변할 수 있다.

백지보충권의 행사기간을 정하지 않았고 만기가 기재되어 있는 경우에는, 만기로부터 3년의 시효기간이 지나면 백지보충권이 소멸한다. 예를 들면, 일람출급 어음은 발행일로부터 1년의 제시기간이 지난 후부터(어음법 제77조 제1항, 제34조), 그리고 일람 후 정기출급 어음은 그 만기(동법 제78조 제2항,

---

완성된 어음으로서의 효력이 없어 어음상의 권리가 적법하게 성립되지 않으므로, 이러한 미완성 어음으로 지급제시를 하였다고 하여도 적법한 지급제시의 효력이 없어 발행인을 이행지체에 빠뜨릴 수 없다).

43 대법원 1998. 4. 23. 선고 95다36466 전원합의체 판결('발행지'의 기재가 없는 상태로 지급제시를 하였더라도, 기타 어음면의 기재로 보아 그 어음이 국내에서 어음상 효과를 발행시키기 위해 발행된 것임이 인정되는 경우에는 국내어음으로 추단되어 적법한 지급제시가 될 수 있다).

44 대법원 2001. 11. 30. 선고 2000다7387 판결(어음면상 지급지에 관한 특별한 표시가 없다 할지라도 거기에 지급장소의 기재가 있고 그것이 지(地)의 표시를 포함하고 있어 그로부터 지급지에 해당하는 일정 지역이 추지될 수 있는 경우에는 지급지의 기재가 이에 의하여 보충되는 것으로 볼 수 있다).

제23조, 제35조)로부터, 3년이 지나면 시효가 완성된다. 피고는 위와 같은 백지보충권의 소멸시효기간이 경과한 후에 보충된 사실을 항변할 수 있다.

만기가 백지인 경우에는, 백지보충권은 어음발행의 원인관계에 비추어 어음상의 권리를 행사하는 것이 법률적으로 가능하게 된 때로부터 3년이 지나면 시효로 소멸한다(판례).[45]

발행일을 백지로 하여 발행된 수표의 백지보충권의 소멸시효기간은 백지보충권을 행사할 수 있는 때로부터 6개월이다.[46]

한편, 백지어음을 보충하지 않고 제시하였더라도 그로써 어음상의 청구권에 관한 소멸시효는 중단되고, 이 경우 백지에 대한 보충권은 어음상의 청구권과 별개로 독립하여 시효에 의하여 소멸하지 않고 어음상의 청구권이 시효중단에 의하여 소멸하지 않고 존속하고 있는 한 이를 행사할 수 있다(판례).[47]

다. 백지부당보충의 항변

피고는 백지보충권이 남용되어 부당하게 보충되었다는 항변을 할 수 있다(어음법 제10조). 이 경우 '백지어음이 부당 보충된 사실'과 '원고가 악의 또는 중과실로 인하여 그 어음을 취득한 사실'까지 주장・입증하여야 한다.

---

45 대법원 2003. 5. 30. 선고 2003다16214 판결(피고가 구속을 이유로 지급유예를 부탁하여 원고가 지급일 란을 삭제하였다면 백지어음으로 추정된다. 백지보충권의 소멸시효는 다른 특별한 사정이 없는 한 그 어음발행의 원인관계에 비추어 어음상의 권리를 행사하는 것이 법률적으로 가능하게 된 때부터 진행한다. 만기가 백지인 어음의 백지보충권의 소멸시효기간은 백지보충권을 행사할 수 있는 때로부터 3년이다). 이 사안에서는 피고의 석방일로부터 보충권 행사가 가능하다고 보았다.

46 대법원 2001. 10. 23. 선고 99다64018 판결. 이 사안에서는, 원고가 매매대금의 지급을 위하여 교부받았다면 그 무렵부터 보충권 행사가 가능하므로 그 때부터 시효가 진행한다고 보았다. 한편, 수표는 적법한 지급제시기간 내에 지급제시를 해야만 상환청구를 할 수 있으므로(수표법 제39조), 발행일이 기재되어 있는 백지수표의 경우 적법한 지급제시를 하려면 백지보충권을 법정제시기간(동법 제29조) 내에 행사하여 보충하여야 한다.

47 대법원 2010. 5. 20. 선고 2009다48312 전원합의체판결은, 지급지와 수취인이 백지인 상태에서 3년의 시효기간이 지나기 전에 발행인에게 어음금청구소송을 제기하였지만, 만기로부터 4년이 지난 시점에야 이를 보충하였던 사안에서, 소제기로 어음금청구권의 시효가 중단된 이상(백지어음에 기한 소제기로도 시효가 중단될 수 있음) 백지보충권만 어음금청구권과 독립하여 시효에 의하여 소멸한다고 볼 것은 아니라고 하였다.

위 규정은 원고가 부당보충된 백지어음을 취득한 경우뿐만 아니라 백지어음을 취득하여 스스로 보충한 경우에도 적용된다. 즉, 보충권의 범위를 잘못 고지받고 취득하여 보충한 경우에도 적용된다(판례).[48] 다만, 어음금액이 백지인 백지어음의 발행인은 보충권의 범위를 한정하는 것이 통상적일 것이므로, 어음금액이 백지인 어음을 취득하면서 어음취득자가 보충권의 내용을 발행인에게 조회하지 않았으면 중과실이 있는 것으로 추정한다.[49]

부당보충의 항변이 받아들여지는 경우라도, 피고가 원래 부여한 보충권의 범위 내에서는 책임이 있으므로 그 범위에서는 일부인용될 것이다(대법원 1992. 2. 9. 선고 98다37736 판결).

6. 기타 상법상의 항변

어음행위도 회사의 법률행위의 일종이므로 그에 관한 상법상의 규정이 적용된다. 회사의 어음행위는 대표이사에 의하여 행해지며, 상업사용인이나 개별적 대리인에 의하여 이루어질 수도 있다.

회사가 포괄적인 권한을 가진 대표이사 또는 지배인의 어음행위를 제한한 경우라도 선의의 제3자에게 대항하지 못한다(제389조 제3항, 제209조 제2항, 제11조 제3항). 이 때 선의의 제3자는 어음행위의 직접 상대방에 한정되지 않으며, 중과실이 있는 경우에는 선의의 제3자에 포함되지 않는다.[50]

---

48 어음금액이 백지인 어음을 취득하면서 양도인으로부터 보충권의 범위를 잘못 고지받고 취득한 경우에도 어음법 제10조가 적용된다(대법원 1992. 2. 9. 선고 98다37736 판결, 대법원 1978. 3. 14. 선고 77다2020 판결).

49 대법원 1978. 3. 14. 선고 77다2020 판결, 대법원 1995. 8. 22. 선고 95다10945 판결(금액이 백지인 경우 어음의 기명날인자에게 보충권의 내용을 직접 조회하지 않았다면 특별한 사정이 없는 한 취득자에게 중대한 과실이 있다).

50 대법원 1997. 8. 26. 선고 96다36753 판결(지배인이 내부적인 대리권 제한 규정에 위배하여 어음행위를 한 경우, 제3자가 위 대리권의 제한 사실을 알고 있거나 알지 못한 데에 중대한 과실이 있는 경우 영업주는 그러한 사유를 들어 상대방에게 대항할 수 있다. 이러한 제3자의 악의 또는 중대한 과실에 대한 주장·입증책임은 영업주가 부담한다. 대리권의 제한에 대항할 수 있는 제3자의 범위에는 그 지배인으로부터 직접 어음을 취득한 상대방뿐만 아니라 그로부터 어음을 다시 배

대표이사, 지배인, 대리인 등이 그 권한의 범위 내에서 한 행위는 설사 그가 자기 또는 제3자의 이익을 도모할 목적으로 그 권한을 남용한 것이라 할지라도 일단 회사의 행위로서 유효하고, 다만 그 행위의 상대방이 대표이사의 진의를 알았거나 알 수 있었을 때에는 회사에 대하여 무효가 된다(심리유보설).[51] 이에 대하여 악의 또는 중과실이 있는 자가 항변함은 권리남용으로서 허용되지 않는다고 보는 견해도 있다(권리남용설).

대표이사가 상법 제398조의 자기거래 규정에 위반하여 어음행위를 한 경우, 회사는 자기거래에 해당하는 행위를 이사회 결의 없이 하였다는 점에 대하여 악의 또는 중과실이 있는 상대방에게 대항할 수 있다(상대적 무효설).[52]

어음채무자인 피고회사가 어음행위에 관한 위의 사유들을 항변사실로 주장하고 입증하면 원고의 어음금 청구를 거절할 수 있을 것이다.

서양도받은 제3취득자도 포함된다.)

51 예를 들면, 대표권의 남용에 관하여 보면, 심리유보설의 입장에서 판결한 것들이 많고(대법원 2004. 3. 26. 선고 2003다34045 판결 등), 상대방이 남용이 정을 알았던 경우에는 그로 인한 권리를 회사에 대하여 주장하는 것이 신의칙에 반한다고 설시하여 권리남용설에 가깝게 판결한 것도 드물게 있다(대법원 2016. 8. 24. 선고 2016다222453 판결 등).

52 대법원 2004. 3. 25. 선고 2003다64688 판결(어음 할인 등 여신을 전문적으로 취급하는 은행이 대표이사의 개인적인 연대보증채무를 담보하기 위하여 대표이사 본인 앞으로 발행된 회사 명의의 약속어음을 취득함에 있어서 당시 위 어음의 발행에 관하여 이사회의 승인이 없음을 알았거나 이를 알지 못한 데 대하여 중대한 과실이 있다고 보아 회사가 자기거래위반의 항변으로 대항할 수 있다고 본 사례).